Alcune opinioni su *Le Conseguenze delle Emozioni*

Dan Newby e Lucy Núñez sono due pensatori e due guide nel dominio delle emozioni. La loro conoscenza dell'impatto e del valore che le emozioni possono avere, nel dare forma alle nostre vite, fluisce all'interno di questo libro. Come coach uso regolarmente le distinzioni che forniscono qui per poter aiutare i miei clienti ad espandere la gamma delle loro emozioni e vivere una vita più soddisfacente. *Le Conseguenze delle Emozioni* è una guida che ispira ed è indispensabile per chi voglia catturare il potere che le emozioni hanno nella vita.

—Kim Ebinger, *Ontological Coach, U.S.*

Dan Newby e Lucy Núñez hanno scritto uno dei libri più utili sulle emozioni che io abbia mai letto. Gli autori ci accompagnano in un viaggio interpretativo, non pretendendo di definire una realtà assoluta e questo è un punto a favore. È un viaggio che va dal teorico al pratico che presenta un'interpretazione di ciò che sono le emozioni e, ancora più importante, come interpretarle e migliorarsi. Questo libro contiene il più ampio catalogo delle emozioni. È una risorsa preziosa per aiutare professionisti, leader e membri di ogni famiglia, che vogliano essere più connessi con il proprio io e con le persone che guidano o alle quali tengono.

—Curtis Watkins, *Master Certified Coach, U.S.*

Il nostro lavoro sulle emozioni è stato strumentale per alimentare una cultura basata su fiducia e stabilità, nel nostro distretto scolastico. È grazie a questi insegnamenti che siamo diventati una organizzazione più resiliente e compassionevole caratterizzata prima di tutto dalla comprensione dell'altro e dopo dalla celebrazione della nostra crescita e dei nostri risultati.

—Julie Everly, *Superintendent, Monroe Public Schools, Michigan.*

Con questo libro, Dan e Lucy svelano in modo magistrale la nostra cecità sul tema delle emozioni. Questo libro riguarda ciò che sono le emozioni, come distinguerle e come agire con forza, facendo leva sulle stesse. Non ho mai visto un libro simile. Chiarisce la fonte delle nostre emozioni e ci invita ad assumercene la responsabilità anche per i risultati che ne conseguono. È un must-read per leader e manager che vogliano essere emotivamente preparati.

—*Sameer Dua, Founder and Director, Institute for Generative Leadership, India*

Questo libro porta al livello successivo ciò che Daniel Goleman ha iniziato con Intelligenza Emotiva. La sete di lavorare maggiormente con le emozioni aumenta di giorno in giorno perciò è un libro da leggere per leader, coaches e chiunque voglia attingere alle emozioni come a una fonte di energia per agire. La passione di Dan nel portare l'approccio ontologico nel mondo, con amore e cura, è lodevole. Sono grato per averlo incontrato come insegnante, amico e compagno d'affari.

—*Mirko Kobiéla, Senior Director Talent Management at Adidas Group and Founder of Luminize: International Coaching and Consulting, Germany*

Questo meraviglioso libro è realmente un regalo capace di trasformare chi voglia imparare nel troppo spesso trascurato mondo delle emozioni. L'insegnamento ne *Le Conseguenze delle Emozioni* è concreto e scritto da chi pratica questo mestiere e non da un accademico. Il compendio di distinzioni tra stati d'animo ed emozioni lo rende un'eccellente risorsa per novizi e un punto di riferimento per i più esperti. Infine, la potenza di questo materiale è solo la punta di un iceberg di quella trasformazione che può avvenire lavorando con Dan e Lucy.

—*Christian Stambouli, Projects Advisory and Team Performance Consultant, U.S.*

Come professionista, marito e membro della società questo libro ha messo fine alla mia lunga ricerca di un percorso pratico ed esperienziale verso la letteratura delle emozioni. Imparare realmente le emozioni piuttosto che comprenderne a grandi linee il significato è ciò che puoi realmente capire attraverso questo libro. Dan e Lucy aprono la porta dell'apprendimento grazie ad un libro che consente di ingaggiare la vita in modi nuovi e di grande impatto.

—*Rafael García Monroy, Executive Coach and Trainer, Mexico and Spain*

Le emozioni guidano comportamenti che determinano risultati. Questo è il motivo per cui essere emotivamente istruiti è assolutamente cruciale per l'apprendimento e lo sviluppo umano. *Le Conseguenze delle Emozioni* ci fornisce un ampio spettro di emozioni facilmente disponibile al lettore che vorrebbe fare un primo passo verso la letteratura delle emozioni.

—*Reiner Lomb, Ontological Coach and Author of The Boomerang Approach: Return to Purpose, Ignite Your Passion, U.S.*

Ero solito sentirmi in colpa perché provavo emozioni che consideravo "cattive" come l'ansia e la paura che si mostravano spesso nella mia vita. *Le Conseguenze delle Emozioni* apre alla possibilità di riappacificarsi con queste emozioni. Ora mi sento libero perché so che vivere quelle "cattive" emozioni non è una limitazione.

—*Jinobi Narain, Director, Learning and Development, Exucate Limited, Hong Kong*

Come molti di noi, spesso faccio fatica a gestire impegni multipli essendo una imprenditrice, una madre e una volontaria. Imparare le emozioni contenute in questo libro mi ha consentito di abbandonare la maschera "dell'eroina" e riscoprire le reali capacità che ho nel gestire i miei impegni. Ha portato decisamente più pace nella mia vita.

—*Jill Meaux, Coach and Consultant, Excelerant, U.S.*

LE CONSEGUENZE DELLE EMOZIONI

Un inedito nella Letteratura delle Emozioni

Dan Newby e Lucy Núñez

Traduzione e adattamento di Sergio Spezzacatena

Tutti i diritti riservati

Copyright © 2020 Daniel Newby e Lucy Núñez

TUTTI I DIRITTI RISERVATI

Nessuna parte di questo libro può essere tradotta, usata o riprodotta, con alcun mezzo comunicativo, parzialmente o totalmente, elettronicamente o fisicamente, includendo a titolo d'esempio, non esaustivo: fotocopiatura, registrazione, incisione o qualsiasi altro strumento di memorizzazione. Qualsiasi uso del contenuto dovrà essere concordato con l'autore o l'editore fatte salve citazioni brevi all'interno di pubblicazioni di settore e recensioni.

(dan@schoolofemotions.world, www.schoolofemotions.world)

Esonero da Reponsabilità:
gli autori, il traduttore e/o l'editore declinano ogni responsabilità derivante da una possibile utilizzazione errata di questa pubblicazione. I seguenti contenuti sono strettamente informativi e a scopo meramente educativo.

Attenzione:
lo scopo di questo libro è quello di educare e di intrattenere. Gli autori, il traduttore e/o l'editore non garantiscono il successo delle seguenti tecniche, suggerimenti, idee o strategie.

Gli autori, il traduttore e/o l'editore declinano ogni responsabilità potenzialmente derivante da potenziali perdite o danni causati, o la cui causa possa essere fatta risalire, direttamente o indirettamente, all'uso delle informazioni contenute in questo libro. Inoltre, il lettore sia consapevole che i siti web richiamati all'interno del libro potrebbero essere non raggiungibili o essere stati disattivati nel tempo intercorso tra la stesura del libro e la lettura dello stesso.

Stampato e rilegato negli Stati Uniti

ISBN: 978-1-7324509-5-0

NOTA DEL TRADUTTORE

Ho avuto il piacere di conoscere Dan e sono rimasto affascinato dall'idea alla base di questo suo libro. Agisce ad un livello profondo perché aiuta a comprendere, in modo diplomatico e sostenibile, qualcosa che è insito in ognuno di noi: le nostre emozioni. Una comprensione pratica, applicabile sin da subito (senza nemmeno arrivare alla fine del libro).

Il futuro che ci aspetta, dicono sociologi e storici, vede il singolo essere umano perdere ulteriormente la propria centralità. Conterà sempre più l'insieme e questo potrebbe allontanarci dalla nostra più profonda umanità. Dovremmo perciò prestare attenzione a ciò che ci caratterizza più intimamente: il senso di appartenenza a una grande comunità difendendo la nostra individualità, empatia, relazioni umane sane. Dobbiamo conoscere questo nostro aspetto così da poterlo difendere, a tutti i livelli. Anche nel presente, del resto, ci vengono poste sempre più sfide: sale un senso d'angoscia e d'inadeguatezza che le cronache quotidiane certo non aiutano a mitigare.

È in relazione a tutto questo che, personalmente, ho tratto particolari benefici da ciò che questo libro è stato capace di creare, come un effetto domino, nella mia vita. Il metodo è affascinante perché si può applciare nelle situazioni più svariate: dalle riunioni più strategiche e tese a momenti di quotidianità, in famiglia.

Perciò, ho pensato che questo saggio potesse essere utile anche ad altri ed è così che è nata la collaborazione con Dan e sua moglie. Vogliamo diffondere questo messaggio oltre la barriera che una lingua diversa può porre. A supportare questo progetto ci sono state anche Francesca e Donatella che io e gli autori ringraziamo di cuore.

Per approfondimenti in lingua italiana o per suggerire miglioramenti, potete contattare Sergio Spezzacatena, s.spezzacatena.soe@gmail.com.

Sergio Spezzacatena
tra Milano e Berlino, da gennaio 2019 a marzo 2020

AGISCI

Se ti registri su www.dannewby.me troverai aggiornamenti e offerte. Riceverai anche un accesso a un video di 30 minuti che riguarda l'introduzione all'approccio ontologico e al suo ruolo nella leadership e nel coaching, in relazione alle emozioni.

Ai nostri genitori Jesús, Rosa, Don e May, che sono stati, senza dubbio, i più influenti insegnanti nella nostra vita, e ai nostri figli Suhail, Rachel, André, Will e Octavio, che amiamo profondamente.

La casa per gli ospiti

Questo essere umano è come una casa per gli ospiti.
Ogni mattino un nuovo arrivo.

Una gioia, una tristezza, una cattiveria,
una momentanea consapevolezza arriva come un ospite inatteso.

Accoglili, ed intrattienili tutti!
Anche se sono una folla di dolori
che violentemente spazza via
dalla tua casa ogni mobilio.
Onora ogni ospite, comunque.
Forse sta facendo spazio per prepararti
a qualche nuova gioia.

Il pensiero oscuro, la vergogna, la malizia.
Incontrali sulla porta col sorriso
ed invitali a entrare.

Sii grato a chiunque arrivi
perché ciascun ospite ti è stato mandato
come guida dall'al di là.

Rumi
Adattata da https://iotunoicostruirecomunita.wordpress.com/

INDICE

Nota del traduttore

Prefazione 1

Introduzione 13

Capitolo 1: Storia e contesto 17

Capitolo 2: Una nuova interpretazione 27

Capitolo 3: Il significato delle emozioni 53

Capitolo 4: Gruppi di emozioni 127

Capitolo 5: Non sono (esattamente) emozioni 147

Capitolo 6: Navigare le emozioni 163

Capitolo 7: Le emozioni nel quotidiano 179

Capitolo 8: Le emozioni in (tutto) ciò che ci circonda ...189

Capitolo 9: Conclusioni 211

Capitolo 10: Dizionario di emozioni e stati d'animo ...215

Gli autori 289

Risorse 291

Ringraziamenti 293

Glossario 295

PREFAZIONE

La maggior parte di noi pensa che la sfera emotiva sia qualcosa di imprescindibile e immutabile e che possa essere cambiata solo attraverso anni di sedute o di terapie mediche. Anche io l'ho sempre pensata così, finché non ho cambiato idea. Per quanto mi riguarda, il grande momento della rivelazione è arrivato durante un periodo nel quale ero travolto dall'ansia. Vivevo anni oscuri, confusi e distruttivi. Ne sono uscito grazie a due cose: la prima è stata la partecipazione ad un gruppo di supporto dove ho imparato ciò che c'era da imparare. La seconda è stata il conoscere le emozioni: diventare un 'letterato delle emozioni'.

Prima, però, ho intrapreso un percorso che mi ha portato a razionalizzare che nonostante fossi ragionevolmente educato, nel senso più accademico del termine, fossi altrettanto emotivamente ignorante. Questa mia mancanza era parte di me e io non ne riconoscevo l'entità né l'importanza.

Apprendere le emozioni ha richiesto innanzitutto il riconoscere questa mia area d'ignoranza e collegarla, in un rapporto causa-effetto, alle mie scelte quotidiane. D'altro canto, da una direzione opposta, è stato necessario riconoscere che il caos nel quale vivevo era il risultato della mia ignoranza emotiva.

Non siamo così razionali come pensiamo perché, sebbene ragioniamo e usiamo la logica, questo non rappresenta la nostra totalità. D'altro

Le Conseguenze delle Emozioni

canto, se fossimo stati totalmente razionali, perché dovremmo ancora conservare questo nostro aspetto emotivo? Le emozioni non sarebbero necessarie. Dobbiamo invece chiederci: "E se invece esistessero per una ragione?" Il solo iniziare a esplorare questa idea ci può portare alla consapevolezza che abbiamo trascurato uno degli strumenti più importanti che abbiamo, fondamento della nostra umanità.

Hai un fidanzato o una sposa? Se sì, chiediti se scegliere questo compagno, o compagna, o perdere quel compagno o compagna, sia stata una scelta anche lontanamente razionale. È probabile che tu ora stia sorridendo per il semplice fatto che l'esempio appena riportato è quanto di più coinvolgente, emotivamente, tu abbia affrontato, sino ad ora. Pensandoci per un po', tutti possiamo riconoscere che ciò che ci ha guidato, tra le varie scelte, sia stato un insieme di emozioni. Laddove i nostri genitori o i nostri amici avessero, e probabilmente hanno, avuto 'tutte le ragioni del mondo' perché la nostra unione non si celebrasse, o non si sciogliesse, noi, semplicemente, ci siamo fidanzati, sposati, abbiamo divorziato e così via. Le argomentazioni, la logica, non hanno avuto alcuna funzione determinante. La stessa mancanza di logica si applica quando compriamo un'auto, scegliamo un cane o decidiamo in quale ristorante mangiare. La verità è che si applica a qualsiasi cosa facciamo. È una scelta razionale quella di avere un figlio? Beh, in realtà non lo è quasi mai il che non ci previene dal farlo. Quindi, la domanda è: perché ci comportiamo così? Se fossimo fatti di sola razionalità allora saremmo abbastanza 'intelligenti' da non fare ciò che non ha senso, ciò che è, in realtà solo all'apparenza, irrazionale. Qual è la spiegazione? La spiegazione sono le emozioni stesse che guidano le nostre scelte. Questo non è giusto né sbagliato. È, semplicemente, la realtà.

PREFAZIONE

LA MIA STORIA

Nei giorni che hanno preceduto l'inizio del mio apprendimento delle emozioni, la *paura* era una delle forze trainanti nella mia vita. Vivevo nell'*ansia*. Non conoscevo la differenza tra le due, ma le vedevo costantemente l'una affianco all'altra. C'erano anche altre emozioni: la *solitudine*, chiaramente, e l'*assenza di autostima* era un'altra. Ma la *paura* era la più grande. *Paura* di essere solo, *paura* di essere rifiutato, *paura* di finire nei guai, *paura* di essere catturato, *paura* che la mia relazione finisse: *paura* di tutto. Potrei dire che a quel tempo io accorpai tutte queste emozioni insieme chiamandole *ansia*. Più tardi sarei stato in grado di individuare le singole emozioni essendo capace di constatare che ci fossero specifiche *paure*, ma all'inizio c'era solo un'*ansia* globale ed ero *ansioso* per qualsiasi cosa. Non so se ti sia mai capitato di avere attacchi di panico ma io ne ho sofferto tanto. All'inizio ho fatto ciò che fa la maggior parte della gente: ignorare le sensazioni. Nella sostanza non facevo nulla che potesse aiutarmi ad evitare la sofferenza della paura, dell'ansia. Lavoravo troppo, bevevo troppo, guardavo troppa televisione ed arrivavo a leggere ossessivamente pur di evitare di 'sentire' le mie emozioni. Avevo iniziato a lavorare, bere, guardare la tv e leggere per il piacere di farlo (lo ricordavo indistintamente) ma in quel periodo, invece, occupavo il mio tempo per nascondermi da quelle emozioni che non volevo sentire, riconoscere. Nella mia relazione avevo una tremenda *paura* che la mia compagna mi lasciasse, mi abbandonasse, temendo talmente tanto la *solitudine* da essere spinto a tentare di controllare la mia relazione. Cercavo di controllare gli spostamenti e i pensieri della mia compagna. Volevo manipolarla, nel tentativo che le cose andassero come io volevo. La preoccupazione principale era assicurarmi che lei non mi lasciasse sebbene non avesse alcuna intenzione di farlo nella realtà. Nella mia mente, ogni sua email, telefonata, conversazione o interazione era una potenziale minaccia. In ogni momento pensavo che quello che era appena successo sarebbe stato ciò che l'avrebbe convinta a lasciarmi. Erano tempi oscuri, confusi.

Frequentando un gruppo di supporto ho capito che stavo scappando dalle mie emozioni. Quando sentivo l'*ansia*, cercavo di non pensarci impegnandomi in modo compulsivo in attività che consideravo frivole come guardare la tv o bere. Sono arrivato al punto che qualunque cosa facessi avesse lo scopo ultimo di fuggire dalle emozioni. Il mio mentore mi disse che avevo bisogno di un modo per tornare ad 'essere con le mie emozioni'. Non avevo nessuna idea di cosa significassero quelle parole. Un giorno, non sapendo come altro fare, decisi di sedermi, fermo, e, non avendo altra distrazione, iniziare a 'essere con le mie emozioni'. Quella prima volta restai letteralmente seduto sulle mie mani così da rimanere fermo e iniziare ad ascoltare quelle emozioni che stavo evitando da troppo tempo. Era strano e poco confortevole, ma comunque meglio del vivere dolore, paura e frenesia. In quel momento iniziai a capire che stavo smettendo di correre. Ho iniziato a praticare questo raccoglimento ogni volta che mi sembrava che le mie emozioni mi stessero travolgendo, qualche volta per cinque minuti, altre volte per venti minuti o un'ora.

La mia vera paura, prima che iniziassi a costruire la mia comprensione delle emozioni, era che 'loro' sarebbero state capaci d'uccidermi, letteralmente, essendo così forti, dolorose e spaventose. Adesso può sembrare sciocco, ma ci credevo davvero.

A poco a poco mi son reso conto che anche se ci fosse stata rabbia in me, la stessa non mi avrebbe fatto del male. Lentamente ho capito che potevo imparare a non *negare* o evitare le mie emozioni anche se non erano piacevoli mentre affrontarle e capirle mi sarebbe stato d'aiuto anche se non sapevo

PREFAZIONE

esattamente come. Si era instillata in me l'idea che se avessi imparato qualcosa sulle emozioni, non sarebbero più state in grado di controllarmi come prima.

Facendo un passo indietro in questa che è la mia narrazione, per me la *disperazione* è arrivata quando ho toccato un punto talmente basso che le uniche due scelte che potevo intraprendere erano morire o cambiare. Il mio cambiamento è iniziato frequentando il gruppo di supporto e un corso per formatori che mi hanno consentito di scoprire le prime *distinzioni* tra emozioni. Ho iniziato a capire quanto fossi illetterato nel dominio delle emozioni e che, se le emozioni guidano tutti i nostri comportamenti, sicuramente mi stavo comportando in quel determinato modo a causa delle mie emozioni. Ciò che non sapevo era quali specifiche emozioni mi stessero guidando e questo era ciò che avevo bisogno di imparare.

Ho sempre avuto la fortuna di essere uno 'studente'. I miei genitori erano stati anch'essi a lungo 'studenti' e mi è stato sempre detto che imparare non è mai uno spreco di tempo. Così, quando ho potuto capire cosa avessi bisogno di imparare, o meglio l'area d'apprendimento entro la quale imparare, le cose sono diventate più facili: ho iniziato a cercare ciò che era utile, per me. Questo ha reso il mio apprendimento delle emozioni molto logico, utile e pratico.

Per prima cosa sono diventato consapevole delle mie emozioni, iniziando a stare seduto, sulle mie mani, letteralmente, senza fare altro che osservarmi. All'inizio è stato molto scomodo, nel senso fisico del termine, e sono abbastanza sicuro che i miei primi passi siano stati poco cauti. Ma, poco a poco, ho imparato a nominarle, le emozioni, e a capire che qualche volta pur sembrando simili, portano messaggi diversi. Ho iniziato a capire che ogni emozione ha la sua storia e che, persino se non sono sicuro di quale emozione io stia vivendo, se ascolto quella storia, mi dirà qualcosa. Ho iniziato a riconoscere le differenze e come le stesse mi spingessero ad agire in un modo o nell'altro, in modo utile o meno, nel creare la vita che volevo. Mi sono reso conto che imparare le emozioni era tanto importante quanto ogni altra cosa che avevo imparato sino a quel momento, nella mia vita.

Mi darei troppo credito se dicessi d'aver capito tutto questo sin da subito. Tutto è iniziato come inizia un viaggio, puntando ad una meta che sembra interessante e pensando che *lì sarebbe potuto esserci qualcosa per me* e poi, una volta raggiunto quel luogo, proseguire oltre, alla tappa successiva, e più avanti ancora. Dopo del tempo, guardandomi indietro, mi sono stupito di tanta strada percorsa e mi sono detto che *non avrei mai avuto l'intenzione di intraprendere un tale viaggio ma è successo*. Il viaggio me lo sono *goduto* e posso raccontare, *onestamente*, che c'è stato qualcosa di utile ad ogni passo. Per me, infatti, il viaggio stesso ha rappresentato quel qualcosa che mi ha aiutato ad alleviare il dolore e la confusione.

Al di là dei gruppi di cui ho scritto sopra, all'inizio del mio cammino interiore, per percorrere i primi passi, ero solo. Ma, lungo la strada, ho condiviso il mio tempo anche con persone che mi hanno supportato indicandomi le scelte, per loro, più o meno giuste. In tutto questo c'è stato anche un aspetto prezioso: creare una connessione con il dolore, sentire quanto fosse difficoltoso vivere nell'*ansia* e nella *paura*, capire che la maggior parte di tutto questo era creato dalle mie azioni. Non erano gli altri a causare la mia *ansia* e la mia *paura*.

Prima del viaggio, sembravo *calmo* dall'esterno ma questo non significava che mi sentissi *calmo*. Ero sempre *terrorizzato, ansioso, dubbioso* di me stesso, e pieno di *paura*. Avevo imparato, però, a coltivare uno stato di *calma*. Ora sembro *calmo,* agli altri, e sono *calmo*. Ci sono davvero pochi momenti nei quali mi sento *ansioso* ed è raro che qualcosa mi faccia *paura*. Non ci sono molte volte nelle quali vengo travolto dalle emozioni. Vivo le emozioni che adesso ascolto in modo diverso: colgo le informazioni che mi danno. Così,

PREFAZIONE

quando riconosco che sto percependo un'ingiustizia, penso che 'sto provando risentimento' con tutto ciò che ne consegue.

Le domande per chi voglia intraprendere questo viaggio sono: "Cosa è tutto questo? È fondato su qualcosa di reale o è solo una storiella che mi stanno raccontando?"

Siate *scettici* e *curiosi*, il giusto. Per mia esperienza, in passato le emozioni mi hanno imbrogliato dettandomi cosa e come dovessi vivere la mia esistenza in modo più o meno trasparente. Ora, potremmo dire che ho fatto amicizia con le mie emozioni: mi servono e non mi controllano. Ovviamente, quando ne provo alcune capita che io reagisca senza pensarci troppo ma, in generale, ho molta più scelta su come rispondere una volta che ho capito ciò che sta succedendo. C'è una miscela romantica di reazioni e risposte che prima, semplicemente, non potevo vivere, essendoci solo la reazione emotiva. Ora mi concentro su come abbracciare l'emozione, accettarla e cercarne il valore anziché ignorarla. Se provo la *paura* che la mia compagna possa lasciarmi, potrebbe esserci una possibilità, ma combattere potrebbe non essere di beneficio. Cercare di controllare la donna che è al mio fianco non è d'alcun aiuto. Ciò che può aiutare è dirsi: 'Ho notato che mi sento *geloso*, senza ragione. Ho questa *paura* di perderti e che andrai via, volevo soltanto dirtelo'. In passato un'emozione del genere l'avrei nascosta essendo qualcosa che non si può condividere, di cui *vergognarsi e* non potendone parlare, prima di tutto a sé stessi, fuori si sarebbe vista solo *rabbia* e *possesso*. In più, come detto, la *paura* stessa mi immobilizzava per cui se le avessi detto *ho paura che mi lascerai* avrei alimentato quella mia stessa paura, spingendola ad allontanarsi da me. Potevo quindi vantare persino la *paura* della *paura* stessa.

Adesso posso dire che alle volte la mia paura mi *incuriosisce* e altre volte mi *diverte*. Adesso, mi dico: "Avanti, Dan. Hai 61 anni e hai vissuto una vita intera. Sai come vanno le cose (qui nasce una nota di *dubbio*, devo ammetterlo). Non farti travolgere. Lei, magari, potrà pure lasciarti e allora tu comprerai una moto e farai il giro dell'Europa, troverai qualcosa da fare: andrai a lavorare in un sito archeologico e sarai felice in modo diverso." Sono arrivato a capire che non c'è una storia vera, ma che ogni storia produce diverse emozioni, e devo scegliere la storia e l'emozione con le quali convivere. Ciò che mi ha fatto comprendere e *accettare* la *paura* è stato che, al di là di quanto io fossi vicino ad un'altra persona, io ero già solo. Era così da sempre e quindi il punto sul quale concentrarsi non era il fatto che un giorno sarei stato solo. Io morirò solo e, a prescindere che io sia il primo o il secondo, sarà così. *Accettare* la realtà è stato un passo importante perché mi ha consentito di smettere di cercare di vincolare la mia compagna.

Ora mi faccio discorsi completamente diversi. Per dirla a modo mio, provo emozioni diverse riguardo quelle stesse emozioni e potrei dire che ciò che provo lo ascolto più di prima e mi travolge meno di prima: quando provo *paura* posso identificarla e distinguerla dalla *gelosia* e posso capire il messaggio che mi stanno inviando. La *gelosia* non mi sta semplicemente guidando ad una non meglio identificata paura ma mi fa chiedere: "Stai davvero prestando attenzione alla tua relazione? Stai facendo tutto ciò che ritieni importante o ciò che vuoi in questa relazione? Stai ignorando qualcosa che, in realtà, ritieni importante?". Sono buone domande perché spesso non sono attento e ciò che potrebbe avere un effetto sulla mia relazione. "Perciò fa' attenzione!" è ciò che la mia *gelosia* mi suggerisce.

PERCHÉ LE EMOZIONI?

Ci sono due emozioni che ci consentono di iniziare il viaggio attraverso la conoscenza delle stesse. Una è la *curiosità* e l'altra è lo *scetticismo*. Quando

PREFAZIONE

siamo *curiosi* ci diciamo: "Non ho mai pensato a questa emozione in questo modo. Dimmi di più, mostrami come funziona." Quando siamo *scettici* diciamo: "Aspetta un attimo. Questo non è ciò che ho imparato e quindi non sono sicuro se crederci." Questo è, del resto, lo scopo dello *scetticismo*: aiutarci a distinguere ciò in cui credere immediatamente e cosa verificare, prima di affidarci. "Crederò a ciò che ho imparato prima o abbraccerò questa nuova idea e inizierò a crederci?" Per quelli di noi che si sentono molto razionali, molto logici e cerebrali, lo *scetticismo* è abbastanza comune. Non significa che ad un certo punto non impareremo o non saremo aperti ma, semplicemente, siamo molto attenti all'inizio. Vogliamo essere sicuri che non saremo imbrogliati a metà strada, in qualche modo, con questa "cosa delle emozioni". Altre persone sono *curiose* e si affacciano alla nuova idea con meno riluttanza per quanto alla fine potranno crederci, abbracciando una nuova filosofia o meno.

Emozioni e stati d'animo sono parte integrante dell'essere umano. Ognuno di noi vive continuamente le emozioni, vivendole come cause e conseguenze degli eventi della vita. Quando siamo con altre persone, le nostre emozioni sono condivise e comunicate, con forza. Anche le organizzazioni sono piene di energia emotiva e noi cerchiamo continuamente di esserne allineati. La leadership può essere pensata come 'la capacità di generare le emozioni richieste per svolgere l'attività più necessaria al momento'. Se questo è il caso, e come questo libro propone, le emozioni sono l'energia che ci muove all'azione e quindi l'esistenza di una organizzazione dipende in ultima analisi dalle emozioni. Sebbene possiamo pensare spesso alla politica come ad una serie di discorsi inutili e al tentativo di guadagnare potere, potremmo anche scoprire che la forza fondamentale delle emozioni sottostà non solo a quei discorsi ma alla ricerca stessa del potere. Il marketing può essere visto come il tentativo di generare le emozioni che convinceranno qualcuno a comprare un prodotto. Il marketing di successo si connette a noi e ci porta al consumismo facendo leva su specifiche emozioni. Gli *sport*, sebbene generalmente percepiti come un'attività fisica, non esisterebbero senza emozioni come l'*ambizione*, l'*orgoglio* e il *disappunto*. Le arti, grafiche o espressive, sono basate su una serie di emozioni e stati d'animo. Infine, le relazioni tra esseri umani, patriarcali, familiari o romantiche, sono il risultato e l'origine di innumerevoli emozioni.

È possibile dire che senza emozioni gli uomini non esisterebbero. Non ci sarebbe ragione d'avere una relazione, prendersi cura gli uni degli altri, lavorare, giocare o creare. Non avremmo la necessità ancestrale di evitare un treno che ci viene contro o di scostarci dal ciglio di un burrone. Non saremmo portati a scoprire nuovi posti o inventare nuovi strumenti. Non ci sarebbero attività umane perché di fatto non ci sarebbe umanità. Certamente, senza emozioni, non saremmo diventati umani perché probabilmente avremmo smesso d'evolverci ai primordi e questa sarebbe stata la fine della storia. Fortunatamente per noi non ci siamo fermati lì.

Gli umani si sono a lungo congratulati con sé stessi per la propria intelligenza, nell'accezione più razionale del termine. Abbiamo usato lo strumento della ragione, soprattutto negli ultimi secoli, per affrontare le grandi sfide dell'umanità, costruire una nuova comprensione del mondo attorno a noi e darci un senso di controllo.

La nostra abilità di pensare e ragionare non è sufficiente per risolvere le sfide che dobbiamo affrontare, a livello sociale e personale. Perseveriamo, però, convinti che la ragione sia l'unico strumento che abbiamo per affrontare la vita, concludendo che la nostra unica possibilità sia pensare e ragionare di più. Ci affidiamo al "conclamato" successo della ragione che in realtà ci ha resi ciechi rispetto agli altri modi di imparare e sapere.

Per quanto possa sembrare ironico, ci sono due importanti ragioni per difendere e legittimare le emozioni, a mio avviso, così da promuovere una

PREFAZIONE

maggiore consapevolezza delle emozioni proprie e altrui. La prima è che abbracciare l'apprendimento delle emozioni possa cambiare ogni relazione tra gli esseri umani. Ad esempio può farci capire, e ricordarci, che il *disgusto* che proviamo deriva da noi stessi e non è causato dalla persona, disgustosa, che stiamo osservando: dipende da come vediamo e non da cosa vediamo. Il *disgusto* non riguarda loro, riguarda noi stessi. È mio. È una mia responsabilità. Dovremmo approcciare la *rabbia*, la *gelosia* e l'*amore* nello stesso modo. La seconda ragione, legata alla prima, è che quando viviamo le emozioni ci assumiamo la responsabilità di comprenderle e agire di conseguenza, nella nostra vita. La vita di una persona cambia in modo profondo quando la stessa si assume la responsabilità delle proprie emozioni, di tutte le proprie emozioni. Non è più possibile dire: "Posso far del male a questa persona perché *mi ha fatto arrabbiare*". Non ho più giustificazioni perché è la mia *rabbia* e devo gestirla. Sono *arrabbiato* perché credo che qualcosa sia ingiusto e questo è ciò che la *rabbia* sta provando a dirmi. Posso reagire per punire o posso rispondere provando ad eliminare l'ingiustizia. In ogni caso, qualsiasi cosa sceglierò, sarà sempre la mia *rabbia* e sarà mia la responsabilità. Siamo totalmente ciechi rispetto a questi aspetti. Ci riferiamo continuamente agli altri dicendo che *"ci disgustano"* o *"che ci fanno arrabbiare"* e così trascuriamo il fatto che quelle stesse persone potrebbero essere o aver fatto lo stesso, altrove, implicando emozioni totalmente diverse negli altri. Finché non ci assumiamo la responsabilità delle nostre emozioni, imparando da loro, non potremo scegliere quelle che ci supporteranno e serviranno, nelle varie situazioni. La conoscenza delle emozioni ci dà uno strumento straordinario per creare la vita che desideriamo.

Immergersi nella conoscenza delle emozioni ci dà un'opportunità per cambiare anche il nostro modo di rapportarci con il mondo e la natura. C'è un grande desiderio di pace nel mondo. C'è una voglia crescente di vivere in armonia con ciò che definiamo naturale, fermando la distruzione di ciò che rende la vita possibile. Cosa c'è lungo il percorso? C'è la strada della conoscenza delle emozioni. Dobbiamo comprendere le emozioni in modo tale da consentirci di costruire ciò che vogliamo costruire. Ma, finché non ci immergeremo nel dominio dell'apprendimento delle emozioni, le stesse ci controlleranno e non sarà possibile costruire alcunché.

La mia speranza è che tu possa usare questo libro come un primo passo pratico nella conoscenza delle emozioni, in ogni aspetto della tua vita. La mia speranza è che ciò che imparerai in questo libro ti supporterà e migliorerà la relazione con il tuo compagno, o la tua compagna, la tua famiglia e gli amici e che ti sia utile per raggiungere i traguardi che ti poni, a prescindere che siano nell'insegnamento, nel prendersi cura dell'altro, nel tuo lavoro da professionista nell'ambito legale, nell'ingegneria o in qualsiasi altro settore. La competenza emotiva è parte imprescindibile di una vita ricca.

Il miglior risultato possibile è che questo libro giochi un ruolo importante nel normalizzare le emozioni così che vengano riconosciute semplicemente come parte di noi e non vengano più considerate strane, poco confortevoli o inadeguate. Credo che se la maggior parte di noi diventerà emotivamente competente questo migliorerà il mondo allo stesso modo in cui l'ha fatto la diffusione della lettura.

Come minimo, spero che una volta finito il libro, tu, lettore, possa dire: "Beh, non ho ancora capito tutto ma adesso ho qualcosa di interessante, da approfondire". Laddove l'unica cosa fatta da questo libro fosse aprire anche un solo spiraglio su un nuovo modo di vedere le emozioni, sarei soddisfatto. Se tu portassi via anche solo quell'unica distinzione tra *servizio* e *sacrificio*, sarei contentissimo perché anche il più piccolo apprendimento è utile e cambierà la tua relazione con le tue emozioni.

INTRODUZIONE

Come usare questo libro

Ogni emozione è importante ed alcune sono più comuni di altre. La *rabbia*, la *compassione* o il *dubbio* sono vissute quotidianamente mentre altre, come l'*ira*, ad esempio, probabilmente, le vivremo una sola volta nella vita. Puoi pensare alle emozioni più comuni come ai tasti centrali di una tastiera e a quelle più rare come le note più alte e più basse. Tutte le note sono utili, avendo una loro parte nella ricchezza della composizione, ma alcune sono più usate di altre. Alcune volte le nostre emozioni sono come corde musicali, ne usiamo dalle tre alle quattro alla volta e, così come per l'apprendimento del funzionamento di queste corde, è utile separare le note individuali. Questo ci consente di capire chiaramente, per poi apprezzare l'intero accordo.

La nostra speranza è che questo libro ti fornisca un nuovo modo di pensare le emozioni e, ancora più importante, ti dia degli strumenti quotidiani per dare più senso alla tua vita. Abbiamo organizzato il libro in quattro sezioni. La prima riguarda la nostra interpretazione di emozioni e stati d'animo. La seconda riguarda circa cento emozioni che sono le più comuni che abbiamo incontrato nel nostro lavoro nonché il modo nel quale io e Lucy siamo arrivati a comprenderle. La terza ha lo scopo di guidare ad una più ampia interpretazione nel mondo del quotidiano, della nostra vita e delle nostre esperienze. La quarta è un dizionario di circa 250 emozioni che chiarisce l'origine, il significato e lo scopo. Quest'ultima sezione è progettata per essere di consultazione ogni volta che stai cercando di capire un'emozione specifica. L'indice alla fine del volume è un ulteriore strumento che ti consentirà di navigare facilmente all'interno del libro.

In questo libro ci concentriamo principalmente sulla nostra interpretazione delle emozioni e nell'esplorazione delle molte distinzioni. Siamo consapevoli che molto altro potrebbe essere scritto circa le emozioni stesse, la loro relazione con il corpo e il nostro equilibrio biochimico, al fine di esplorare ulteriormente quest'area.

Tra le varie ramificazioni, non abbiamo potuto prestare molta attenzione anche a domande quali: "Come posso cambiare le mie emozioni?" Quali sono i modi utili per approfondire le emozioni che voglio coltivare? Come posso imparare ad affinare le distinzioni?". Si tratta di un'esplorazione senza fine, molto personale, che potrebbe essere oggetto di libri futuri. Si tratta, d'altro canto, anche del cuore del nostro lavoro di coaching e, se dovesse interessarvi, vi invitiamo a contattarci.

La comprensione della natura umana è in continua evoluzione con particolare attenzione all'intelligenza emotiva. Se hai idee o esempi che ti piacerebbe condividere, se noti emozioni che mancano in questa lista o se hai una interpretazione che credi possa espandere questa conoscenza, ti saremmo grati se volessi scriverci perché questo è il lavoro nel quale siamo continuamente immersi, in continua evoluzione. Eventuali commenti sono i benvenuti, agli indirizzi dan@schoolofemotions.world o lucynunez.alg@gmail.com.

Infine, laddove fossi già incuriosito dall'origine di questa interpretazione delle emozioni, vogliamo sottolineare che questa non è una nostra creazione ma è emersa da un modo di interpretare il genere umano focalizzato sull'es-

Introduzione

sere nel suo insieme, un'interpretazione *ontologica*. In breve, la comprensione ontologica dell'essere umano risulta nel dichiarare che l'uomo, o donna, è più che semplice razionalità e che le emozioni e il corpo sono domini legittimi dell'apprendimento e della conoscenza. La stessa prospettiva ontologica è quella che negli scorsi quattro secoli ci ha *semplificato* come esseri (fondamentalmente) razionali, arrivando a pensare che l'apprendimento possa essere solo funzione dell'intelletto.

Oggi, coach e guide che fanno largo uso del modello ontologico, con i loro clienti, usano il linguaggio (lo strumento della ragione) e prestano uguale attenzione alle emozioni e alla sfera psico-somatica, biologica, allo scopo di sviluppare un apprendimento completo e sostenibile. Il modello ontologico non nega o sminuisce la razionalità ma mette in relazione queste altre due parti del nostro essere.

Capitolo I

STORIA E CONTESTO

Grazie mille per la tua email. È arrivata nel mezzo della mia confusione. Ho pianto quando l'ho letta ma questa volta il pianto era liberatorio.

L'emozione della "dignità" mi sembra molto corretta. Avrei voluto raggiungere la "speranza", pensando che sarebbe stata l'emozione più utile. Non mi è stato possibile arrivare alla speranza: la dignità è quella giusta.

Perciò oggi, per alcune ore, mi sono vestita di dignità e la conclusione è stata che: "Io non sarò in pace con me stessa e non rimarrò calma, mentre queste persone spargeranno la loro malignità e il loro odio. Io mi ergerò per la mia legittimità come essere umano e per quella degli altri. Da questo momento in avanti, io sarò ferma per proteggere, prendermi cura e supportare l'umanità: la mia, la vostra e quella di chiunque altro."

Poiché sono connessa con la mia dignità, ho notato che non sono più spaventata di dichiarare d'essere musulmana. Dopo l'11 settembre sono stata in silenzio e ho evitato di dirlo, per quanto possibile. Se mi "scoprivano" mi affrettavo a dire che non ero estremista. Non mi sento più di dover nascondere questa parte di me stessa. Sì, sono ancora un po' spaventata ma non pietrificata, non me ne vergogno, non me ne scuso.

Questa mail è arrivata recentemente da una nostra ex studentessa che è anche un coach. È una di quelle persone che usa le emozioni nel suo lavoro,

Le Conseguenze delle Emozioni

con i suoi clienti, ma che al tempo stesso ha imparato ad applicare il potere delle emozioni anche nelle proprie situazioni. Secondo noi, la testimonianza all'inizio di questo capitolo non è solo una storia personale quanto, piuttosto, il nostro viaggio collettivo. Comprendere, perfino familiarizzare con le emozioni è una delle cose più potenti che possiamo imparare, quali esseri umani.

Dove siamo?

Ciò che ci ha guidati a scrivere questo libro è riassunto nelle seguenti parole: *non siamo emotivamente istruiti*. Questo non significa che ci sia qualcosa di sbagliato in noi ma che non abbiamo ancora imparato a comprendere le emozioni in modo utile. Quello che ci accade quando siamo esposti alle emozioni è, più o meno, ciò che succede mettendo davanti ad un analfabeta un testo scritto (nella miglior delle ipotesi si fa confusione). Il povero malcapitato, o la povera malcapitata, vede i segni ma non arriva a capirne il senso. Sebbene ci siano persone incapaci di leggere, la stragrande maggioranza degli analfabeti non sa leggere perché non ha imparato a leggere. Noi la vediamo allo stesso modo con le emozioni. Gli esseri umani hanno ideato molte strategie, sviluppando teorie e modelli, al fine di comprendere le emozioni, ma non hanno ancora trovato uno strumento che aiuti a sbloccarne il significato e l'utilità. Noi, però, crediamo che ci sia un'interpretazione delle emozioni che ci possa aiutare esattamente in questo.

È innegabile che per la maggior parte della nostra storia, abbiamo prestato attenzione alle emozioni e cercato di comprenderle. Le abbiamo idealizzate come qualcosa che avesse origine dalla mente o che fosse il risultato di un bilanciamento, o sbilanciamento, "meramente" biologico. Le emozioni sono state classificate da studi filosofici, biologici, sociologici e psicologici con la maggior parte delle teorie che convergono sul fatto che esistono quali parti inseparabili della nostra esperienza umana. Meglio, parte del nostro io più profondo e il frutto della nostra esperienza; un "io" talmente profondo da risultare, molte volte, scomodo e sospetto. Tendiamo a vedere le emozioni come qualcosa che viene ispirata nel nostro cuore ma, allo stesso tempo, crediamo che le emozioni non siano oneste o che, quantomeno, siano in competizione, spesso in opposizione, con quanto di logico possiamo pensare. Le vediamo, le emozioni, come l'opposto della ragione e di solito pensiamo che "ci portino fuori strada" o che non ci facciano "pensare lucidamente". Le crediamo fisse o molto difficili da cambiare se non con l'aiuto di un professionista. L'unica arma che abbiamo contro questo turbinio emotivo è quello di "controllare e gestire" o, perlomeno, questo è ciò che pensiamo di poter fare. Spesso temiamo il potere delle emozioni e crediamo che la nostra vita sarebbe migliore se ne provassimo meno. In un certo senso ci relazioniamo con le nostre emozioni come se fossero un'entità aliena dentro di noi, il cui scopo è minare la nostra solidità. In altre parole, la maggior parte delle persone non gradisce le emozioni ed ha sperato molto spesso che sparissero, lasciandoci nel più "gestibile" mondo della ragione.

Data questa prospettiva, non stupisce che abbiamo lasciato perdere la possibilità di "imparare le emozioni". Quando guardiamo ad un piano di studi tradizionale, c'è una lista molto lunga di argomenti cognitivi o linguistici che quasi sempre non include l'intelligenza emotiva. In altre parole, ci affidiamo alla *speranza* che i nostri bambini imparino le emozioni da soli perché, apparentemente, non sappiamo come aiutarli, metodologicamente. Ciò che ci aspettiamo è che amandoli, dicendo loro quali emozioni siano desiderabili e quali da evitare, loro riescano a trovare da soli la propria strada. Eppure, persino quando sopravvivono alle turbolenze del periodo adolescenziale non è sicuro che siano, poi, equipaggiati con competenza emotiva. Una volta adulti, d'altro canto, immaginiamo che il bagaglio emotivo della persona sia ormai stato fissato e quindi non ci sia possibilità di cambiarlo. In quest'ottica, non stupisce il fatto che mediamente pensiamo che non ci sia valore nell'apprendere le emozioni a meno di non incappare in uno sbilanciamento tale da portarci a una malattia mentale. E, in questo caso, tendiamo a ceercare per prima cosa cure mediche anziché ad apprendere.

Potrebbe essere che le nostre emozioni siano troppo vicine a noi per notarle. Oppure potrebbe essere che ci siamo convinti troppo profondamente che possiamo ignorarle. Ad alcuni di noi capita di esserne spaventati o di immaginarle come un inutile relitto del nostro passato, un'appendice che si può staccare. A prescindere dalla ragione, è un fatto che non le vediamo quasi mai come una parte indispensabile di noi e siamo spinti a dimenticarcene.

È stata opinione comune, per molto tempo, che emozioni e stati d'animo non si potessero cambiare. Il risultato logico di questa visione è che l'unico modo di relazionarci con essi è tentare di "controllare o gestire". Ma, per quanto paradossale, la nostra tendenza a far valere la ragione non ci ha impedito di vedere noi stessi, e molto più spesso gli altri, come individui estremamente emotivi. Si pensi al retaggio che una frase come *quella persona non cambierà mai* porta con sé. In un ragionamento simile, quindi, non c'è altra soluzione che affidarci all'arma dell'intelletto, capace di guidare, non *lasciandoci in balia delle emozioni*. È questo il motivo per cui molti sono a disagio con le proprie emozioni e in molti casi ne sono spaventati.

L'ascesa del razionalismo

René Descartes con il suo "penso, perciò sono", nel 1637, ha dato il via a un'iperbole di esaltazione della ragione, superiore all'emozione, quale fondamento della conoscenza. Un percorso, questo, per il quale fino a pochi decenni fa abbiamo generalmente creduto che "conoscere" fosse sinonimo di comprensione, intelletto, logica. Qualsiasi cosa volessimo "conoscere" doveva essere in linea con le regole dettate dalla ragione, fondata su processi logici, attraverso discipline come matematica, fisica o altre scienze degne d'essere definite tali.

Capitolo I: Storia e Contesto

Ogni conoscenza al di fuori di queste era sospetta o ridicola. Questa credenza ha messo stati d'animo ed emozioni fuori dal dominio della conoscenza e dell'apprendimento. L'abbandono delle emozioni o, nella migliore delle ipotesi, la segregazione delle stesse in una delle molteplici così dette "pseudocoscienze" (psicologia, sociologia ed altre) sono il risultato del Razionalismo, la nostra focalizzazione sulla ragione. Ma, anche se analizzate in questa luce, le emozioni non sono state considerate, per molto tempo, qualcosa di serio né, tanto meno, qualcosa degno di "vero apprendimento".

Abbiamo ignorato il fatto che le emozioni potessero essere uno strumento possibile e utile. Le abbiamo escluse dall'interno delle organizzazioni aziendali, ad esempio, trattandole con sospetto. Questo disgusto per le emozioni nelle organizzazioni ha anche un'origine storica. Durante la Rivoluzione Industriale il concetto di un gruppo di persone che lavorava insieme è passato da qualcosa di organico a qualcosa di meccanico perché i principi di progettazione e gestione delle macchine erano applicati agli esseri umani. La parola *organizzazione* riflette l'idea di un gruppo di persone che lavora insieme in modo organico, nella sua natura. La parola *lavoro*, e *lavoratore*, deriva dalla misura meccanica della forza. Sul luogo di lavoro, le emozioni sono state banalizzate o disprezzate perché in contraddizione con la natura meccanicistica del *lavoro*.

In breve, è successo perché abbiamo confuso l'avere emozioni con l'essere irrazionali. Questi due concetti sono diversi e quando non siamo in grado di distinguerli perdiamo il potenziale d'entrambi. È interessante notare che, malgrado il principio di Descartes sia diventato una forza praticamente inarrestabile nel pensiero occidentale, c'è stato chi aveva prospettive diverse sin dall'inizio. Uno di questi era Blaise Pascal, un giovane contemporaneo di Descartes, che rispose: "Il cuore ha le sue ragioni delle quali la ragione non sa nulla." C'è stato chi non ha visto la ragione come l'unica via della conoscenza ma la maggioranza ha optato per quella che è stata ritenuta una soluzione più "logica".

Le Conseguenze delle Emozioni
Razionalismo e la svalutazione delle emozioni

Il nostro razionalismo, sino a poco tempo fa, era su un percorso sempre più tracciato. Siamo giunti a quello che potremmo definire un vero e proprio *iperrazionalismo* che ha completamente escluso ogni altra forma di conoscenza eccetto la ragione, considerata quale l'ultima, e sola, via utile per conoscere qualsiasi cosa.

Vorremmo dissentire, scrivendo qui di nuovi concetti e vorremmo farlo attraverso un libro, questo, che si basa su un profondo senso di utilità. Non stiamo provando a dimostrare che qualcosa sia corretto o falso ma, piuttosto, vogliamo condividere una prospettiva che abbiamo trovato utile e che sta cambiando la vita ad un buon numero di persone.

Considerare la comprensione delle emozioni nel dominio dell'apprendimento, alla stregua della ragione, è d'enorme aiuto per la nostra auto-consapevolezza. Non è più o meno potente di un approccio razionale né più o meno affidabile. Si tratta di combinare le due prospettive per poter produrre una sinergia che non abbiamo mai provato prima e che ci consente di vivere meglio, con più sicurezza in noi stessi. Gli uomini hanno a lungo ignorato il dominio delle emozioni e, così facendo, si sono riscoperti emotivamente ignoranti e fragili. La buona notizia è che possiamo ribaltare questa ignoranza e questa fragilità attraverso l'apprendimento: è un'opportunità concreta che le emozioni possano diventare uno degli strumenti più importanti per affrontare le sfide della vita. Possiamo familiarizzare con le emozioni e imparare a sviluppare un più alto livello di consapevolezza, in questo campo.

Il credo, quantomeno nella cultura occidentale degli scorsi secoli, è stato che le emozioni fossero poco affidabili e che non considerarle ci avrebbe fatto prendere decisioni migliori. Il nome che abbiamo dato a questo è *oggettività*, un'idea che deriva dalla scienza del diciannovesimo secolo. La teoria quantistica è venuta in aiuto, dimostrando che quanto sopra non è sempre vero. Per questa teoria, l'osservatore è determinante nel definire il risultato dell'esperimento. In altre parole, la vecchia idea di oggettività è stata dissolta. Questo implica che, nel momento in cui dobbiamo prendere una decisione, le emozioni della persona, dell'osservatore, non possono essere rimosse. Le emozioni sono parte integrante di colui che dovrà decidere tanto quanto sono necessarie a garantire che il progetto decisionale sia il migliore possibile. Non può essere diversamente.

Fatto questo passaggio, al fine della comprensione dell'universo (del quale facciamo parte) è tempo di considerare come possiamo vedere le emozioni con lenti nuove. Al di là del dimostrare che "l'essere obiettivi" non è una possibilità come pensavamo che fosse, abbiamo imparato che ognuno di noi è un osservatore diverso e unico. Così, ciò che vediamo quando guardiamo il mondo dipenderà più da noi che da ciò che stiamo guardando. Nell'area delle emozioni questo significa che sebbene tu ed io potremmo usare la parola "rabbia", ognuno ha la propria interpretazione di ciò che è la rabbia: come si mostra e come ci si sente. Verosimilmente, le nostre interpretazioni saranno simili ma non saranno uguali né esatte. D'altro canto, non c'è modo di sapere se siano esatte perché non c'è nulla di oggettivo con cui fare un paragone. Così per ogni emozione si può associare una *interpretazione* ma non una *definizione* che si applichi universalmente.

Emozioni e Apprendimento

Nell'area delle emozioni c'è qualcosa di fondamentale della quale essere consapevoli in termini di apprendimento. A causa dell'influenza meccanicistica sul nostro modo di vedere il mondo, tendiamo a credere che imparare significhi *accumulare informazioni*. Qui definiremo una distinzione tra *comprendere le emozioni* e *apprenderle*. **Apprendere le emozioni** è "catturare e comprendere i concetti, l'idea e la logica" ovvero tutti i modi cognitivi con i quali possiamo imparare qualcosa. Per esempio, potremmo dire che *impariamo a cucinare* guardando programmi di cucina in televisione. **Comprendere le emozioni** è, invece, qualcosa che giunge spendendovi tempo, sentendo la loro energia, nominandole, sperimentandole, praticandole. In breve, attraverso l'esperienza e, quindi, cucinando. Si tratta di un apprendimento molto più profondo.

La piena comprensione arriva sposando una comprensione cognitiva ed emotiva. *Apprendere* le emozioni può sicuramente aiutarci a *comprendere* le emozioni. Questo libro presenta idee, concetti e modelli che, se adottati, ti aiuteranno a vivere le emozioni in un modo nuovo. Tuttavia, senza creare le esperienze che includono le emozioni, il rischio è che questa lettura sia "solo" apprendimento. Questo è un concetto vero, per imparare qualsiasi cosa profondamente e completamente, ma noi, a causa della nostra tendenza a crederci esseri totalmente razionali, spesso cadiamo nell'errore di credere che apprendere qualcosa sia sufficiente alla sua comprensione. Specialmente entro il dominio delle emozioni questo non è assolutamente vero. Con questo libro puoi apprendere ma sarà necessario impegnare tempo per vivere le emozioni e rifletterci al fine di avere una più ampia comprensione.

È attrazione o amore?

Quando insegno pittura spesso osservo persone bloccate perché pensano che il loro dipinto debba loro piacere. Se non provano piacere nel guardarlo, sentono di aver fallito. Nella conferenza di Dan, sulle emozioni, ho potuto ascoltare una bellissima distinzione su cosa signifchi che una cosa debba "piacerci", nella vita, piuttosto che del provare amore, per qualcosa. Ha descritto il fatto che spesso l'attaccamento a ciò che ci piace ci porta ad avere una visione ristretta di cosa sia l'amore. Ero incantato nell'ascoltare Dan per la sua abilità di portare le persone a guardare un paesaggio completamente nuovo, senza aver bisogno di un pennello.

-J.C.

Capitolo I: Storia e Contesto

Dalla frustrazione alla calma

Me ne resi conto durante una lezione con frequenza obbligatoria, all'interno dell'università nella quale lavoravo. Lo ricordo come se fosse ieri e, ora, so che era rabbia. Stavo ancora superando la morte di mia madre, tre mesi prima. Mio padre era profondamente depresso, emotivamente instabile, e in quel periodo beveva molto. Mia moglie non era felice perché passavo, secondo lei, troppo tempo con mio padre. Il mio responsabile di ricerca era una delle persone più scontrose con le quali avessi mai avuto un rapporto di lavoro. Sentivo la pressione come mai prima. Dovevo frequentare una lezione per comunicare meglio con i miei colleghi e in quel periodo così complicato, per me, non aveva alcun senso. Ero in ritardo con la mia ricerca e avrei dovuto sospenderla per tre giorni per "giocare" ad imparare le mie emozioni. Ero esausto e arrabbiato perché mi ritrovavo incastrato in questa lezione.

La prima mattina cercai più volte di interrompere l'insegnante. Dopo pranzo iniziammo a parlare di emozioni, di dove e come trovarci qualcosa di utile. Fu allora che iniziai ad ascoltare. Il giorno dopo entrammo più a fondo, esplorammo emozioni specifiche. Ne fui entusiasta, non avevo mai capito perché vivessi continuamente frustrazione e rabbia. Imparai che nel comunicare con gli altri, scegliere l'emozione più appropriata fa una grande differenza e fu da quel giorno che la mia vita cambiò completamente. Imparai in molti modi ad essere una guida positiva e come la mente umana e le emozioni operano, da un punto di vista pratico. Ora penso sempre a quale emozione io stia vivendo prima di rispondere a ogni domanda o prendere decisioni. Uno dei vantaggi maggiori, per me, è stato quello di smettere di avere attacchi di panico. In qualche modo, sapere che le emozioni sono una cosa normale, coglierne il messaggio e capire cosa mi succeda, di volta in volta, ha reso di per sé la mia vita più calma e meno spaventosa. Non l'avrei mai immaginato.

-L.Z.

Capitolo 2

UNA NUOVA INTERPRETAZIONE

Tutti gli esseri umani condividono certi aspetti fondamentali. Respirare, mangiare o dormire sono cose che facciamo tutti. Sono aspetti dell'essere umani che possiamo controllare sino ad un certo punto. Tuttavia, non possiamo impedirci di respirare, mangiare o dormire, a meno di gravi conseguenze. Oltre quelli sopra, ci sono tanti altri aspetti cruciali che noi esseri umani, qualche volta, trascuriamo. Uno di questi è il fatto che tutti noi abbiamo emozioni. Noi siamo emotivi tanto quanto siamo razionali. Sebbene individualmente ci relazioniamo ed esprimiamo le emozioni diversamente, a seconda del nostro carattere, cultura ed esperienze, questo non cambia il fatto che noi tutti abbiamo emozioni.

Per comprendere ciò che stiamo suggerendo è fondamentale che tu possa riconsiderare ciò che credi siano le emozioni e il loro modo di lavorare al fine di determinare il modo in cui interpreti ciò che ti circonda. Esistono interpretazioni supportate da ricerca e sperimentazione che sono avvalorate da "prove" che le sostengono quasi a sembrare l'unica verità. Ma scavando sufficientemente vedrai che ciò che vedi è comunque una particolare interpretazione nella quale le emozioni hanno un proprio ruolo. Ciò che noi autori proponiamo è semplicemente un'altra interpretazione del fenomeno delle emozioni.

The Unopened Gift

Non vogliamo dire che questa sia la verità ma la proponiamo perché crediamo sia utile e pratica. La nostra esperienza pluriennale come coach, insegnanti, facilitatori e consulenti, ci ha mostrato che non avere una interpretazione utile delle emozioni inficia la nostra possibilità di abbracciare la vita: ci rende meno efficienti nella maggior parte delle cose che facciamo. Inoltre, è spesso una fonte di confusione perché quando noi esseri umani crediamo di essere solo esseri razionali ogni evento che non può essere spiegato razionalmente ci resta inspiegabile: non è comprensibile all'interno dei confini del nostro modo abituale di pensare.

Se cerchi nel dizionario cosa sia un'emozione, solitamente trovi due definizioni: "Un'emozione è uno stato d'animo" o "Un'emozione è uno stato affettivo della coscienza". Sebbene entrambe possano essere valide, nessuna delle due è utile a capire cosa siano effettivamente le emozioni, quale ruolo giochino nella nostra vita e cosa potrebbero significare quando le viviamo. L'interpretazione ontologica del dominio emotivo consente a emozioni e stati d'animo di essere compresi come strumenti utili nella vita di tutti i giorni.

Nell'interpretazione ontologica un'emozione è ciò che l'etimologia della parola suggerisce: e-moveo, muovere fuori. È "ciò che ti mette in moto" o "ciò che ti muove". Noi tutti possiamo notare l'energia che ci spinge a muoverci più velocemente, cambiare posizione o dire qualcosa che riteniamo importante. Quell'energia è l'emozione. In questo caso, "azione" e "moto" sono diversi da "movimento". Un'emozione come la *pigrizia* energizza il nostro restare immobili, ad esempio, sul divano. Il restare immobili, o quantomeno il muoverci poco, è la particolare "predisposizione all'azione" di questa specifica emozione. L'energia emotiva può mostrarsi come una reazione ad una esperienza, cioè essere essa stessa un'emozione, oppure durare più a lungo e diventare uno stato d'animo.

Sia gli stati d'animo che le emozioni hanno i seguenti attributi specifici.

Capitolo 2: Una nuova interpretazione
Emozioni (e stati d´animo) non sono discrezionali

Noi siamo esseri emotivi. Per nostra natura le emozioni sono presenti, sono parte di noi. Ogni essere umano vive emozioni e stati d´animo. Mostriamo le nostre emozioni in modo diverso, ovviamente, a seconda della nostra cultura, storia, del nostro genere e di altri fattori, ma le emozioni sono presenti in ognuno di noi, dalla nascita alla morte.

Le emozioni non sono sempre divertenti e alcune di loro sono estremamente dolorose. Come già scritto, molti di noi hanno immaginato, almeno una volta nella vita, cosa sarebbe potuta essere la vita senza doverle necessariamente provare. Abbiamo provato ad essere "meno emotivi" o "più obiettivi" al fine di gestire il nostro malessere. Abbiamo provato a nascondere il dolore distraendoci o evitando di pensarci. Questo può aver funzionato per un breve periodo ma non si tratta di tecniche utili sul lungo termine. Una vita alla Spock può averci attirato, alle volte, ma questa non si allinea con il nostro modo di essere, umani. Ognuno di noi trae energia dalle emozioni non può essere altrimenti. Semplificando, senza quell'energia la vita umana non esisterebbe. Non ci sarebbe nulla a guidarci, alimentarci e le relazioni sarebbero impossibili.

Cercare di evitare le emozioni è essa stessa una predisposizione ad una emozione, la *negazione*. Finché *neghiamo* saremo bloccati in questa dinamica: cercare di minimizzare la nostra stessa esperienza emotiva. Una scelta diversa potrebbe essere l'*accettazione*. In base alla nostra esperienza, questa è una emozione che non è ben compresa né ben giudicata dalla società contemporanea. Siamo 'preimpostati' a credere che *accettare* significhi essere d'accordo, farsi piacere o sostenere qualcosa. Un'interpretazione più utile è quella dell'*io-riconosco-ciò-che-è (ma non sono d'accordo)*. Scegliere di non combattere contro ciò che ci appare come un dato di fatto, non resistervi, accettare, senza che quel qualcosa ci piaccia, né nel momento in cui accettiamo, né dopo.

Ricordiamo che qui stiamo semplicemente riconoscendo che le emozioni sono parte dell'essere umano, che ci piaccia o no, che siamo concordi o meno e che lo vogliamo, o meno. Pertanto, quando applichiamo l'accettazione all'idea che siamo esseri emotivi facciamo un passo verso la comprensione delle emozioni stesse, in un modo diverso, che ci consenta di renderle degli strumenti utili.

Emozioni (e stati d'animo) sono domini legittimi dell'apprendimento e della conoscenza

Laddove, precedentemente, abbiamo creduto che l'apprendimento fosse principalmente intellettivo (usando il linguaggio come trasportatore delle informazioni) l'interpretazione ontologica è che emozioni e stati d'animo sono domini dell'apprendimento, della conoscenza e della saggezza, d'uguale rilevanza.

Pensiamo alla nostra educazione formale. Puoi fare una lista dei criteri che hanno reso i tuoi studi validi? Ciò che ci viene in mente è che, probabilmente, il 90 per cento di tutti i nostri corsi si focalizzavano su un apprendimento intellettivo. Abbiamo studiato informazioni, accumulato conoscenze e (si spera) abbiamo imparato a pensare. Praticamente nulla di ciò che abbiamo studiato focalizzava, neanche lontanamente, su uno sviluppo aperto e strutturato delle emozioni, sulla nostra comprensione delle emozioni. Nel nostro sistema didattico lasciamo che l'apprendimento delle emozioni sia lasciato all'interazione che avviene quando mettiamo insieme un grande numero di studenti e il successo di questo metodo è principalmente basato sulla *speranza*. Noi *speriamo* che i nostri bambini imparino ad ascoltare e gestire le proprie emozioni e quelle degli altri mentre non abbiamo un sistema che insegni loro queste cose.

C'è chi vede il bisogno, e il valore, di una maggiore consapevolezza emotiva ma in generale non si ha l'idea che questo sia un'area di apprendimento degna

Capitolo 2: Una nuova interpretazione

di quelle più tradizionali. Riconosciamo che ci sia qualcosa ma, fondamentalmente, crediamo che questi siano argomenti che sono in qualche modo imparati. Tutti i lettori di questo libro sono cresciuti con una mentalità che potremmo chiamare cartesiana. Ovvero, siamo cresciuti pensando ad un mondo basato su idee simili a quelle esposte da René Descartes con il potere della ragione sopra le altre. Crescere in un sistema fondato su questo credo ci porta a interiorizzare profondamente questa filosofia. La realtà coincide con ciò che noi interpretiamo come tale. Sembra *la Verità* ed è sfidante già il solo considerare che questo sia solo uno dei molti modi di comprendere il mondo. Ricordo una conversazione con mio figlio, nato nel 1989, con il quale condividevo la mia esperienza del mondo prima del computer. Direi che l'emozione che mi ha prodotto tale conversazione sia stata *incredulità*. Questo perché ascoltandolo mi sono reso conto che, in un certo senso, non poteva immaginare cosa fosse la vita prima della creazione del computer.

Possiamo pensare a molti esempi di come sia cambiato il pensiero umano, nel tempo. In generale, l'idea di un apprendimento che avvenga principalmente, o unicamente, in modo intellettivo può sembrare l'unico possibile ma ciò che risulta sempre più evidente è che questo, in realtà, è solo l'ultimo modo che abbiamo sviluppato. E, così come sono cambiate, nel tempo, le modalità di apprendimento, così la tecnologia che usiamo per interagire con il mondo, nonché la nostra comprensione della stessa, sta cambiando e si sta sviluppando. Potremmo definirla *tecnologia umana*.

Una credenza comune tra persone e coach è che le emozioni e gli stati d'animo siano fissi. Spesso le persone si esprimono dicendo qualcosa di simile: "Quel tipo di situazione mi fa sempre arrabbiare; io sono fatto così," che evidenzia il nostro credere che non ci sia possibilità di cambiare o imparare. Il solo pensare che l'apprendimento emotivo e la scelta siano possibili apre enormi opportunità per la crescita umana.

Le Conseguenze delle Emozioni
Emozioni e stati d'animo sono appresi per immersione

Si tratta di una differenza profonda rispetto all'apprendimento intellettivo che avviene riflettendo. L'apprendimento emotivo avviene attraverso l'immersione nell'energia emotiva, spendendo tempo con le nostre emozioni ed essendo immersi nell'energia degli altri.

Avendo speso così tanta attenzione sull'apprendimento intellettivo ci siamo abituati alla relativa modalità di lavoro. Intellettualmente potremmo dire che impariamo dall'interno. Vediamo una situazione, un percorso, una parola, un'espressione matematica, ci riflettiamo e qualcosa si accende in noi. Quando arriviamo a "vedere" la logica di ciò che abbiamo di fronte, arriviamo alla comprensione, praticamente, istantaneamente. Si potrebbe dire che la facilità e la velocità dell'apprendimento intellettivo ci abbia viziati così che risulti più difficile, ora, abbracciare altri tipi di apprendimento. Sebbene *imparare le emozioni* (leggere questo libro) possa avvenire dall'interno, questo confinerà l'apprendimento stesso alla sola area dell'intelletto. Al fine di *comprendere le emozioni* abbiamo bisogno di immergerci e viverle. È un modo diverso di imparare.

Ci sono principalmente due modi per essere immersi nelle emozioni. Uno è circondandoci delle stesse, come lo eravamo da giovani, in famiglia. In questo ambiente, crescendo, assorbiamo le emozioni più comuni e frequenti che andranno a formare il nostro stato d'animo fondamentale. Se cresciamo circondati dalla *paura*, probabilmente impareremo a vedere intorno a noi un mondo pericoloso. Se cresciamo immersi nello stato d'animo dell'*avventura*, probabilmente vedremo il mondo come un posto pieno di opportunità. Vivendo con persone alle quali crediamo ci consentirà di imparare l'emozione della *fiducia* mentre guardando coloro che, attorno a noi, danno gratuitamente ci consentirà di apprendere la *generosità*. Ciò che accade è

Capitolo 2: Una nuova interpretazione

più che il solo imparare le abitudini di queste emozioni o ascoltare le storie associate ad esse; impariamo profondamente, interiorizziamo. Si tratta di un processo di apprendimento automatico tutt'uno con quegli stati d'animo e quelle emozioni con le quali cresciamo. Più tardi, nella vita, possiamo comunque scegliere quali emozioni approfondire e quali rendere meno presenti, guidando il nostro apprendimento emotivo.

Il secondo modo nel quale viviamo l'immersione è essendo *con* le emozioni o, più precisamente, consentendo alle emozioni di essere *con noi*.

La *tristezza* è un'emozione sottovalutata in occidente. Tendiamo ad associarla alla depressione e a vederla in antitesi all'*ambizione* e all'*entusiasmo*, che favoriamo maggiormente. Vi ci relazioniamo bollandola come un'emozione negativa e non crediamo che vi sia un valore nel viverla. Così, quando ci sentiamo tristi, o gli altri ci vedono tristi, solitamente la reazione è quella di 'smetterla'. I nostri amici o la nostra famiglia cercheranno di distrarci, di farci ridere, o potremmo essere noi a decidere di farlo. Tuttavia, quando proviamo un'emozione sta succedendo qualcosa in più che un semplice cambio di umore. Mentre stiamo vivendo l'emozione, stiamo *imparando* ed imparare è *cambiare*. Può sembrare un concetto strano ma immaginiamo se quanto detto non accadesse. Qualsiasi livello d'*amore* del quale tu fossi capace, quello che magari hai avuto alla nascita del tuo bambino, rimarrebbe lo stesso e non potrebbe crescere, cosa che invece vivono molti genitori. Analogamente, chi è cresciuto senza vivere la generosità solitamente è capace di dispensarne in maggior misura durante la propria vita. Lo stesso può dirsi per la fiducia, la rabbia o la meraviglia. Saremmo emotivamente statici ma questo, in realtà, non è ciò che accade. Consentire a noi stessi di vivere in una emozione finché non abbia "finito il suo lavoro" o ci abbia "portato la sua saggezza" è il modo principale di imparare per immersione.

Le Conseguenze delle Emozioni
L'apprendimento emotivo ha il suo ritmo

Mentre l'apprendimento intellettivo avviene praticamente istantaneamente, apprendere nel dominio emotivo avviene in un periodo molto più lungo. Non è un caso che ci vogliano settimane o mesi perché l'apprendimento emotivo metta le radici.

Così come l'apprendimento emotivo ha il suo processo, così ha il suo ritmo. Come abbiamo detto, la comprensione intellettiva avviene molto rapidamente una volta che si comprenda la logica di quanto abbiamo davanti. È vero, anche nel caso dell'apprendimento intellettivo, che quando siamo perplessi o confusi, in una situazione, non possiamo predire quando la scintilla s'accenderà. Allo stesso modo, non possiamo predire quanto ci voglia perché il nostro apprendimento emotivo avvenga. Sappiamo, per quella che è la nostra esperienza di coach, comunque, che ci mette più che quello intellettivo. Se consideri che lo stato d'animo più comune che provi l'hai imparato nei primi 16 o 18 anni della tua vita attraverso la tua famiglia e l'immersione culturale, puoi immaginare che ci possano volere mesi o anni per cambiarlo. In tal senso si potrebbe senz'altro dire che siamo stati viziati dall'apprendimento intellettivo.

Fino a questo momento abbiamo parlato di due tipi di apprendimento. L'uno secondo il quale "le cose ci tornano", la scintilla si accende. Questo è il modo secondo il quale tendiamo a riorganizzare una serie di idee in un ordine sensato. È anche il modo secondo il quale arriviamo ad un apprendimento intellettivo. L'altro è quello secondo il quale "arriviamo a capire". Questo è un modo che descrive più accuratamente cosa avviene nell'apprendimento emotivo. In un modo o nell'altro la comprensione arriva ma non possiamo essere sicuri del come e del quando. Generalmente richiede pazienza ma ne vale la pena e questo lo si riconosce quando la comprensione arriva.

Capitolo 2: Una nuova interpretazione
Non possiamo essere "non emotivi"

Questo titolo è grammaticalmente orribile ma enfatizza il fatto che non c'è mai un momento nel quale le emozioni non sono presenti. Potremmo non essere consapevoli o essere in grado di nominarle ma sono lì, in ogni caso.

Se comprendiamo che le emozioni sono l'energia che ci mette in azione possiamo renderci conto che sono sempre presenti, anche se siamo occupati o inattivi. Dal primo momento in cui ci svegliamo finché non andiamo a dormire, vivremo in ogni momento una o più emozioni. D'altro canto, è interessante riflettere sul fatto che viviamo emozioni anche mentre dormiamo. Un argomento a favore potrebbe essere quanto spesso le emozioni si manifestino nei nostri sogni, e incubi. Al di là del fatto che siano presenti mentre dormiamo, sorgono con noi ogni volta al nostro risveglio, suggerendoci che, di fatto, sono sempre attive.

Alle volte le persone ci dicono che pensano di non avere emozioni o, quantomeno, non sempre. Una possibile ragione è che quelle stesse persone non siano abituate a notare le emozioni in alcuni momenti o che non sappiano identificarle. Possiamo diventare abili controllando, per prima cosa, quali siano le sensazioni che stiamo vivendo fisicamente. Queste sensazioni, o *feeling*, sono ciò che ci allerta che un'emozione è presente. Molti di noi non sono attenti osservatori delle proprie sensazioni. Dato il presupposto che generalmente non abbiamo trovato un modo diretto e condiviso di insegnare le emozioni, non dovrebbe sorprenderci il fatto che ci capita di non avere sufficiente proprietà di linguaggio per nominare le emozioni che sentiamo. Una buona pratica per iniziare a costruire il nostro vocabolario emotivo è di iniziare, semplicemente, a nominare le emozioni che crediamo di vivere o che ci sembrano essere presenti. Non è tanto importante, all'inizio, essere corretti quanto, piuttosto, iniziare a costruire una distinzione chiara. Per esempio, le emozioni della paura, ansia e dubbio tendono ad avere sensazioni simili. Il processo di distinzione inizia semplicemente con un "sento qualcosa che può essere paura, ansia o dubbio". Da lì potremmo riflettere sulle diverse storie che sono sottintese a queste emozioni e che identificano meglio quale sia quella predominante.

Le emozioni possono essere conosciute solo per interpretazione

Nessuno può vedere le emozioni direttamente. Invece, può conoscerle interpretando come il proprio corpo e la propria mente le senta o le mostri, per poi descriverle attraverso il linguaggio (che è esso stesso una funzione somatica). Quest'ultimo aspetto significa che linguisticamente possiamo dare ad ogni emozione una interpretazione ma non una definizione assoluta. Io non posso sapere se ciò al quale mi riferisco come amore comporti le stesse sensazioni per altri. Possiamo avere il sentore di parlare di qualcosa di simile ma le emozioni non sono empiriche.

Il concetto, qui, è che le emozioni non hanno una definizione nel senso stretto del termine ma è possibile concordare su un'interpretazione utile delle stesse. Non c'è una guida definitiva a cosa sia e cosa non sia un'emozione né, tantomeno, al significato specifico di un'emozione. Quando parliamo di emozioni stiamo traducendo concetti propri di due domini diversi: il linguaggio e le emozioni. Si tratta di un processo simile alla traduzione tra due dialetti Chi parla due o più lingue sa che spesso il meglio che si possa fare è tentare di riprodurre il significato ma che ci sarà sempre qualcosa "persa nella traduzione" e che molte parole non hanno significati equivalenti in altre lingue. Questo non significa che non sia utile tradurre, ma che dobbiamo essere consapevoli dei limiti così da predisporci ad un apprendimento più efficacie. *Schadenfreude*, dal tedesco, non ha una traduzione diretta o una

Capitolo 2: Una nuova interpretazione

definizione, in italiano, ma significa qualcosa di simile al "piacere che deriva dalla sfortuna degli altri".

Il nostro scopo, in questo libro, è concordare su un'interpretazione condivisibile che possa essere utile.

Le differenze di interpretazione avvengono persino nello stesso linguaggio. Per esempio, il proprio concetto di "casa" è diverso da quello del nostro interlocutore ed è sufficiente iniziare a parlarne perché questo risulti evidente. Sono entrambe case, ma le vediamo e le descriviamo diversamente. Quanto più tempo impieghiamo a creare una definizione, tanto più la stessa abbraccerà concetti condivisi da entrambi. Per costruire un'interpretazione, è d'aiuto guardare all'etimologia della parola e questo vale anche per le emozioni. Nell'etimologia della parola che individua un'emozione potrebbe esserci una sfumatura del suo significato originale che ci aiuti a comprendere la ragione per la quale quell'emozione sia stata nominata la prima volta. Il linguaggio è inventato "per necessità" e questo significa che quando ci troviamo ad affrontare una nuova esperienza, per la quale non abbiamo una parola, ne inventiamo una. Generalmente, inventiamo basandoci sulla nostra interpretazione dell'attività umana e sulle nostre credenze che sono tendenzialmente condivise. Ciò è particolarmente vero per le parole che sono state assegnate alla maggior parte delle emozioni. Questa ricerca etimologica può essere molto ricca ed espandere di molto la profondità del nostro apprendimento emotivo. (Lavorando a questo libro il sito internet www.etymoline.com è stato usato estensivamente e lo raccomandiamo comerisorsa[1]).

Il più importante elemento nel conoscere le emozioni è quello di focalizzarsi sulla propria comprensione e interpretazione. Se puoi comprendere quale sia la storia nascosta nella *tristezza*, per te, allora la *tristezza* diverrà utile anche se le parole che usi per descriverla sono leggermente diverse da quelle che usano gli altri.

---

1 Per la traduzione italiana si è utilizzato anche il Vocabolario Etimologico di Pianigiani (NdT)

Le Conseguenze delle Emozioni
Ogni emozione e stato d'animo ci predispongono ad un'azione specifica

In ogni emozione e stato d'animo, il nostro corpo è *incline* a reagire in un modo specifico. Non significa necessariamente che agiremo in quel modo ma che le emozioni vorrebbero farci reagire in quel particolar modo. Questo include ciò che vorremmo dire, poiché parlare è una funzione del corpo. Per esempio, la gioia ci predispone a celebrare, la tenerezza ad abbracciare e la rabbia, se la lasciassimo esprimere, a punire qualcuno o qualcosa. Non agiamo sempre in linea con questa predisposizione ma è lì e ci aiuta ad identificare un'emozione. Questa stessa predisposizione si trasforma in azione una volta che è stata modificata da noi stessi in linea con le convenzioni sociali alle quali aderiamo o le nostre, più individuali, abitudini personali.

La rabbia ci predispone a *punire ciò che percepiamo come fonte dell'ingiustizia*. È importante capire che ci spinge ad avere questa reazione ma questo non ci forza, necessariamente, all'azione. Se vediamo qualcuno calciare un cane senza una ragione apparente, potremmo *arrabbiarci* ed avere il desiderio di colpire quella persona. Capire cosa sia accettato dalla società alla quale apparteniamo potrebbe determinare il fatto che abbiamo sentito il 'bisogno' di punire quella persona ma che, probabilmente, non compiremo l'azione. La nostra cultura (che quasi nella totalità dei casi considera l'animale inferiore all'uomo) stempera la nostra *rabbia* ed è, al tempo stesso, parte del processo che ci porta a vivere tale emozione. La *gioia* ci predispone a celebrare, l'*ansia* a preoccuparci e l'ambizione ad avvantaggiarci delle opportunità che vediamo intorno a noi.

Nell'avvicendarsi delle fasi, dalla predisposizione all'azione, possiamo notare anche la divergenza fra ciò che siamo da un punto di vista onto-

Capitolo 2: Una nuova interpretazione

logico e culturale. Le nostre predisposizioni ci dicono qualcosa circa le esperienze che stiamo avendo come esseri umani (questo non significa che dobbiamo agire secondo le stesse). La cultura, inclusa la storia personale, ci indica i comportamnti più appropriati, da assumere quando viviamo emozioni specifiche. Essere capaci di separare predisposizioni e azioni è importante perché focalizzarsi sulle predisposizioni significa prestare attenzione a quelle che potremmo chiamare emozioni al loro stato grezzo. Quell'informazione è essa stessa fondante della nostra interazione culturale.

Il seguente modello illustra vari livelli di identificazione che utilizziamo. Ognuno di noi ha i suoi attributi individuali e gli stessi vengono usati come identificatori, da noi e dagli altri. L'essere umano si identifica in aspetti più o meno complessi: dai capelli castano scuro, passando per il ciclo sonno/veglia, arrivando al suo bilancio psico-fisico legato agli algoritmi emotivi (questo è il suo "io" più profondo?). Gli aspetti culturali, solitamente più appariscenti in ambito emotivo, sono usati come identificatori: diciamo che qualcuno arriva da una certa nazione, ha una particolare impronta etnica o, magari, ha un certo tipo di lavoro. L'identificatore culturale chiarisce a quali gruppi appartenga quella persona, per scelta o meno. Infine, c'è l'individualità: la personalità di ognuno che determina quell'ultimo miglio al di là della chimica e degli aspetti culturali più radicati.

In questo libro ci occupiamo, maggiormente, dell'aspetto ontologico dell'essere umano. Ogni uomo e donna dorme, mangia e respira. Queste funzioni sono parte dell'essere umano e, sebbene abbiamo una certa scelta sul quando e come farle, non abbiamo scelta sul farle o meno. Allo stesso modo, le emozioni sono parte della nostra umanità. Come le esprimiamo dipende molto dall'individuo e dal suo livello culturale ma avere emozioni è un aspetto caratterizzante di un approccio ontologico.

Le Conseguenze delle Emozioni

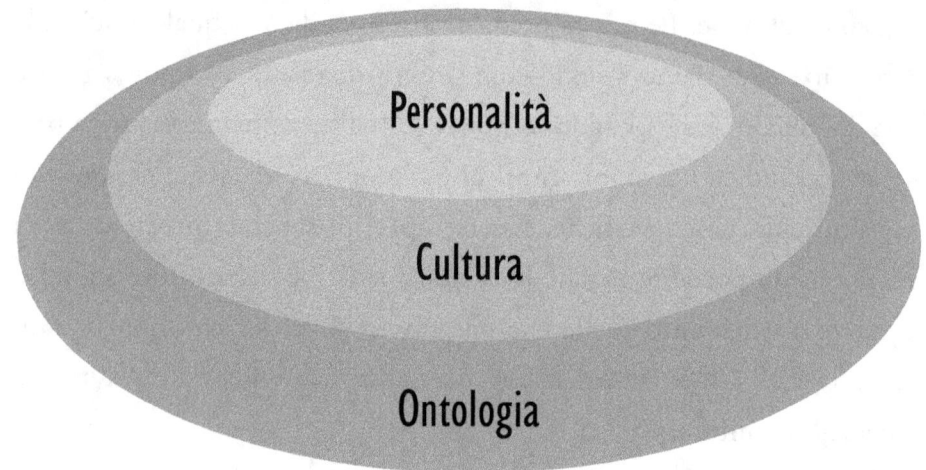

Personalità

Cultura

Ontologia

Ogni emozione è connessa con una storia o narrazione in modo cocreativo

In altre parole, le emozioni esistono per fornirci informazioni riguardanti le nostre interazioni con il mondo. Quando mi sento *ambizioso*, sto vivendo la storia per cui "ci sono possibilità nella vita, per me, e le raccoglierò". Quanto vivo la storia del "non è giusto" o dell'"io non avrei dovuto", è presente l'emozione del *risentimento*. Si noti che queste sono interpretazioni e non definizioni vincolanti. L'ultimo esempio, se articolato diversamente, può rappresentare l'energia del risentimento. Le emozioni non sono vaghe né casuali ma trasportano informazioni specifiche, se sappiamo decodificarle.

Nell'interpretazione ontologica, le emozioni e le storie (o i pensieri) sono cocreativi. Se inizi a pensare al tempo nel quale qualcuno ha *tradito* la tua *fiducia*, noterai che questo genera l'emozione della *rabbia* e puoi sentirla crescere in te. Nulla di ciò che avrebbe provocato *paura* sta succedendo in questo particolare momento, eccetto il tuo ricordo di un inci-

Capitolo 2: Una nuova interpretazione

dente che tu credi sia stato ingiusto. Ma se considerassimo solo questi esempi, potremmo concludere che le emozioni siano ingiuste. Invece, accade anche il contrario.

Se qualcuno rompe una promessa fattaci questo implica *rabbia*. Tuttavia, nel momento in cui provi *rabbia* potresti non avere immediatamente le parole giuste per individuare questa emozione. Potresti, però, descrivere ciò che ti hanno fatto e interpretarla come un'ingiustizia. Questo ci porta, all'inverso, a individuare l'emozione della *rabbia* in un flusso per il quale l'emozione è generata dal linguaggio usato per descrivere cosa sta succedendo. Da un punto di vista pratico, l'esempio è sufficiente a mostrare che c'è una relazione co-creativa tra le emozioni e il linguaggio. Non è facile, né necessario, capire se sia il linguaggio a generare l'emozione, o viceversa, quanto sapere che sono allineati.

Quindi, c'è una relazione tra ogni emozione e una specifica storia. Per "storia" non intendiamo te in una particolare situazione ma, piuttosto, una storia che ha un senso. Per esempio, la *tristezza* è sempre connessa con il "perdere qualcosa alla quale tengo". Non è semplicemente il "perdere qualcosa" perché se non ci tenessi non ti sentiresti triste. Non è semplicemente circa il "tenerci a qualcosa" perché anche questo non genererebbe tristezza. La *tristezza* è sempre legata alla storia del "perdere qualcosa alla quale tengo". Ricorda che stiamo interpretando ciò che è per noi nel dominio dell'emozione e la tua tristezza potrebbe essere leggermente diversa ma, secondo noi, questa emozione include sempre questi due elementi.

La *frustrazione* è la storia del "ci sto provando e sarebbe già dovuto succedere". La *fiducia* è la storia dell'"io non sto prendendo un rischio eccessivo interagendo con questa persona". La *paura* è la storia per cui "qualcosa di specifico in futuro potrebbe danneggiare me o qualcuno a cui tengo". Potremmo continuare con le diverse centinaia di emozioni disponibili al genere umano. Puoi trovare le storie sottese a molte emozioni nel Capitolo 10 di questo libro.

Le Conseguenze delle Emozioni

Il valore legato all'essere capaci di ascoltare la storia dell'emozione che stiamo vivendo può essere notevole. Semplicemente ascoltando una persona parlare spesso si può arrivare vicini al capire quale sia l'emozione che sta causando quella conversazione. Questo, del resto, può aiutare a fare domande che aiutano ad approfondire cosa l'altro stia provando. Per esempio, se tuo figlio o tua figlia ti dicono che sono "furiosi con te perché non consenti loro di fare un giro con un amico che ha appena preso la patente" puoi immediatamente individuare sia la *rabbia* che il *risentimento*. La *rabbia* è causata dall'aver percepito un'ingiustizia e il *risentimento* dalla percezione della slealtà. Potresti anche capire che la tua scelta è fondata sulla poca *fiducia* che si traduce nella tua percezione di un rischio eccessivo, per i tuoi figli. Conoscere queste cose ti consente di avere una conversazione più produttiva che una semplice discussione o difesa dei punti di vista. Questa conoscenza consente una vera conversazione circa l'affetto, la responsabilità, la costruzione della fiducia. Inoltre, è un esempio che mostra come genitori e figli siano osservatori diversi della stessa situazione. Un esempio relativo al lavoro potrebbe essere quello di un collega che sembri distaccato dal suo lavoro. Molte sono le emozioni che possono accompagnarsi a quel comportamento. Potrebbe essere *noia* ("non c'è nulla di valore per me qui") o *preoccupazione* ("è più importante che la mia attenzione sia altrove") o persino *rassegnazione* ("nulla farebbe la differenza, perciò, perché provare?"). Il modo per ridurre la lista delle possibili emozioni candidate è quello di ascoltare la storia della persona. Se la storia è in linea con uno dei tre esempi allora avrai individuato l'emozione, che è co-creativa, altrimenti dovrai cercare la storia che si avvicina a quella che ascolti (quelli sopra sono solo tre esempi).

Non è essenziale che la storia che genera l'emozione sia vera. Se credo che qualcuno mi abbia tradito, sentirò *rabbia* a prescindere che l'abbia o meno fatto. Se credo d'aver perso qualcosa alla quale tengo, sarò *triste*, e se ciò che ho perso dovesse riapparire, la *tristezza* scomparirà lasciando spazio, ad esempio, a *felicità, gioia, stupore*.

Capitolo 2: Una nuova interpretazione

Spesso emozioni e stati d'animo hanno un orientamento temporale

Alcune emozioni riguardano il nostro passato, alcune il presente e altre il futuro. In qualche caso la differenza tra due emozioni non è altro che questo. Il *rimorso* è il credere che la nostra vita sarebbe stata migliore se avessimo fatto una scelta diversa, in passato. L'*incertezza* è legata alla storia per la quale potrei prendere una decisione che implichi un futuro che non mi piace. *Pace, serenità e felicità* sono legate con il presente. È necessario essere consapevoli che questo orientamento temporale può aiutarci a capire se viviamo nel presente o siamo più connessi al passato o al futuro.

Immagina un candidato politico che parli di quanto funzionassero bene le cose "nei bei tempi passati". Semplicemente ascoltando l'emozione nascosta in questa frase è possibile comprendere la connessione del politico con la *nostalgia* e lo sforzo sarà orientato a riportarci indietro, a un modo di vivere che esisteva in passato. Se il candidato parla di *speranza*, lui o lei, starà guardando al futuro e l'energia sarà spesa, molto probabilmente, per creare qualcosa di nuovo che si crede sia meglio del presente (o del passato). Invece, se il candidato dovesse dire che le cose vanno bene come sono, che non c'è un reale bisogno di cambiarle, tu potresti avvertire *autocompiacimento*. La maggior parte dei leader tendono a focalizzarsi sul passato o sul presente per poi offrire un cambiamento. La domanda principale è quale sia il tipo di cambiamento offerto. L'uno non è necessariamente meglio dell'altro ma lo stato d'animo in cui viviamo definisce ciò che è possibile. La *rassegnazione* riguarda il futuro ed è basata sulla nostra esperienza passata. Il *risentimento* viene dal credere che qualcosa in passato sia stato sleale. L'*ira* viene da ciò che viviamo nel presente così come la *meraviglia* e la *curiosità*.

Le Conseguenze delle Emozioni

Le emozioni non sono buone o cattive

Una particolare emozione consente certe azioni ed interazioni a differenza di altre. Per esempio, la *fiducia* ci consente di coordinarci con gli altri. La *sfiducia* ci impedisce di coordinare azioni o rende queste interazioni molto più difficili. Entrambe hanno un perché. Un alto livello di *fiducia* ci consente di costruire un team efficiente e di avere relazioni interdipendenti. Tuttavia, se qualcuno non ha cuore il nostro interesse, a pelle, e ne percepiamo la poca sincerità, allora sarà prudente non fidarsi e quindi minimizzare il numero di interazioni. La *rassegnazione* ci consente di tirarci fuori da un impegno nella vita e potrebbe essere esattamente ciò che ci serve, ad un certo punto, per focalizzare le nostre energie altrove. Allo stesso tempo, una continua *rassegnazione*, che si trasforma nello stato d'animo della *rassegnazione*, non ci consente di interagire con ciò che potremmo desiderare profondamente. Classificare le emozioni come buone o cattive non ci fa ascoltare quelle che crediamo cattive. In pratica stiamo buttando via il loro valore e potenziale supporto.

Questa idea può essere molto sfidante perché l'attuale interpretazione delle emozioni è profondamente radicata. È molto facile per noi dividere le nostre emozioni in due liste: quelle "buone" e quelle "cattive". Tendiamo a pensare all'*amore*, alla *felicità*, alla *pace*, all'*entusiasmo* come emozioni "buone" e alla *tristezza*, all'*ira*, alla *rabbia*, alla *frustrazione* e alla *gelosia* come emozioni "cattive". Alle volte portiamo questa interpretazione ad un livello ancora più profondo attribuendo una qualità morale ad alcune emozioni. Per esempio, potremmo pensare che la *pigrizia* non sia solo un'emozione "cattiva" ma che sia anche "sbagliata". In tal senso condanniamo chiunque sia *pigro* ad essere una persona cattiva o di poco conto. Lo facciamo con un'ampia lista di emozioni, tra le quali *arroganza, rabbia, disperazione, avidità, gelosia, invidia, cinismo, rassegnazione* e

Capitolo 2: Una nuova interpretazione

lussuria. Allo stesso modo, alle volte crediamo che le persone siano moralmente superiori quando dimostrano emozioni buone come *ambizione, entusiasmo, felicità, gioia, speranza* e *amore*.

Ogni emozione ci consente di intraprendere determinate azioni e ci frena su altri fronti. Se consideri l'*entusiasmo*, puoi immaginare il suo valore nel generare possibilità ed esplorare nuove idee. In questo senso, può essere vista come un'emozione dall'enorme valore. Ma cosa accade se qualcuno è capace del solo *entusiasmo*? Cosa non sarebbe capace di fare? Riposare, ascoltare o vivere il momento. La *rabbia* è un'emozione che spaventa molte persone perché è stata fonte di dolore, nella loro vita. Ma qual è il valore della *rabbia*? Ci comunica ciò che crediamo giusto e ingiusto al punto che se incapaci di arrabbiarci ignoreremmo una parte di noi stessi. Quindi la domanda fondamentale riguardo un'emozione non è se sia giusta o sbagliata, buona o cattiva, ma se ci stia servendo o meno. Le emozioni esistono per servirci e non il contrario.

Stati d'animo ed emozioni non sono "chimicamente" puri

Spesso viviamo una combinazione di emozioni e stati d'animo. Potrebbero sembrarci simili ma anche talmente diverse da risultarci paradossali, nel loro insieme. Questo è quello che accade, ad esempio, in una relazione di *amore e odio* o quando siamo *felici* per il successo di un altro ma allo stesso tempo *invidiosi*. Tutte le emozioni ci dicono qualcosa su come vediamo la nostra relazione.

L'idea di guardare alle emozioni singolarmente è accademica, in un certo senso, perché nella realtà sono sempre combinate. Non è affatto inusuale vivere più di un'emozione allo stesso tempo. Per esempio, potremmo sentire *ansia* e *dubbio* poco prima di una presentazione. L'*ansia* ha un messaggio e una funzione e il *dubbio* altri. Potremmo sentire l'una più forte dell'altra ma stanno giocando entrambe un ruolo, informandoci sulla nostra esperienza. Ci capita di vivere esperienze contraddittorie come l'essere *felici* che un amico si stia sposando e allo stesso tempo essere *invidiosi* che abbia raggiunto qualcosa che desideriamo anche per noi. Ci potrebbe *piacere* qualcuno ma al tempo stesso potremmo non *fidarci*. Potremmo arrivare a vivere una di quelle relazioni di *amore* e *odio*. Cosa accadrebbe se fosse possibile dare un senso a tutte le nostre emozioni, ascoltare i loro messaggi individualmente e valutare una risposta per ognuna di esse? Quanto diversa sarebbe la nostra vita? Non è necessario negare le emozioni che ci sembrano illogiche. Dovremmo capire che, ascoltandole, ne guadagniamo importanti suggerimenti.

Lo stesso si può dire nella relazione tra stati d'animo ed emozioni. Potremmo vivere in uno stato d'animo che ci fa vedere ciò che è possibile, l'*ambizione*, ma potremmo anche vivere l'emozione della *sconfitta*. Emozioni e stati d'animo ci invitano a guardare all'intera relazione con il mondo e non solo ad una parte di esso.

Ogni emozione si occupa di una preoccupazione specifica

Spesso pensiamo che le emozioni non abbiano uno scopo e che il loro unico fine sia quello di infastidirci. Non concordiamo e crediamo che ogni emozione si sia sviluppata per occuparsi di una specifica preoccupazione umana. Ogni emozione esiste per uno scopo. La *lealtà* si occupa di difendere i gruppi ai quali apparteniamo. La *colpa* si occupa di difendere la nostra identità che è stata in qualche modo messa in discussione da qualcosa. La *rabbia* ci dà un'indicazione su ciò che riteniamo ingiusto e ci da la possibilità di correggerlo. Potremmo dire che questo sia lo *scopo* d'avere emozioni e che ogni emozione svolga il suo compito in modo diverso. Altri esempi sono quello della *tristezza* che ci informa

Capitolo 2: Una nuova interpretazione

che qualcosa, per noi, ha valore, nella vita. La *gioia* ci segnala qualcosa che nella vita ha senso celebrare. L'*orgoglio* ci indica che crediamo di aver fatto qualcosa di buono e vogliamo condividerlo con gli altri. L'ultimo capitolo di questo libro elenca lo scopo di ognuna delle 250 emozioni elencate. Le emozioni non sono frivole né casuali. Esistono per un motivo molto concreto ed hanno un ruolo fondamentale nel prendersi cura di noi.

Noi non siamo le nostre emozioni

Viviamo le nostre emozioni ma questo non significa che ci definiscano. Così come i nostri pensieri sono qualcosa che possiamo considerare o meno, possiamo ritenere utile o meno abbracciare, o credere, alle nostre emozioni. Ci offrono la nostra interpretazione del mondo che ci circonda e andrebbero considerate solo come una delle possibili fonti.

C'è una distinzione tra il "noi abbiamo emozioni" e "le emozioni hanno noi". Uno dei punti più peculiari di emozioni e stati d'animo è che, seppur sono qualcosa che proviamo continuamente, non sono "noi". Quando non possiamo distinguere tra la nostra coerenza più profonda e l'energia delle emozioni, potremmo confonderle. Separare questi due aspetti è importante perché ci consente di estraniarci dalle emozioni, notarle, e riflettere sulle stesse, piuttosto che farci travolgere e questo significa dare a noi stessi la possibilità di scegliere tra *reazione* e *risposta*. *Reagire* è ciò che facciamo quando agiamo in linea con la nostra predisposizione, per quella emozione, e questo agire avviene più velocemente del nostro riflettere. È stato dimostrato che i circuiti cerebrali vengono attivati in ogni caso entro quella predisposizione e questo avviene sempre prima di ogni riflessione. Si potrebbe dire che i pensieri associati all'emozione avvengono "prima che ce ne accorgiamo". Tuttavia, è possibile allenarci per creare un certo intervallo tra quegli stessi pensieri e un'eventuale risposta, anziché una reazione. Inoltre, si può persino imparare a provare reazioni diverse da quelle "innate" in noi. Questo è il lavoro che fanno continuamente gli atleti per migliorare le loro prestazioni fisiche.

Costruire la capacità di rispondere piuttosto che, più semplicemente, reagire, può avere un grande valore perché la reazione potrebbe non essere il modo più efficacie di risolvere la situazione. Immagina di essere arrabbiato perché credi che qualcuno t'abbia fatto qualcosa che ritieni ingiusto. Magari, non hai ricevuto un aumento malgrado tutti i segnali intorno a te lo facessero intendere. La *rabbia* ci predisporrà a punire la fonte dell'ingiustizia che in questo caso è, probabilmente, il tuo capo. Quindi, potresti dire qualcosa per danneggiarlo, o danneggiarla, arrivando a diventare succube di questo comportamento o condividendo, con i tuoi colleghi, messaggi negativi riguardo il tuo capo. Ad ogni modo, nessuna di queste azioni correggerà l'ingiustizia. Il modo efficiente di approcciare la situazione è cercare di comprenderla. "È vero che non avrò un aumento? Qual è il contesto di questa decisione? C'è stato qualcosa nella mia prestazione che non ha garantito questo aumento?" Può anche essere conveniente chiedere a noi stessi su quali basi fossero fondate le tue aspettative. E, ancora, c'è stata una promessa non mantenuta? Farsi queste domande può essere utile a costruire una *risposta* e ti metterà in condizione di avviare quei cambiamenti che ti servono per risolvere l'ingiustizia. Probabilmente la soluzione sarà quella di cambiare lavoro o capo, impegnarsi di più, chiedere un confronto onesto o evitare di costruire aspettative. Tutte queste soluzioni sono, probabilmente, più efficaci che tentare di punire il tuo capo ma possono essere intraprese sono con la pratica e scegliendo la risposta piuttosto che la reazione.

Le emozioni sono causate, gli stati d'animo no

Ontologicamente, la distinzione che tracciamo tra stati d'animo ed emozioni è che le emozioni sono causate da un evento, mentre gli stati d'animo

Capitolo 2: Una nuova interpretazione

sono energie che permeano. Ciò significa che le emozioni sono provocate da un'esperienza, mentre gli stati d'animo determinano la forma di quell'esperienza. Se qualcuno vive nello stato d'animo della paura, egli vedrà il mondo pieno di pericoli e questo determinerà il suo comportamento a fronte delle specifiche emozioni, congruenti, che vivrà. Se vive nel risentimento vedrà gli eventi che accadono come animati dalla slealtà. Lo stato d'animo è la lente attraverso la quale si valuta l'esperienza. Oppure, in altre parole, gli stati d'animo esistono prima dell'esperienza e le emozioni seguono l'esperienza.

Le emozioni sono una reazione all'esperienza. Sono causate da qualcosa, un pensiero, un evento, qualcosa di visto o qualcosa che qualcuno ti sta dicendo. Osservare la realtà che ti sta circondando ti porterà a creare una tua storia (una tua interpretazione) e quindi ad associarvi la relativa emozione. Questa interpretazione non supporta l'idea che siano gli altri a "causare" le nostre emozioni. Così, quando diciamo: "Mi ha fatto arrabbiare" questa è una rappresentazione mendace del processo e non ci fa comprendere cosa ci sta succedendo. Una parte del diventare emotivamente competente è quella di prendersi la responsabilità delle nostre emozioni e realizzare che esse ci consentono di comprendere e vivere appieno la realtà che osserviamo. Può essere sfidante all'inizio, a causa dell'abitudine di lunga data di incolpare gli altri per come ci sentiamo. D'altro canto, è innegabile che questo sia generalmente più semplice che assumersi la responsabilità.

Gli stati d'animo non sono causati da un evento ma, piuttosto, precedono le nostre esperienze e danno forma alla nostra comprensione e interpretazione. Quando siamo nello stato d'animo della *paura*, tutto ciò che ci circonda ci sembra pericoloso. Se siamo nello stato d'animo della *gratitudine*, vedremo un mondo pieno di doni. Se viviamo nell'*ambizione*, vedremo un mondo pieno *di opportunità*, al contrario della *rassegnazione* per la quale decideremo, invece, di non agire convinti del fatto che nulla possa cambiare il corso della nostra vita. Gli stati d'animo possono essere interpretati come le lenti attraverso le quali vediamo il mondo: danno forma alla nostra interpretazione dell'esperienza.

L'esistenza delle emozioni è logica

Potrebbe sembrare paradossale ma l'esistenza delle emozioni è logica. Posta la nostra capacità cognitiva di raccogliere e comprendere le informazioni, è logico che abbiamo bisogno di un meccanismo capace di pesare il valore di tale informazioni. Questo è il ruolo giocato dalle emozioni, nel modello ontologico.

Molti di noi sono cresciuti con l'idea che ragione ed emozioni fossero all'opposto e lavorassero l'una in contrasto all'altra. Questo credo ci è stato instillato ripetendoci che non possiamo operare logicamente ed emotivamente, allo stesso tempo, senza essere contraddittori. In base a questa interpretazione le emozioni non sono logiche o connesse alla ragione ed anche il contrario è vero. Recentemente una ricerca significativa ha dimostrato che le nostre decisioni, le nostre reali decisioni, sono sempre il risultato delle emozioni, il che è in linea con l'interpretazione ontologica per la quale le emozioni sono "l'energia che ci muove". Il nostro intelletto, specificatamente la neocorteccia, è progettata per accumulare e organizzare dati ma non ha la capacità di scegliere. Le scelte sono fatte attraverso il *desiderio*, la *noia*, l'*attenzione*, la *frustrazione* e un'ampia lista di altre emozioni. L'energia che muove l'atto della scelta è sempre di matrice emotiva. Pertanto, poiché la ragione non può scegliere è logico che gli esseri umani abbiano bisogno di un meccanismo che consenta loro di discernere ciò che più conta al fine di agire. Questo è il ruolo delle emozioni ed è logico che gli esseri umani abbiano sviluppato le emozioni e che queste siano indispensabili in tutti gli aspetti della vita.

Capitolo 2: Una nuova interpretazione

Un'idea parallela può essere vista nello sviluppo dell'intelligenza artificiale. Gli algoritmi possono svolgere compiti sempre più complessi e sono in continuo miglioramento. La più grande sfida in quest'area di sviluppo è quella di trovare un modo per cui il cervello artificiale (che al momento è tendenzialmente solo neocorteccia) possa discernere il valore delle possibili scelte (implementando la funzione dei precursori dell'azione).

Le nostre emozioni sono il risultato di ciò di cui siamo fatti più ciò che abbiamo imparato

L'eterno dibattito tra "natura contro cultura" è evidente con le emozioni e gli stati d'animo. Certamente siamo legati tra noi a livello biologico e questo ci consente di vivere e renderci contro delle emozioni. C'è un numero di ricerche sempre maggiore che dimostra come impariamo nel dominio emotivo e come le emozioni stesse siano parte del nostro processo di apprendimento.

Da quelli che sono i nostri studi e la nostra esperienza, è impossibile dire che ciò di cui siamo fatti sia più importante di ciò che impariamo, e favorire l'uno o l'altro aspetto. Sembrerebbe che la domanda più utile sia: "Quanto di ciò che siamo è determinato dalla nostra natura e quanto dalla nostra cultura o educazione?" È un rapporto diverso da persona a persona esattamente come tanti altri attributi. Ognuno di noi è "connesso" in un modo particolare con la sua natura mentre il resto è imparato. I due aspetti interagiscono continuamente e il rapporto fra i due aspetti cambia continuamente. Si può sempre cercare di imparare, alle volte si è forzati ad imparare, ed anche se il cambiamento è piccolo, questo mostra che è possibile. Persino se non c'è subito un cambiamento si può continuare ad imparare, finché c'è persistenza e speranza. Ma se non si prova ad imparare non è possibile sapere se si sarà capaci di apprendere nel dominio delle emozioni.

Per entrare nell'apprendimento emotivo, la prima cosa che molte persone devono mettere in discussione è quel famoso "io son così". Per aprirsi alla possibilità dell'apprendimento, suggeriamo di cambiare questa parte della conversazione con un "questo è il modo nel quale ho imparato ad essere". Infatti, nessuno può dire fino a che punto impariamo, emotivamente, ma abbiamo scoperto, attraverso gli anni, che un grande passo avanti è possibile in un dominio che abbiamo da sempre considerato immutabile.

Interessarsi a qualcuno o prendersene cura

Ebbi una conversazione molto preziosa, con Dan, mentre eravamo in hotel. Stavamo cenando e mi parlò dell'amore per sua moglie. Ricordo ancora i suoi due suggerimenti: *usa il linguaggio del corpo* e *fai domande semplici*. "Hai fame? Hai freddo?" Da quell'incontro sono consapevole di quanto sia importante un'emozione come la cura. Quel giorno, Dan mi parlò del fatto che può succedere di prendersi cura di qualcuno ma di non riuscire a dimostrarlo all'altra persona. È una distinzione che mi è rimasta impressa e spesso mi chiedo se sto comunicando all'altra persona quanto ci tenga. Fu una lezione semplice ma che ha portato un grande cambiamento nella mia vita.

- K.R.

Capitolo 3

IL SIGNIFICATO DELLE EMOZIONI

Cosa ci dicono le emozioni

L'esperienza, in ogni campo, è fondata sull'abilità di distinguere e nominare gli elementi. Un avvocato riconosce la distinzione tra le leggi e i processi giuridici mentre un cuoco riconosce le più dettagliate distinzioni tra cibi e processi di cottura. Nel dominio delle emozioni la nostra abilità di distinguere le emozioni per nome, per la sensazione che causano nel nostro corpo e per la loro storia, è ciò che fa accrescere la nostra competenza ed esperienza. Chiamare una particolare attività *servizio* o *sacrificio*, intercambiabilmente, significa che non siamo chiari, prima di tutto a noi stessi, su cosa significhino e questo rivela un limite nella nostra conoscenza emotiva. Quanto più affiniamo la nostra comprensione nel distinguere le emozioni, tanto più avremo accesso alla nostra intelligenza emotiva.

Posto che articolare le emozioni in linguaggio è di per sé una forma di traduzione, risulta impossibile *definire* le emozioni in senso assoluto. Possiamo, in ogni caso, stabilire un significato e trovare un'interpretazione che ci consenta di lavorarci più da vicino. La cosa più importante da comprendere linguisticamente è l'interpretazione, come Ludwig Wittgestein ha chiarito nel suo studio sulla filosofia del linguaggio, un secolo fa. Noi autori, dopo cinquant'anni tra viaggi e traslochi che ci hanno fatto vivere tra molte culture, possiamo dire che non abbiamo incrociato una sola cultura che non provasse una specifica emozione di fronte ad un'ingiustizia. Questa esperienza sembra universale. In italiano il nome che diamo a questa emozione è *rabbia*. Quando la traduciamo in altre lingue la parola potrebbe variare, o magari abbracciare un concetto più o meno ampio, ma sembrerebbe che questa emozione esista in tutte le culture. Ciò che crediamo è che tutte le emozioni siano disponibili a tutti gli esseri umani, ad un certo livello. Probabilmente a causa delle variazioni nella biologia, la disponibilità o intensità delle emozioni varia da individuo a individuo, ma si tratta comunque di una gamma molto ampia, in ogni caso. Una parte importante di ogni cultura è la sua relazione con le emozioni. Ogni cultura ha la sua individuale interpretazione di cosa siano le emozioni e ne valorizza alcune piuttosto che altre.

In questo libro l'attenzione è posta sul piano ontologico. Seguono, perciò, le emozioni che viviamo più spesso nel nostro lavoro. Questa lista viene dalla nostra esperienza e quindi è fortemente influenzata dalla cultura occidentale. Una lista con un diverso orientamento culturale, per esempio indigeno, potrebbe essere molto diversa. Una lista più lunga è disponibile alla fine del libro.

- **Accettazione**: l'accettazione è una delle emozioni meno comprese e apprezzate il che è una sfortuna date le possibilità che ci offre. L'opinione comune è che accettare significhi *arrendersi*. Inoltre, è spesso confusa con la rassegnazione e può essere associata a un segno di debolezza. Ontologicamente, accettare significa *riconoscere la realtà per ciò che è*. Significa che non stiamo resistendo a ciò che è accaduto o che sta accadendo. Questo non significa che concordiamo, che ci piaccia o che supportiamo ciò che succede. Significa solo che vediamo le cose per ciò che sono. Quando ascoltiamo qualcuno dire "come vuoi" questo potrebbe significare *accettazione* o quella persona potrebbe vivere la

Capitolo 3: Il significato delle emozioni

rassegnazione. La rassegnazione è la storia del "nulla di ciò che farò farà la differenza, per cui, perché provare?" La confusione deriva dal fatto che entrambe le emozioni sembrano inattive. La predisposizione di entrambe è quella di rimanere fermi perciò dobbiamo guardare alla caduta delle spalle (o meno), al movimento in basso degli occhi (o meno) o all'esalazione di un sospiro. Questi sono i segnali del "mi arrendo" e servono a cogliere la differenza. L'altra strada è quella di investigare ciò che la persona sta pensando, la sua storia, e questo ti guiderà verso l'una o l'altra emozione, più direttamente. È opinione comune che *l'accettazione* sia, in ogni caso, difficile da raggiungere, che ci voglia molto tempo. L'espressione "devi accettarlo" riflette questa visione. Tuttavia, è anche possibile *dichiarare l'accettazione*. Quando ci sentiamo esausti di rimuginare il nostro passato, o siamo irritati da uno stato di impantanamento troppo lungo, abbiamo l'opportunità di decidere che noi abbiamo chiuso con una determinata emozione o pensiero: accettare ciò che è o è stato. Linguisticamente, questo si raggiunge facendo una dichiarazione. Se la dichiarazione è fatta da chi ha sufficiente autorità, in generale, può essere sufficiente a iniziare, o terminare, qualcosa. Il cambiamento non sarà istantaneo ma la dichiarazione ci mette su una nuova strada, un nuovo corso di pensieri, e quindi siamo, poi, in grado di vivere nuove emozioni. Perseverare, dichiarando a se stessi più volte la propria accettazione con frasi del tipo: "è così" oppure "ho smesso di pensare in quel modo" è sicuramente rafforzativo. Dopo del tempo questo può generare *accettazione*, o *pace*, ed entrambe ci consentono di muoverci oltre questa resistenza. Lo scopo non è quello di rimanere per sempre nell'accettazione ma quello di fare un passo avanti verso altre emozioni, come *l'ambizione* o *l'entusiasmo*. Per passare dal *risentimento* o, magari, dall'*avversione* all'*ambizione* e all'*entusiamo*, l'*accettazione* è necessaria. Immagina di svegliarti nel cuore della notte e non riaddormentarti immediatamente. Steso, lì, potresti ritrovarti a combattere contro il fatto che sei sveglio. Potresti pensare a quanto tu fossi stanco quando sei andato a dormire e che ora non puoi credere al fatto che tu sia sveglio. O, probabilmente, potresti iniziare a preoccuparti della riunione che hai al mattino e della stanchezza che potrebbe sorprenderti quando dovrai presentare. Il cammino nel quale entri è quello del resistere all'essere sveglio. È questo: non accetti di essere sveglio nel cuore della notte. Invece, se tu accettassi di essere sveglio questo non significherebbe che ti piace essere insonne ma solo che *prendi la specifica situazione per ciò che è*. Una volta dichiarata la tua accettazione, potresti iniziare a vedere delle alternative: leggere un libro, scrivere una lettera a tua madre o semplicemente apprezzare il chiaro di luna, dalla finestra. Queste cose non sono possibili finché non accetti di essere sveglio. Spendiamo una grande parte del tempo e dell'energia combattendo contro ciò che è. Ci sono eventi contro i quali la resistenza è necessaria ma, la maggior parte delle volte, la nostra è semplice abitudine alla resistenza, mettendo in secondo piano una certa, e utile dose di saggezza. Aggiungere l'accettazione alla nostra cassetta delle emozioni può fornirci un significativo passo avanti.

- **Affidabilità**: *voglia di sentirsi affidabili, rispondere delle proprie azioni* o *accettare le conseguenze delle nostre decisioni* sono tre frasi abbastanza comuni quando pensiamo all'*affidabilità*. Il suo scopo è di mantenerci *veri, nel nostro mondo* o di mantenere le nostre azioni allineate agli impegni che ci siamo presi. Questo ha l'effetto di generare coerenza tra il nostro "essere" e il nostro "fare" al fine di definire e rafforzare la nostra identità. Puoi essere affidabile e in linea con le regole di una comunità che ti chiede di uccidere i membri sleali, e mentre tu pensi

Capitolo 3: Il significato delle emozioni

di essere assolutamente affidabile, questo non significa che tu sia eticamente corretto.

- **Ambizione**: dal latino ambitio-nis significa *ambire* ed ha il significato originario del visitare, sollecitare, specialmente per richiedere voti. Spesso, sensatamente, pensiamo ai politici quali persone ambiziose. Nella cultura occidentale tendiamo ad avere un rapporto d'amore ed odio nei confronti dell'ambizione. La vediamo come un qualcosa di buono, da un certo punto di vista, ma allo stesso tempo disgustosa o noiosa quando è lo stato d'animo predominante di qualcuno. In alcune culture, come la statunitense, ad esempio, l'ambizione è vista positivamente, mentre in altre è considerata volgare o associabile all'*aggressività*.

- **Ammirazione**: la parola ammirazione viene dal latino admiror, *meravigliarsi di*. Quando viviamo l'*ammirazione* significa che vorremmo fare le cose nel modo in cui le fanno gli altri. Per esempio, quando ho iniziato nel campo della formazione dei manager ho partecipato ad un corso ed ho avuto un magnifico coach. Ho pensato: "Quando sarò un coach, vorrei insegnare come lui". Alcune persone interpretano l'ammirazione come il mettere una persona su un piedistallo ma, ontologicamente, chiameremmo quell'emozione culto. L'ammirazione non pone l'altra persona al di sopra di noi ma, piuttosto, ci indica qualcosa che l'altra persona è, o fa, che ci piace e che quindi vorremmo emulare. L'ammirazione è l'emozione che ci dice a cosa aspiriamo e ci motiva a seguire quella strada.

- **Amore**: probabilmente ci sono più parole su quest'emozione che ogni altra. Per lo scopo di questo libro usiamo l'interpretazione per la quale l'amore è *l'accettazione totale dell'altra persona*. È un'emozione fortemente legata alla dignità, al *rispetto* e alla *gratitudine*. Per la nostra interpretazione, in una relazione d'amore, quindi, non abbiamo il desiderio di cambiare l'altra persona ma l'accettiamo come un regalo, per ciò che è. Ha senso notare la differenza tra *qualcuno che ci piace*, e con in quale passiamo il nostro tempo, e *qualcuno che amiamo*. Noi, quali autori, crediamo che si possa amare qualcuno anche se non ci piace come persona o per le decisioni che prende. Questo è ciò che consente a un genitore di prendersi cura dei suoi bambini anche se sono ribelli, disobbedienti o, semplicemente, indipendenti.

- **Angoscia**: il nome di quest'emozione deriva direttamente dall'esperienza somatica associata. L'etimologia della parola angoscia è di origine latina e ci porta sino al verbo *stringere*. Quando viviamo quest'emozione possiamo a malapena respirare. Vedere un bambino che muore o una persona strappata dalla propria terra natia sono eventi che possono portarci a vivere l'angoscia. La predisposizione dell'angoscia è quella di cercare fortemente una spiegazione mentre il suo messaggio è informarci che il mondo, per come lo conosciamo, sta crollando. L'angoscia esiste per aiutarci a muoverci verso un cambiamento nella vita.

- **Ansia**: è l'emozione che deriva dal latino anxius, *affannoso*, *inquieto*, da anxi *stringere*, *soffocare* e, figurativamente, *affannare*, *angosciare*. Molti di noi possono risalire alle proprie sensazioni fisiche, leggendo questa descrizione. Quando viviamo l'ansia, questa è connessa alla storia per la quale qualcosa di nuovo, in un futuro prossimo potrebbe danneggiarci. Non sappiamo, però, esattamente il dove o magari il quando. Il *non sapere* può essere una forma di *tormento*, *dolore* o *inquietudine* ed

Capitolo 3: Il significato delle emozioni

ovviamente questo porta a preoccuparsi. L'ansia è diversa dalla *paura* per la quale sappiamo individuare la fonte del danno. Lo sconforto che viviamo nell'ansia è progettato per farci focalizzare su tutti i possibili pericoli e per sfidarci a cercare una possibile fonte. Questo avviene attraverso quella stessa preoccupazione che, di fatto, è la predisposizione dell'ansia. Un modo per navigare questo tipo di preoccupazione è provare a trasformarla in paura. Se possiamo identificare la fonte del possibile danno, possiamo poi agire per mitigarlo o eliminarlo ma, per farlo, dobbiamo sapere cosa cambiare. Un'altra possibilità può essere quella di elevarsi alle emozioni del coraggio o dell'audacia che ci consentono di andare avanti malgrado l'ansia e, di fatto, tenere la testa alta. L'ansia può essere il risultato di uno squilibrio chimico biologico, nel qual caso ci sarebbe bisogno di supporto medico o terapeutico.

- **Anticipazione**: quale emozione, è espressa, alle volte, dicendo che siamo *ansiosi* che succeda qualcosa. Questo mostra quanto i due termini ci sembrino simili. L'anticipazione, tuttavia, significa prendersene cura prima, solitamente con riferimento ad un arco temporale, o farsi coinvolgere in qualcosa prima che essa accada. L'ansia è attendere che qualcosa di ignoto e pericoloso accada. Un esempio di anticipazione è il vivere il turbinio di sentimenti che ci separa da un appuntamento importante o a lungo atteso. L'ansia è invece focalizzata su tutti i possibili problemi, non meglio identificabili, che potrebbero sorgere nel suddetto appuntamento.

- **Apatia**: è la storia del *non mi interessa, semplicemente*. Letteralmente significa essere *senza stati d'animo o emozioni* ma, ironicamente, è essa stessa un'emozione. Nell'apatia la nostra predisposizione è quella di *non agire* o lasciare che siano gli altri a farlo. L'immobilità e l'assenza di coinvolgimento sono i modi nei quali questa emozione si mostra. L'apatia è diversa dalla *noia* perché la seconda ci muove a cercare attività che troviamo più utili piuttosto che restare semplicemente immobili. Di tutte le altre emozioni, quella probabilmente più vicina all'apatia è la *rassegnazione*. Tuttavia, mentre nella rassegnazione non crediamo di poter fare la differenza, nell'apatia non ci interessa fare la differenza. L'apatia è un'emozione che può essere comunemente osservata nelle organizzazioni aziendali dove non si incentivano i membri del gruppo a prendere decisioni che possono cambiare i risultati. Quando è il singolo ad essere apatico, questo è molto evidente perché si percepisce un disallineamento con gli obiettivi organizzativi.

- **Apprezzamento**: *stimare* o *ben valutare*, dal latino appretiatus, *fissare un prezzo*. L'emozione dell'apprezzare ci consente di godere del valore di una persona o di una cosa. Tale emozione non ha necessariamente un'azione fisica associata, sebbene si ricorra spesso al linguaggio, per esprimerla. Così come l'ammirazione, la tristezza e altre emozioni, l'apprezzare ci dice a cosa diamo valore nella vita. L'apprezzare richiede il guardare oltre noi stessi al fine di cogliere il valore altri. Perché questo accada, dobbiamo sapere cosa è il valore all'interno del nostro contesto o relazione. L'aspetto più importante di questa emozione è il far sapere agli altri che siamo consapevoli di loro e che crediamo stiano facendo qualcosa di valido. Questo è, di per sé, molto motivante per la maggior parte delle persone.

- **Arroganza**: a cosa ci riferiamo quando pensiamo a qualcuno come ad un arrogante? L'etimologia latina della parola, arrogantia, significa

Capitolo 3: Il significato delle emozioni

arrogare o *chiedere con supponenza, prepotenza, insolenza*. Una definizione viscerale, e che riteniamo appropriata per questa emozione deriva proprio dalla combinazione dei significati di insolenza, ovvero *altezzosa indifferenza agli altri*, supponenza, che è l'*ostentare superiorità*, e prepotenza, il *far pesare la nostra maggiore forza fisica*.

Coloro i quali sono nell'emozione o nello stato d'animo dell'arroganza si ritengono superiori agli altri, in qualche modo più vicini ad un livello divino, e si sentono detentori del diritto di mettere gli altri sotto pressione. La loro storia associata è proprio il sentirsi superiori, più importanti. La predisposizione dell'arroganza è spesso, da un punto di vista verbale, una condiscendenza nei confronti degli altri e, nel linguaggio del corpo, nel modo in cui la persona si muove. L'espressione *guardare dall'alto in basso* descrive correttamente la postura dell'arrogante. Quindi qual è lo scopo dell'arroganza per l'essere umano? Si noti che se non avesse uno scopo, gli uomini non l'avrebbero inventata o si sarebbe persa nell'evoluzione. L'arroganza è utile come emozione perché ci consente di tentare di raggiungere cose che, diversamente, non avremmo il potere o la volontà di ottenere. Il comportarci come se fossimo superiori, più intelligenti o moralmente più integri delle altre persone, è un modo di guadagnare vantaggi quantomeno finché le altre persone lo credono. In un certo senso, l'arroganza è simile al senso del dovere. Entrambe queste emozioni sono fondate sulla storia dell'*io ne so di più* ma l'arroganza ha l'elemento aggiunto che *questo mi rende una persona migliore degli altri*.

■ **Audacia**: ci consente di agire in una situazione dalla quale siamo impauriti o terrorizzati. I titoli di apertura del film "Star Trek" sono permeati di audacia: "Spazio: la frontiera finale. Questi sono i viaggi della Starship Enterprise. Il suo quinto anno di missione: esplorare nuovi mondi estranei, cercare nuova vita e nuove civiltà, procedere audacemente dove nessun uomo è giunto prima". Si può essere *coraggiosi* ma non arrivare fino in fondo, dove solo l'audacia può. La parola coraggio deriva dal latino *cuore* mentre l'audacia trova la radice latina in se stessa. Avere coraggio è *avere cuore*, ovvero la forza di affrontare ciò di cui siamo preoccupati, ma è l'audacia che consente di convogliare quella forza in azione perché più "razionale".

- **Avidità**: l'avidità, da avido che nell'etimologia latina significa *smodato desiderio*. È un'emozione che può essere interpretata come una condizione di fame perenne e persistente, che abbia senso o meno. Quindi la predisposizione dell'avidità è quella di prendere, che ci serva o meno. L'emozione che bilancia l'avidità è la *soddisfazione*, che è il riconoscere che ne *ho abbastanza*. Perciò la domanda è: "Quale condizione dovrebbe esistere perché io possa dire che ne ho abbastanza?" L'avidità è un'emozione che ci consente di raccogliere e conservare quando non abbiamo bisogno di cibo (sebbene anche la *prudenza* possa spingerci a farlo). Ci consente, altro esempio, di costruire una solida situazione finanziaria. Tuttavia, è caratterizzata dal fatto che non ha alcun limite a meno di non sviluppare delle emozioni complementari. Una di questa è proprio la soddisfazione. L'epoca di sviluppo, che stiamo vivendo da alcuni decenni, è caratterizzata da una classe di persone che potrebbero essere soddisfatte ma continuano ad accumulare perché prese dall'avidità. Da un punto di vista sociale abbiamo dato una veste morale a questa emozione e spesso la vediamo sotto una luce negativa. Ontologicamente, però, potremmo dire che abbiamo imparato l'emozione dell'avidità e questa è diventata abituale. Questo, però, non ci deve necessariamente

Capitolo 3: Il significato delle emozioni

identificare. Se gli uomini devono diventare più egalitari potranno farlo solo imparando di più su come l'emozione dell'avidità vive in ciascuno di noi.

- **Beatitudine**: deriva dal latino beatus, *felice*. È un'emozione co-creativa con la storia per la quale *nella vita va tutto bene*. Se in beatitudine, ci sentiamo leggeri e rilassati. Joseph Campbell, un pioniere nel comprendere la cultura e l'associazione con le emozioni, sceglie la beatitudine come l'emozione che punta allo scopo della vita di ognuno. La beatitudine è simile a *serenità*, *pace* e *accettazione*. Tutte ci danno l'opportunità di riflettere, apprezzare e goderci i momenti della vita ma solo la beatitudine ha una connessione con lo scopo della vita.

- **Bramosia**: ci informa che ci sentiamo troppo lontani da qualcosa o qualcuno che per noi ha una importanza primaria. Porta la nostra attenzione sui nostri desideri più profondi. Spesso la sentiamo pervaderci il cuore con un senso di ansia interiore ma allo stesso tempo ci dà l'energia di tentare di avvicinarci. La bramosia non ci dice semplicemente ciò a cui teniamo ma ci informa che noi, senza quel qualcosa o qualcuno, non possiamo vivere. Può essere confusa con il *desiderio*, o persino con l'*infatuazione*, ma è più profonda d'entrambe. Probabilmente un buon sinonimo, utile a darne anche una veste più romantica, è desiderio, bruciante.

- **Calma**: da cauma, in latino, che si riferisce al *calore del mezzogiorno*, quando tutto è calmo. Questo è, realmente, ciò che ci sembra questa emozione sebbene, ovviamente, possa mostrarsi in altre parti del giorno o in altre situazioni. La sua origine fa facilmente intuire che quando siamo in un momento di calma, la cosa più naturale da fare sia riposare. E, data la natura co-creativa di storie ed emozioni, si può scegliere questa emozione quando si ha bisogno di tranquillità e riposo.

- **Cautela**: significa *essere in guardia* perché crediamo ci possa essere un possibile pericolo. La cautela è solitamente connessa con un'esperienza precedente non piacevole. L'idea è che facendo piccoli passi possiamo costruire la fiducia necessaria per poi procedere in modo sicuro. La *cautela* e la *prudenza* sono abbastanza simili nelle loro azioni con la differenza che la cautela tende ad essere più connessa alle azioni mentre la prudenza al prendere delle decisioni. Lo scopo di entrambe è di tenerci al sicuro prendendo in considerazione i possibili pericoli.

- **Celebrazione**: dal latino celebrare, *solennizzare* ma anche *onorare, pubblicizzare, frequentare, affollare*". Nell'emozione della celebrazione siamo predisposti a formare un gruppo per lodare qualcuno o qualcosa. Possiamo celebrare, ad esempio, una vittoria sportiva, un atleta, una raccolta o un'invenzione. Celebriamo compleanni, anniversari e matrimoni. Solitamente non celebriamo qualcosa come un divorzio perché non lo consideriamo onorabile. Se così non fosse, lo celebreremmo. Quando siamo ad un funerale, non stiamo celebrando la morte quanto, piuttosto, stiamo omaggiando la persona passata a miglior vita.

- **Cinismo**: il cinismo è visto praticamente sempre come un'*emozione negativa* e qualcosa che deve essere evitato. È, alle volte, associata agli anziani, ormai affaticati, o a persone che abbiano sofferto di un grande disappunto nella vita. La radice della parola cinismo ha una lunga storia che affonda sino ai tempi della comunità filosofica dell'antica Grecia. La radice della parola in greco, Kynios, significa *seguace di Antistene*

Capitolo 3: Il significato delle emozioni

ma anche, letteralmente, *cane randagio*. Si suppone che tale significato derivi dal sarcasmo beffardo dei seguaci del filosofo ma è più probabile che derivi da Kynosarge, *Cane Grigio*, che è il nome del ginnasio fuori dall'antica Atene (ad uso di coloro i quali non fossero puri ateniesi). Lì pensava il fondatore, Antistene, che era uno degli allievi di Socrate. Laddove la fonte sia "cane randagio", o meno, questa è l'espressione facciale che associamo al cinismo. Il cinismo può essere pensato come una mancanza di fiducia nelle buone intenzioni degli altri. A causa di questo, il cinismo sarà sempre trovato in opposizione a emozioni quali *l'entusiasmo* o *l'ambizione*. Ben oltre la sfiducia, il cinismo ci muove a *guidare gli altri verso il nostro punto di vista*. Qualcuno che parli con questa emozione sminuirà gli interlocutori come ingenui o miopi alla realtà. Una qualità unica del cinismo è il suo auto-rafforzamento. Quanto più a lungo un cinico creerà opposizione, tanto più lui o lei si sentirà potente. Questo significa che potenzialmente non c'è un argomento razionale che possa far vacillare una persona cinica perché questo comporterebbe per la stessa il rinunciare al suo potere. Sotto la resistenza alla logica, alla ragione e all'abbracciare altre emozioni, però, c'è una profonda paura di perdere importanza. Il cinismo non dovrebbe essere confuso con lo *scetticismo* il quale esiste per distinguere ciò in cui crediamo da ciò in cui non crediamo. Nel cinismo siamo già fortemente impegnati in ciò che crediamo *realistico* o *possibile* e non abbiamo voglia di cambiare questo nostro impegno che, invece, è una cosa che può accadere nello scetticismo. Il cinismo è utile nello sfidare l'*eccitamento* o l'*ingenuità*, sebbene possa essere duro nel linguaggio e nei metodi.

- **Colpa**: la colpa ci fa star male. Ci fa sentire piccoli o inferiori agli altri. Lo scopo di questa emozione è catturare la nostra attenzione allo scopo essenziale di farci riallineare ai nostri valori. La colpa, infatti, si mostra quando *razionalizziamo di aver violato i nostri stessi valori*. Se non ci sentissimo colpevoli non sapremmo che abbiamo trasgredito e non saremmo capaci di rimarcare quei confini oltre i quali non vogliamo andare. In tal senso, la colpa è essenziale per capire noi stessi. Quando ci sentiamo colpevoli se non manteniamo una promessa, persino una piccola promessa, significa che diamo importanza alle nostre promesse. Se ci sentiamo in colpa dopo aver ignorato un mendicante per strada, significa che crediamo sia una nostra responsabilità aiutare le persone in difficoltà. Se ci sentiamo in colpa, avendo omesso una parte della verità, questo ci indica che siamo persone tendenzialmente trasparenti. La colpa è una delle emozioni etichettata come *cattiva* mentre, in realtà, ci dà informazioni essenziali ed è la base nelle nostre identità. Un elemento intrinseco importante della colpa è che è fondata su valori che abbiamo appreso. Spesso, però, li esprimiamo come i nostri *dovrei* o *non dovrei*. A questa classificazione diamo una veste etica generalizzata dove i dovrei sono comportamenti corretti e i non dovrei sono scorretti ma, dato che la colpa riguarda le nostre norme comportamentali ne possiamo trarre la conclusione che anche l'emozione sia assolutamente individuale, persino nella sua accezione etica. Coinvolgiamo noi stessi e ci riscopriamo a tracciare valori universali ai quali invece siamo stati esposti, più semplicemente, perché adottati dalle nostre famiglie o dalla nostra cultura. In senso più profondo, i dovrei e non dovrei sono connessi anche con l'emozione della vergogna.

■ **Commiserazione**: commiserare significa *riconoscere la sofferenza degli altri e guardarli dall'alto in basso sentendosi in qualche modo superiore*. In altre parole, credere che abbiano bisogno del mio aiuto. La commi-

Capitolo 3: Il significato delle emozioni

serazione può essere in qualche modo utile nel caso io abbia effettivamente capacità o risorse superiori. Quando vedo un animale che è stato investito da un'auto e provo commiserazione è perché riconosco la sua sofferenza, ho capacità superiori e ha bisogno del mio aiuto. Ma la commiserazione ha anche la caratteristica di imporre a chi sta soffrendo l'impressione di essere meno importante di chi la esercita. Questo, del resto, porta all'atteggiamento della condiscendenza. Quando commiseriamo gli altri potrebbe essere che lo stiamo facendo entro un momento di difficoltà in un più ampio stato d'animo di condiscendenza. Qui la storia dell'autore, Dan. Quando avevo circa trent'anni ho aiutato a dirigere un coro di donne con disabilità mentali. Dopo un po' di tempo mi sono reso conto che l'emozione con la quale agivo era commiserazione. Credevo di avere capacità superiori e che loro avessero bisogno del mio aiuto e da un certo punto di vista era vero. Conoscevo la musica e come organizzare le coriste. Tuttavia, con il passare del tempo mi sono reso conto che loro vivevano l'emozione della gioia e riuscivano molto meglio di me a godere dell'esperienza. Cantavano gioiosamente, sebbene più o meno intonate o con le parole e il ritmo giusto. A prescindere, loro vivevano con gioia quegli eventi. Per me è stata una lezione di umiltà riconoscere come dovessi commiserare me stesso per la mia incapacità di vivere la gioia piuttosto che le coriste per i loro errori tecnici. Ero io ad aver bisogno del loro aiuto.

- **Compassione**: spesso confusa con *empatia, simpatia* o *pietà*. Ciò che è unico nella compassione, se ne prendiamo il significato letterale, è che si tratta dell'*essere con l'altro nel suo dolore in modo completo*. In questa interpretazione, la compassione non richiede altre azioni. Non dobbiamo aiutare l'altro come dovremmo poter fare nella pietà. Non dovremmo fermarci al solo tastare ciò che sente l'altro come nell'empatia o simpatia. La predisposizione della compassione è la presenza. Una presenza che potrebbe sembrare passiva ma che, per quelle persone che vivono un'esperienza profonda di compassione, può portare in loro stesse un cambiamento. La compassione è l'emozione che ci connette profondamente agli altri ed evidenzia le nostre vulnerabilità e la nostra dipendenza dagli altri. La compassione ci suggerisce che ciò che sta succedendo agli altri può accadere a noi, in futuro. Si tratta di un'emozione che dimostra come siamo inequivocabilmente "interdipendenti", anche se preferiremmo non esserlo.

- **Compiacimento**: essere compiacenti significa avere fiducia nelle nostre capacità e, allo stesso tempo, vestirsi di superiorità. È simile all'arroganza meno evidente e meno intenso.

- **Confidenza**: quando credo che ci sia una forte probabilità che qualcosa accada, vivo l'emozione della confidenza. Significa, letteralmente, *con fedeltà*. È l'emozione che mi consente di andare avanti senza esitazione. È simile alla *fiducia*. Come nella fiducia, implica una valutazione e include sempre il fattore rischio. Quando sono confidente lo dimostro credendo che avrò successo nelle cose in cui credo.

- **Confusione**: lo scrittore americano Henry Miller ha definito la confusione nel seguente modo: "La confusione è una parola che è stata inventata perché un'altra parola non è stata capita". La sua radice letteralmente significa *versare insieme* che è un'onesta descrizione del come ci sentiamo quando viviamo questa emozione. Lo scopo della confusione è indicarci che qualcosa che stiamo vivendo non

Capitolo 3: Il significato delle emozioni

rientra nella nostra comprensione del mondo. Per esempio, succede se guidiamo di notte e ci sembra di vedere delle luci bianche che appaiono nella nostra corsia. Una frase del tipo: "Cosa sta succedendo?" potrebbe passarci nella mente. Quando un impiegato ci dà il resto, per un acquisto, e non ci sembra corretto, noi, per prima cosa, siamo confusi. Quindi, la confusione, è quella fase in cui *le cose non quadrano per quella che è la nostra comprensione del mondo*. Nei due esempi sopra è evidente come la confusione, fondamentalmente, abbia la funzione di proteggerci e di farci dubitare di ciò che vediamo. A prescindere da quanto scritto, però, è un'emozione spesso valutata come negativa. Quando stiamo imparando o, meglio, quando iniziamo ad imparare qualcosa, l'insegnante ci mostra un modello o un'idea che non rientra nella nostra comprensione e la confusione avanza, mentre cerchiamo di mettere insieme i pezzi. L'educazione tradizionale non onora questo momento di confusione, come qualcosa di importante e necessario, e nelle scuole molti di noi sono castigati per non *essere capaci di capire velocemente* e quindi uscire repentinamente dalla confusione. All'inverso, chi non appare confuso è celebrato. Da queste esperienze impariamo a vivere la confusione come qualcosa da evitare piuttosto che un passaggio naturale, e prevedibile, nel nostro apprendimento.

- **Contentezza**: è simile al sentirsi soddisfatti. I desideri di una persona contenta sono appagati da ciò che si ha. Significa che non c'è l'inclinazione a cercare qualcosa in più il che, invece, sarebbe l'effetto della scontentezza. La contentezza può essere relativa agli aspetti materiali della vita ma anche a quelli più spirituali, tendendo così a pace e serenità.

Le Conseguenze delle Emozioni

- **Coraggio**: la nostra parola coraggio viene da coeur, *cuore*, in francese. Letteralmente significa *avere l'intenzione di agire persino davanti alla paura*. Questo non significa necessariamente che agiremo, ma che potremmo decidere di farlo. L'audacia può essere pensata come un'emozione che ci consente di mettere in pratica il nostro coraggio. La relazione tra paura e coraggio rende quest'ultima un'emozione peculiare. Se non hai paura di parlare in pubblico, non hai bisogno del coraggio per presiedere una conferenza. Se non hai la paura di nuotare, non hai bisogno del coraggio per affrontare il mare. Se ascoltiamo con attenzione le persone, sentiremo quelle che sono preoccupate da qualcosa e vivono con coraggio rispetto a chi non lo fa.

- **Costrizione**: sentirsi costretti, obbligati, significa *essere consapevoli delle cose da fare*. La lista di queste cose può essere basata su nostre promesse o impegni, aspettative sociali o culturali, o sui nostri valori. Quale emozione, la costrizione ci tiene concentrati sullo svolgere azioni verso le quali potremmo non essere inclini. Spesso diciamo: "Devo farlo" e questo indica chiaramente tale emozione. La costrizione è un'emozione che può nascere anche se potremmo esserci liberamente impegnati a fare qualcosa mentre, poi, diventa obbligatoria.

- **Cupidigia**: vivere la cupidigia significa avere un desiderio passionale per quel qualcosa. L'origine della parola è la stessa di Cupido, il dio dell'amore. La predisposizione associata è quella di cercare un modo per avere quel qualcosa. Spesso ampliamo il senso della cupidigia a significare che vogliamo prendere la cosa che è posseduta da un altro. Questo sarebbe vero se questa cosa fosse unica nel mondo ma, diversamente, questa emozione è lì per renderci noto ciò di cui siamo appas-

Capitolo 3: Il significato delle emozioni

sionati nella vita. Se provo cupidigia per il Diamante della Speranza ovviamente l'unico modo per soddisfare la mia cupidigia è quello di possederlo. Ma, anche in questo caso estremo, il significato più profondo è che c'è qualcosa di particolare in quel diamante che desidero. Lo stesso è vero per le persone. La cupidigia, come *l'invidia*, sono state marcate come emozioni negative, moralmente non pure, nella nostra interpretazione tradizionale ma possono anche essere viste come guide alle nostre passioni e ai nostri desideri, nella vita. Dipende tutto da come le ascoltiamo.

■ **Cura**: dal latino cura e più anticamente coera e coira sino a significare *che scalda e consuma il cuore*. In altre parole, dà energia al nostro interesse in qualcosa o qualcuno e al suo mondo, a ciò che gli o le accade. Le persone che vivono spesso l'emozione della cura hanno profondo interesse per gli altri e ciò deriva da particolari connessioni di tipo familiare o può essere dovuta all'aver vissuto qualcosa di forte, in passato, come un'esperienza profonda. È abbastanza comune, ad esempio, sentire la storia di qualcuno che è diventato pediatra perché aveva un fratello bisognoso di cure urgenti, anni prima. Che il fratello abbia o meno ottenuto quelle cure, l'esperienza ha avuto un tale impatto da portare alla scelta, più o meno consapevole, di intraprendere medicina e poi pediatria. Altre storie, dello stesso tipo, esistono per la maggior parte delle vocazioni. Si pensi, ad esempio, a un bambino cresciuto rispettando la foresta che circondava la sua casa e che poi è diventato un ambientalista. Una distinzione utile, entro l'emozione della cura, è che possiamo *curarci di qualcosa e qualcuno* o *prenderci cura di quel qualcosa o qualcuno*. La differenza è che il primo caso non implica dispendio di tempo o energia. Prenderci cura di qualcosa o qualcuno è ben diverso. Possiamo curarci, nella pratica, di un numero illimitato di cose ma avendo tempo ed energie limitate, possiamo prenderci cura solo di un piccolo numero di cose. Molte persone pensano che chi non si prende cura di loro non abbia umanità alcuna. Ad ogni modo, anche il solo curarci di qualcosa può avere il suo valore, distinto dal prenderci cura di qualcosa e dall'ignorare totalmente quel qualcosa.

- **Curiosità**: "Credo che ci sia qualcosa di valore qui, per me, che voglio approfondire". La curiosità è l'emozione che ci mette in azione, specificatamente, permettendoci di investigare, facendo domande così da capire appieno quanto una cosa possa avere valore, per noi. Se rimaniamo curiosi sufficientemente a lungo, senza però trovare qualcosa di valore, la nostra emozione potrebbe muovere a *noia*. La storia opposta della noia *è* : "Credo che qui non ci sia nulla di valore e quindi porterò la mia attenzione altrove". Oltre alla sua comune funzione, nell'apprendimento, uno dei principali valori della curiosità è che ci consente di immergerci nel mondo ed al tempo stesso prenderci cura di noi stessi. Senza di essa avremmo una esistenza molto statica.

- **Delizia**: "attrazione, fascino, grazia, istigazione" secondo la radice latina. Questa è l'emozione che ci avvisa di una gioiosa sorpresa. La nostra reazione alla delizia è di sentirci illuminati e spesso sorridiamo e applaudiamo. La delizia può farci rompere con la noia o la *serietà* e darci momenti inattesi di *gioia*. Ci comunica l'inaspettato, in senso positivo, nella vita, nonché ciò che ci rende felici.

- **Delusione**: l'emozione della delusione ci coglie quando realizziamo che ciò che avevamo prospettato non è allineato a ciò che sta accadendo.

Capitolo 3: Il significato delle emozioni

Sembrerebbe che tutti gli esseri umani abbiamo la possibilità, probabilmente la necessità, di immaginare come sarà il futuro. Costruiamo continuamente aspettative, disegnando il futuro che ci aspettiamo. Queste ipotesi vanno da aspetti relativamente semplici, come il prevedere che la giornata sarà o meno soleggiata, a più complessi, come il rappresentarci il successo di un nostro progetto o un aumento di stipendio. Può capitare che queste supposizioni derivino da informazioni che abbiamo ricevuto ma in linea generale questo può anche essere totalmente frutto di ciò che pensiamo. Quando ci accadono cose, nella vita, che sono contrarie alle nostre aspettative, viviamo l'emozione della delusione. Solitamente pensiamo che la delusione significhi che ci sia *qualcosa di sbagliato* mentre un'interpretazione più utile potrebbe essere che le nostre aspettative e la realtà, semplicemente, non sono allineate e quindi *non è la vita a comportarsi come ci aspettavamo*. Un aspetto che rende la delusione più profonda è l'attaccamento alle nostre interpretazioni o aspettative. Quest'attaccamento generalmente ci porterà a resistere o negare ciò che è man mano più evidente. Un concetto tendenzialmente non utile è quello per il quale diciamo: "Non voglio dirle di no perché non voglio deluderla". Ciò che crediamo, che è sottinteso, è che sia il nostro comportamento a generare delusione e non le aspettative dell'altra persona. Va anche sottolineato che, nel caso in cui abbiamo fatto una promessa, questa è diventata, molto probabilmente, parte delle aspettative dell'altra persona. Se prometto a mia figlia di portarla al centro commerciale, questa specifica azione diverrà parte del futuro prossimo che mia figlia si immagina, posto che creda nella mia promessa. Pertanto, il fatto che io cambi idea, genererà delusione.

Non sempre una promessa mancata comporta delusione. Se mio cognato mi promette di farmi visita, domenica, ma avrei preferito passare la giornata da solo, mi sentirò sollevato se dovesse cancellare l'appuntamento.

- **Desiderio**: quando consideriamo la radice della nostra parola desiderio, questa significa *attendere per qualcosa che viene dalle stelle* ed è facile, così, cogliere la sua più profonda natura. Il desiderio è simile, ma meno travolgente, della *brama*, o *bramosia*. Se lo ascoltiamo, sapremo ciò che per noi è più caro e importante. Quando pensiamo al nostro compagno o alla nostra compagna e proviamo desiderio, questo ci dice quanto quella persona sia importante per noi. Sebbene, in questo specifico caso, possa essere interpretato, e spesso è interpretato, come qualcosa di sessuale, il desiderio può essere applicato a ogni parte della vita, anche le più spirituali. La nostra predisposizione, nel desiderio, è quella di muoverci più vicino alla persona o all'oggetto.

- **Dignità**: la dignità è una delle emozioni più importanti in termini di identità personale ma è molto poco familiare alle persone. Provare dignità significa *sentire di avere un valore*. Ovvero, è il credere che siamo importanti tanto quanto ogni altra persona e che meritiamo il nostro posto nel mondo. In altre parole, siamo esseri umani legittimi. Un altro aspetto importante entro questa emozione è la consapevolezza di poter, ed avere il diritto, di scegliere. Quando agisco secondo dignità, non decido in cosa credere o cosa farò nella mia vita, con chi lo farò e quale trattamento accettare. La dignità mi consente di fissare i miei confini e, laddove questi siano valicati, usare l'*indignazione* per difenderli. Non dovremmo sorprenderci se la maggior parte dei leader dei movimenti pacifisti, in difesa dei diritti umani, abbraccino la dignità e insistano con il fatto che questa sia alla base dell'interazione umana. Mandela, Gandhi,

Capitolo 3: Il significato delle emozioni

Martin Luter King, Madre Teresa, il Dalai Lama, oltre ad una moltitudine di altri leader o politici hanno fondato le loro campagne sull'emozione della dignità. Una qualità inerente a questa emozione è quella secondo la quale, se abbraccio la dignità, non solo devo perseverare nel difenderla ma devo fare in modo che anche gli altri l'abbraccino (persino coloro i quali sono in opposizione). Quando parliamo di qualcuno come a chi *non ha confidenza*, spesso parliamo di una mancanza di dignità.

- **Disapprovazione**: quando giudichiamo è perché pensiamo che la nostra opinione abbia l'autorità di definire cosa sia giusto e cosa sia sbagliato. Se ci è stata data l'autorità di giudicare, una situazione o una persona, questo potrebbe essere legittimo ma, alle volte, possiamo confondere l'opportunità di dare una nostra valutazione con il criticare (e se crediamo che abbiamo l'autorità, questa critica diverrà un giudizio che cercheremo di difendere). Una valutazione è la propria interpretazione del valore di qualcosa per cui è vero per noi e non universalmente. Un giudizio, quando abbiamo l'autorità di emetterlo, definisce una verità assoluta. Per esempio, se è nel nostro ruolo giudicare se una persona sia innocente o colpevole, il nostro giudizio determinerà il futuro di quella persona. Al contempo la disapprovazione è un'emozione fondamentale tutte quelle volte nelle quali abbiamo l'autorità, il diritto e il dovere, di guidare qualcuno.

- **Disgusto**: letteralmente deriva da *sgradevole*. Quando diciamo di avere *un brutto sapore in bocca* stiamo dando voce al disgusto. Quando assaggiamo qualcosa che non ci piace, la nostra reazione è di sputarlo via e questa è anche la predisposizione del disgusto. Infatti, allo stesso modo, nelle interazioni umane, vogliamo chiudere i rapporti con una persona o una situazione. Se un film ci disgusta, vogliamo andare via e, se troviamo che il comportamento di un'altra persona sia disgustoso, vogliamo smettere di interagirci e, magari, allontanarci. Il disgusto è quindi importante per determinare cosa abbia *un buon sapore* e, metaforicamente, anche quale sia un buon comportamento. Sebbene sia un'emozione che noi tutti esseri umani condividiamo, le cose che troviamo disgustose dipendono fortemente dal nostro stampo culturale e da noi stessi. Pensiamo alle interazioni umane nell'interpretazione più ampia. In alcune culture, il nepotismo è considerato accettabile mentre in altre è considerato disgustoso. Abbiamo sviluppato, individualmente, il nostro lessico anche in base a ciò che consideriamo disgustoso. Per esempio, se siamo dei vegani convinti, potremmo trovare disgustosa l'idea di mangiare la carne. Se crediamo nell'auto-controllo, potremmo trovare disgustoso un ubriaco ad una festa. Provare disgusto non implica che quella cosa o *quella persona sia sbagliata* ma, piuttosto, ci informa su ciò che sono i nostri credo e le nostre comportamentali. È molto utile comprendere questa distinzione perché ci fa capire qualcosa di noi stessi, sebbene spesso pensiamo ci stia dicendo qualcosa dell'altra persona.

- **Disperazione**: disperarsi significa *perdere ogni speranza*. Significa che non siamo in grado di vedere un futuro positivo o non lo vediamo affatto, il futuro. La nostra predisposizione nella disperazione è quella di smettere di provare. È diversa dalla rassegnazione, che ci spinge anch'essa a smettere di provare, in quanto, mentre nella rassegnazione crediamo che *nulla di ciò che faremo farà alcuna differenza*, nella disperazione crediamo che non ci sia alcuna differenza possibile. L'esperienza personale dell'autore è che la disperazione, più della tristezza, è l'emozione più associata alla depressione. Questo deriva da fatto che non vedere alcuna possibilità futura ci immobilizza. Lo scopo della disperazione per il genere umano è abbastanza misterioso ma potrebbe essere quello di guardare oltre noi stessi e cercare il supporto di un'entità superiore. Quest'entità superiore potrebbe essere una divinità o qualcuno capace di aiutare. In generale, se disperati, siamo forzati a guardare oltre noi stessi in cerca di supporto.

- **Divertimento**: parola di origine francese che riguarda il divergere la nostra attenzione o il pensare a qualcosa in modo diverso. Non è necessariamente qualcosa che ci fa ridere ma, spesso, ciò che ci fa sorridere. Lo scopo del divertimento, come emozione, è quello di informarci che stiamo vivendo qualcosa di inaspettato e gioioso. Il divertimento può essere un antidoto alla *gravità* o *serietà*.

- **Dolcezza**: deriva da dolce, dal latino *dulcis* da *gulcis* dal greco *glukis*, mosto. Significa soave e grato al gusto. Questa è l'emozione entro la quale ci prendiamo cura degli altri. La storia della dolcezza è quella del *sono al sicuro con questa persona e sarò trattato con gentilezza.* Poiché la dolcezza ha spesso a che fare con il contatto fisico, e poiché spesso è il primo passo verso l'intimità, questa è un'emozione che viene spesso confusa con l'*erotismo* o la *sessualità*. La conseguenza di questa associazione, in quelle culture nelle quali le ultime due emozioni sono vissute come un tabù, porta a vedere le manifestazioni di dolcezza come qualcosa di sospetto. La linea che demarca la dolcezza da queste emozioni diverse è la storia, o l'intenzione, che la persona offre. Alle volte le linee di demarcazione non sono così nette .

- **Dubbio**: il dubbio comporta sensazioni fisiche simili a quelle dell'ansia o della paura. Possiamo sentirci scollegati dal suolo e incoraggiati a restare indietro, rallentando movimenti e progressi. Il dubbio, tuttavia, ha un significato profondamente diverso dalla *paura* o dall'*ansia*. Il dubbio mi fa capire che sono in un nuovo territorio e il suo messaggio è quindi di non dare per scontate le mie capacità in questo nuovo ambiente. È logico, quindi, che il dubbio si mostri in ogni nuova attività che comporti una fase di apprendimento. Il dubbio è chiamato a farci porre maggiore attenzione su ciò che facciamo, piuttosto che farci preoccupare per problemi prossimi, più o meno noti. Siamo affetti dal dubbio ogni qual volta facciamo qualcosa di nuovo, impariamo qualcosa di nuovo o agiamo in una nuova area della nostra vita.

■ **Eccitazione**: dal latino *exciere, chiamare a, istigare* da ex- *fuori* e +ciere *muovere, chiamare*. L'eccitazione è un'emozione che ci fa muovere o agire. È interessante notare che l'eccitazione non ha una sua direzione il che può essere problematico, alle volte. Un bambino fortemente eccitato durante un servizio religioso, o un dipendente eccitato in una riunione particolarmente importante, potrebbero essere problematici, o non produttivi, soprattutto se questa emozione si manifesta fuori contesto.

■ **Empatia**: ontologicamente empatia significa risonare, con un'altra persona, a tal punto che l'emozione dell'altro diviene la nostra. Qualche volta diciamo che *abbracciamo* l'emozione altrui. Poiché le emozioni sono energia o vibrazioni, in natura, questo significa che alleniamo la nostra energia a quella di un'altra persona. L'empatia è l'emozione che dice alle altre persone che comprendiamo davvero ciò che stanno provando. Ognuno di noi è capace di essere empatico perché questa emozione fa parte di noi stessi, ma l'empatia, sarà più facilmente raggiungibile in quelle situazioni che si presentano simili ad esperienze che noi stessi abbiamo già

Capitolo 3: Il significato delle emozioni

avuto. Per esempio, il genitore di un bambino con problemi di apprendimento potrebbe essere più capace di empatizzare con un altro genitore in una situazione simile. Chi non ha quell'esperienza potrebbe essere limitato alla *simpatia*, ovvero ipotizzare l'esperienza ma non viverla.

■ **Entusiasmo**: la parola entusiasmo ha radici greche e significa *con gli dei* o *con il divino*. Dalla sua radice possiamo comprendere che l'entusiasmo è connesso con l'impegnarsi in una causa più grande di noi. Questo lo distingue chiaramente dall'emozione dell'*eccitamento* il quale ha un più alto livello di energia ma non ha una visione capace di sostenerlo (l'entusiasmo può essere mantenuto solo aumentando ulteriormente il livello di energia). A causa di questa connessione con *qualcosa di più grande* l'entusiasmo ha una durata e una connessione con l'aspetto più spirituale che non si trova nell'*eccitamento*. L'entusiasmo si può distinguere anche dall'*ambizione* che è l'emozione che viviamo quando vediamo una possibilità nella vita e siamo determinati a trarne un vantaggio. L'*ambizione*, per la nostra interpretazione, è più focalizzata *sull'ottenere o il raggiungere qualcosa* mentre l'entusiasmo è l'essere al servizio di qualcosa. Nelle organizzazioni, questa emozione è (o dovrebbe essere) rappresentata nella visione o dalla missione aziendale. Il potere dell'entusiasmo per i leader è importante in quanto possono trarne un'energia e una visione del futuro sostenibili. Questo è particolarmente importante quando i tempi sono duri. L'entusiasmo, infatti, può aiutare un leader a parlare dei propri obiettivi senza personalizzarli troppo così che gli altri possano vedere una nuova possibilità per il futuro, incanalando l'energia in una direzione. Per i dipendenti, questa connessione con una causa più grande dovrebbe pertanto implicare che gli stessi non dovrebbero essere ispirati solo da proprio leader. Infatti, se al posto del leader i sarà l'entusiasmo di quel leader, allora, se o quando ci sarà un cambio di chi guida, l'entusiasmo potrà ancora fare da guida. È inoltre essenziale che un leader comprenda la differenza tra il generare *eccitamento*, agire per *ambizione* o suscitare entusiasmo, al fine di guidare il team in modo efficace.

- **Erotismo**: la parola erotico non è una di quelle che nel nostro immaginario definiremmo neutra. In Occidente associamo l'erotismo al sesso e agli atti sessuali. Seppur vero che la radice greca *eros* significa *amore sessuale*, l'erotismo può avere un significato molto più ampio: essere connessi con passione. La passione deriva da una radice che include i concetti di *sofferenza*, *resistenza* e *desiderio*. Ontologicamente, l'erotismo è *il desiderio di lunga durata* o *l'anelare a divenire tutt'uno con l'oggetto del desiderio*. Questo *oggetto* non è necessariamente una persona ma anche arte, musica, natura o altri aspetti del mondo che consideriamo profondamente attraenti. La danza dei *Dervisci Rotanti* delle tribù Sufi era considerata erotica. In passato l'erotismo era considerato una parte fondamentale di tutte le arti. Qualsiasi sia l'interpretazione usata, è importante ricordare che sebbene ci sia una predisposizione in ogni emozione, questo non significa che dobbiamo intraprendere tale azione. Possiamo provare erotismo senza agire e, nondimeno, lo stesso può informarci su cosa desideriamo.

- **Esuberanza**: la storia dell'essere esuberanti è quella per la quale crediamo che le parole possano e debbano fluire in abbondanza. Mentre avere *speranza* significa che crediamo ci siano delle possibilità nella vita, l'esuberanza significa credere che la vita sia fruttuosa. Quando crediamo in questo siamo portati a concedere, apprezzare e condividere con gli altri tutto ciò che ci è disponibile.

Capitolo 3: Il significato delle emozioni

- **Esultanza**: letteralmente *saltare* (ovvero ciò che siamo portati a fare). È un'emozione simile alla *delizia* ma più forte e con una storia diversa. La delizia è la risposta a una sorpresa che consideriamo buona mentre l'esultanza riguarda la *soddisfazione* dovuta al raggiungimento di traguardi. Riconosciamo e celebriamo la nostra fortuna e probabilmente non possiamo immaginare un risultato migliore. L'esultanza può essere evocata raggiungendo un obiettivo personale o ricevendo dei riconoscimenti da parte degli altri. È simile all'*orgoglio* ma porta una maggiore energia e un desiderio di celebrare, oltre il voler raccontare agli altri del nostro successo.

- **Euforia**: l'euforia è *il riconoscere un'esperienza straordinaria*. È un'emozione molto attraente per la maggior parte delle persone. Può essere provocata da riti e pratiche ma anche da alcune droghe o attività che provocano dipendenza. In un certo senso è all'opposto della mancanza di *speranza* perché anche nell'euforia tutto sembra possibile. Quando parliamo dell'oscillare tra atteggiamenti maniacali e la *depressione* stiamo probabilmente parlando di emozioni quali l'*euforia* e la *disperazione*. Lo scopo dell'euforia potrebbe essere quello di mostrarci quanto possa essere straordinario il mondo nonché il limite superiore delle nostre vite.

- **Fascino**: come molte altre emozioni la fonte della parola fascino è latina. Significa *incantare* e questa è l'esperienza ad essa associata. La nostra *attenzione è catturata* da qualcuno, o qualcosa. È come se quel qualcosa ci abbia stregato. Il fascino non richiede che comprendiamo il motivo per il quale siamo interessati perché, di fatto, il non saperlo rende la cosa ancora più attraente. Il valore dell'avere il fascino tra le emozioni a noi disponibili è il consentirci di concentrarci intensamente.

- **Fede**: mentre la ragione potrebbe essere definita come il *credere fondato sull'evidenza*, la fede potrebbe essere concettualizzata come il *credere senza bisogno d'evidenza*. La radice di fede è nel latino *fidere* che significa *fidarsi*. Ontologicamente potremmo dire che la ragione è ciò che ci consente di credere nella parte materiale del mondo e la fede è la sua controparte nel mondo immateriale. Questo è anche il suo scopo.

- **Felicità**: dal latino *colui che possiede, che riceve, ciò che realmente lo appaga*. Per cui, la felicità è l'emozione co-creativa con la storia del *le cose stanno andando bene* per me o *io sono fortunato*. Va sottolineato che non c'è un insieme di circostanze definito che porti alla felicità ma la stessa è frutto della propria interpretazione. Potrei essere felice di trovare denaro per strada perché per me questo significa essere fortunato. Un'altra persona, però, potrebbe non esserne felice. Un certo tipo di lavoro, relazione o il possedere qualcosa può *rendermi felice* a seconda della mia opinione sul cosa sia essere fortunati nel lavoro, in una relazione o nel possedere qualcosa. La Dichiarazione di Indipendenza statunitense dice che *la ricerca della felicità* è un diritto inalienabile dell'uomo. Si noti come non ci sia scritto che abbiamo diritto alla felicità ma solo di perseguire una vita nella quale costruiamo *cose che ci possano far sentire fortunati*.

- **Fiducia**: ontologicamente la fiducia è l'emozione che ci consente di coordinare le nostre azioni con gli altri. Abbiamo un'interpretazione tradizionale della fiducia che implica un'aspetto *morale*, ovvero che *possiamo fidarci dei buoni e non dei cattivi*. Sebbene tu sia libero, o libera, di usare questa interpretazione, è più utile pensare alla fiducia come uno *strumento di valutazione del rischio* basato su sincerità, competenza e affidabilità. Quando, nel valutare una persona, crediamo che non ci

Capitolo 3: Il significato delle emozioni

sia un rischio eccessivo, basandoci su questi tre elementi, interagiremo facilmente. Quando non c'è fiducia, secondo i nostri standard, di fatto crediamo che ci sia un rischio eccessivo e quindi non interagiremo spiegando, a chi dovesse chiedercelo, con un *non mi fido*. La fiducia non riguarda la persona di fronte a noi. Il concetto di fiducia qui posto è applicabile a noi stessi, a gruppi, sistemi, processi e tecnologie. Ogni volta che ci approcciamo a qualcosa, quando c'è sufficiente fiducia vogliamo interagire mentre, quando non c'è, siamo riluttanti nel farlo. C'è anche la condizione della scarsa fiducia, quando non abbiamo sufficiente esperienza per valutare un'altra persona nella sua sincerità, competenza e affidabilità. La fiducia è una competenza e quindi può essere imparata, allenata e migliorata. Senza fiducia sarebbe impossibile avere relazioni, creare organizzazioni, fare richieste o accettare promesse dalle altre persone. Se non abbiamo un livello sufficientemente alto di fiducia, cosa che peraltro accade, non saliamo a bordo di un aereo, non compriamo un nuovo prodotto o non accettiamo di cambiare lavoro. Di fatto, ci sono davvero poche attività che possiamo fare senza che la fiducia non sia in qualche modo coinvolta.

- **Freddezza**: più che ogni altra emozione, la freddezza è quella che ci consente di essere quanto più possibile vicini all'*essere oggettivi*. Quando ci diciamo che abbiamo bisogno di *essere lucidi* ciò che stiamo dicendo non è che abbiamo bisogno di sradicare le emozioni o essere apatici ma, piuttosto, che abbiamo bisogno di *mettere le nostre emozioni in una posizione neutra* così da poter fare leva sulla nostra ragione quanto più possibile. Il *distacco*, altro termine che denota la freddezza, deriva dal greco e significa, letteralmente, *separare se stessi dalla passione e dalle emozioni*. Potremmo pensare alla freddezza come all'altra faccia della medaglia della compassione nella quale *si è con il dolore dell'altro*. Nella freddezza facciamo del nostro meglio per agire da un punto di vista emotivamente neutro, sebbene questo non possa essere vero in senso assoluto.

- **Frivolezza**: deriva da frivolus ed ha la stesa radice di fri-are, tritolare. Parola in principio associata ai cocci rotti, è un concetto che è stato poi applicato al parlare quando caratterizzato da una scarsa o totale mancanza di importanza. Significa anche, riferendosi a un qualcosa, che è di pochissimo pregio, vano, inetto. Quando qualcosa ci appare frivola non ne vediamo l'importanza o la bellezza: non siamo in grado di considerarla una cosa importante. Allo stesso tempo, etichettare qualcosa come frivola è un modo per ridurne l'importanza, per poterla affrontare più facilmente. In questo senso, l'emozione della frivolezza è *simile* al *diniego*, o *negazione*, ma più attiva. Inoltre, in tal senso, può avere un valore quando ci consente di mettere in secondo piano qualcosa di bloccante, allo scopo di perseverare nel nostro scopo e tentare di imparare qualcosa di nuovo. La nostra predisposizione, per questa emozione, è quella di ridicolizzare o prenderci gioco degli altri o delle loro idee.

- **Frustrazione**: la storia della frustrazione è quella del *dovrebbe essere già accaduto*. Potrebbe anche essere il *non sarebbe dovuto succedere*. Di solito si tratta sempre dell'una o dell'altra. Viviamo la frustrazione in quanto, quali uomini, abbiamo la capacità unica di generare una storia che descriva il futuro che immaginiamo (quelle che vengono chiamate le nostre aspettative). Ci sono due fonti per le aspettative: quando qualcuno a cui crediamo ci promette qualcosa, entro un certo tempo, o quando noi stessi, di fatto, lo promettiamo a noi stessi. Quando il

Capitolo 3: Il significato delle emozioni

fattore tempo non combacia con ciò che ci aspettiamo, potremmo vivere la frustrazione proprio perché quel qualcosa *sarebbe dovuto già accadere*. Quando la frustrazione nasce dal nostro immaginario, invece, è perché in ogni momento, consapevoli o meno, creiamo la storia di noi stessi nel prossimo minuto, ora, giorno, anno o persino vita. Molto dipende dal nostro passato. Ipotizziamo storie in tutti i momenti e a tutti i livelli di complessità: quando inseriamo la chiave nel quadro dell'auto ci aspettiamo che s'accenda, immaginiamo che il nostro amico ci inviterà al suo compleanno o magari, più semplicemente, che domani sarà soleggiato. Quando ciò che ci aspettiamo non succede, viviamo uno specifico momento nel quale ci rendiamo conto che la nostra vita sta prendendo un altro corso. In quel momento viviamo *disappunto* e, se l'emozione è più profonda, frustrazione (o quantomeno *stupore* o *smarrimento* se ci aspettavamo che qualcosa di negativo stesse per succederci). Il *disappunto* ci dice che c'è un disallineamento tra la nostra storia e quella che si sta svolgendo nella realtà. La frustrazione è la storia secondo la quale ciò che sta succedendo *non dovrebbe accadere*. Spesso pensiamo che poiché siamo frustrati ci sia *sbagliato* quando, nella realtà, tale frustrazione ci sta informando che qualcosa non incontra le nostre aspettative. La frustrazione e la *rabbia* sono, alle volte, usate in modo intercambiabile ma mentre la rabbia riguarda la nostra percezione di una ingiustizia, la frustrazione è collegata a una nostra aspettativa disattesa.

■ **Furia**: significa *passione violenta, follia o ira*. La furia è l'emozione che ci consente di attaccare o difenderci senza paura delle conseguenze. Nei momenti di *disperazione*, in uno scontro con qualcuno, può rappresentare ciò che ci consente di sopravvivere. La furia è simile all'*ira*, nella sua energia, ma con un'attenzione diversa perché la furia è provocata dall'attenzione che poniamo su noi stessi, o nel difendere una causa, mentre l'ira è l'impulso a distruggere perché non crediamo ci sia nulla di buono in ciò che stiamo attaccando. Se dovessi osservare un genitore proteggere il suo bambino da un animale selvaggio, potresti vedere l'emozione della furia. L'attaccare non è allo scopo di distruggere l'animale (ira) o a causa della rabbia (l'animale sta attaccando ingiustamente il bambino) quanto piuttosto c'è la furia di difendere ciò a cui tengo senza alcuna cura per la propria incolumità.

- **Gelosia**: la gelosia può essere interpretata come la paura di perdere qualcosa a cui teniamo sebbene molte volte non si riferisca a *qualcosa* quanto a *qualcuno*. Poiché possiamo perdere solo qualcosa che possediamo l'illusione celata, nella maggior parte delle gelosie, è che quel qualcosa, o quel qualcuno, ci appartenga. In questo caso la reazione è quella di aggrapparsi a ciò che si ha paura di perdere. I risultati sono molteplici e nella loro forma più intensa portano all'idea che *se non sono io a poter avere quel qualcosa o qualcuno allora nessuno la avrà*. Tuttavia, la gelosia può essere interpretata anche in modo diverso. Possiamo ascoltare il messaggio del *c'è qualcosa o qualcuno al quale teniamo moltissimo e dobbiamo prestare attenzione a come stiamo vivendo la nostra relazione*. Quella persona capisce l'importanza che ha per noi? Ci stiamo impegnando quanto vorremmo? Se capiamo che in realtà nulla e nessuno ci appartiene, vedremmo che non abbiamo il potere di vincolare nessuno. La gelosia è una delle emozioni alle quali è molto meglio riservare una risposta piuttosto che una reazione.

- **Generosità**: significa *magnanimità* o *di nobili origini*. Sebbene la parola magnanimità non sia una delle più diffuse, letteralmente significa *di*

Capitolo 3: Il significato delle emozioni

grande spirito e, quindi, l'implicazione, per questa emozione, è che qualcuno nello stato d'animo della generosità sarà incline a dare agli altri senza aspettarsi nulla in cambio. La generosità è l'emozione per la quale diamo regali senza aspettarci nulla in cambio. Il valore di questa emozione risiede nel fatto che ci consente di dare agli altri senza badare ad un eventuale ritorno di tipo materiale o spirituale. Non significa, necessariamente, che abbiamo più degli altri, o che loro abbiano bisogno della nostra pietà, ma solo che vogliamo condividere con loro ciò che abbiamo.

- **Gioia**: è un'emozione che viviamo quando qualcosa ci dà allegria o ci rende felici. Ci dà un senso di *serenità* e benessere. La predisposizione della gioia è quella di consentirci di continuare ad essere nell'esperienza che l'ha creata, apprezzandola.

- **Godimento**: l'emozione del godimento ci comunica che stiamo vivendo qualcosa che troviamo piacevole. La nostra predisposizione, quindi, è di perseverare in ciò che stiamo esplorando o cercarlo nuovamente. Il godimento è fortemente individuale e in tal senso è un'emozione simile al *disgusto*. Alcune persone godono andando a caccia mentre altre provano quella stessa emozione lavorando a maglia. Possiamo godere se siamo in una folla, nel mezzo di un concerto, se siamo soli o magari in entrambe le situazioni. Il godimento è un'emozione focalizzata nel presente sebbene possano tornarci alla mente cose che l'abbiano causato in passato o magari fantasticare su cosa possa accadere in futuro. Il godimento, ad ogni modo, ci fa vivere profondamente il momento e non richiede alcuna azione successiva.

Le Conseguenze delle Emozioni

- **Gratitudine**: la radice della parola gratitudine è nel latino gratis, *senza costo*. La gratitudine è l'emozione che proviamo quando riceviamo qualcosa gratis o in dono. Nel suo senso più ampio, la gratitudine è il credere che tutto ciò che siamo e ciò che abbiamo sia un dono. In altre parole, non ci siamo guadagnati questa vita ma ci è stata data da un creatore, l'universo, l'evoluzione. Questo è ciò che diciamo durante cerimonie spirituali nelle quali ringraziamo. Di tutte le emozioni, la gratitudine si può configurare come quella sulla quale è più facile fare una scelta: voglio viverla o meno? Dichiarando a noi stessi di voler imparare questa emozione, possiamo cambiare la nostra vita da uno stato d'animo di legittimità (mi è dovuto) ad uno di grazia.

- **Gravità**: la parola deriva dal latino gravare, *essere pesante*. L'etimologia della parola è ancora una volta una buona descrizione di ciò che proviamo. La gravità è spesso collegata all'emozione della *tristezza* perché in quest'ultima ci rendiamo conto che la vita è più difficile e complicata di quanto l'avessimo immaginata. La gravità ha una sua ragion d'essere perché ci dà l'opportunità di apprezzare lo scorrere fluido della vita ma anche le sue fasi nelle quali abbiamo bisogno di rallentare ed eventualmente chiedere aiuto. Non ci rende necessariamente meno indipendenti mentre ci può incoraggiare a sviluppare interdipendenza.

- **Imbarazzo**: letteralmente *impedimento, ostacolo*. Nell'imbarazzo la nostra predisposizione è quella di nasconderci perché pensiamo di aver fatto qualcosa di inadeguato. Si tratta di un'emozione che può essere pensata come l'opposto *dell'orgoglio*. L'oggetto di tale imbarazzo non è qualcosa di necessariamente immorale ma, ad ogni modo, riteniamo che sia molto meglio tenerlo privato. L'imbarazzo, inoltre, può essere

Capitolo 3: Il significato delle emozioni

non solo legato a un'azione *sbagliata* ma anche a un mancato traguardo, un fallimento. Se siamo imbarazzati parlando una lingua straniera o, magari, nel suonare il piano è perché abbiamo aspettative maggiori delle nostre competenze. Tali aspettative potrebbero essere legate a ciò che gli altri si aspettano ma, in fin dei conti, riguarda ampiamente noi stessi e il modo nel quale ci vediamo. Ciò che può svelare o causare imbarazzo è approcciarsi ad un percorso di miglioramento e di crescita. In tal senso dovremmo imparare a conviverci o, finanche, a vederla come un'altra delle emozioni necessarie all'apprendimento.

- **Imparzialità**: significa considerare le cose in modo calmo e dando a tutte le parti rilevanza uguale. La predisposizione è quella di non porre pregiudizi e questa emozione ci consente di essere quanto più vicini possibili all'obiettività. Significa avere *una mente e uno spirito giusti*.

- **Impazienza**: letteralmente *rifiutarsi di rassegnarsi o di essere indulgenti*. In altre parole, quando siamo impazienti, rimaniamo fortemente convinti della nostra posizione e presumiamo che la nostra interpretazione sia quella normale. Questo non significa che la nostra normalità sia logica, o ci sia d'aiuto. Ad ogni modo, ascoltando la nostra impazienza possiamo capire come pensiamo che la nostra vita *dovrebbe* essere vissuta. L'impazienza non implica che ci sia qualcosa di ingiusto ma solo che c'è qualcosa nella nostra realtà che non accettiamo. In tal senso, possiamo capire come sfruttare l'impazienza per convogliare energie al fine di cambiare la nostra vita come crediamo che sia più giusto, per noi.

- **Impegno**: è l'emozione che ci fa agire in linea con i nostri scopi *mettendoci noi stessi*: corpo, linguaggio ed emozioni. L'impegno è dimostrato dalle azioni, piuttosto che dalle parole. Tuttavia, il modo per iniziare ad impegnarsi è fare una promessa. Molte persone pensano l'impegno sia una capacità innata ma impegnarsi è una competenza che deve essere imparata, praticata e sviluppata. Una gran parte degli anni di transizione dell'adolescenza sono spesi nell'imparare questa competenza. Per esempio, un adolescente potrebbe voler avere voti più alti ed essere sufficientemente intelligente per meritarli ma senza la capacità di rimanere impegnato, o impegnata, al fine di raggiungere lo scopo, i buoni voti non arriveranno. Allo stesso modo questo accade a lavoro quando un impiegato desidera fare un buon lavoro ma non ha la capacità emotiva che lo faccia perseverare in tal senso. Un esempio è quello del classico *smetterò di fumare*. Dopo un po' di tempo, chiedendosi cosa abbia fatto quella persona per smettere ci si ritrova in un laconico nulla. In tal caso potremmo dire che questa persona non si stia impegnando ma, ontologicamente, potrebbe essere più corretto dire che la persona è più impegnata a fumare che a smettere. È importante comprendere la profondità e la sostenibilità dell'apprendimento cognitivo e comportamentale. Se il cambiamento è affrontato solo verbalmente (si pensi ai buoni propositi per il nuovo anno) è molto probabile che non ci sarà perché non c'è variazione nel dominio comportamentale (che racchiudere gli aspetti emotivi e somatici). Le persone tendenzialmente sottovalutano l'aspetto comportamentale, l'importanza di questa emozione, fallendo, così nel valutare attentamente ciò in cui sono realmente impegnate e ciò che, potenzialmente, le trattiene dal cambiamento desiderato. Ma, bisogna ricordarlo, ogni qual volta ci impegniamo a fare qualcosa, lo facciamo a fronte di una scelta libera tra diverse azioni. Se consideriamo che siamo sempre impegnati nel fare qualcosa, perché le nostre azioni non sono meccaniche, la domanda da

Capitolo 3: Il significato delle emozioni

porsi è sul dove si trovi il nostro impegno, ora. Impegno è attenzione ed energia.

- **Incanto**: questa emozione deriva dalla radice latina incantare, che significa *recitare formule magiche*. Così, quando siamo incantati, siamo catturati dall'evento o dalla persona e ciò che abbiamo di fronte ci sembra magico.

- **Incredulità**: si riferisce a qualcosa *alla quale non val la pena credere o è troppo bella per essere vera*. Se l'incredulità fosse pura e fine a sé stessa ci fermeremmo a tali considerazioni ma, in alcune situazioni, cerchiamo di convincerci che ciò che abbiamo davanti potrebbe essere vero e questo potrebbe lasciare spazio ad emozioni come l'euforia. Comprare i biglietti della lotteria, o essere coinvolti in uno schema Ponzi, sono due esempi. Il valore dell'incredulità è il forzarci a cercare evidenze che ci sia qualcosa di vero piuttosto che credere, *ingenuamente*, a tutto ciò che vorremmo fosse realtà.

- **Indifferenza**: l'emozione dell'indifferenza è esattamente ciò che sembra. È lo stato nel quale non ci importa se una cosa, piuttosto che un'altra, accada. Letteralmente, non farà alcuna differenza per noi. È un'emozione che ci consente di seguire gli altri e sottometterci all'autorità senza resistenza. Differisce dalla rassegnazione per la quale, pur sapendo di poter scegliere, non crediamo che una qualsiasi decisione possa portare, realmente, ad un possibile miglioramento. Possiamo contrastare l'indifferenza con la cura perché nel prenderci cura di qualcosa, eventuali decisioni esterne verranno valutate, da noi, in modo tutt'altro che passivo.

Le Conseguenze delle Emozioni

- **Indignazione**: apparentemente, laddove dignità significhi attribuire un valore a sé stessi o a qualcosa, ci si indigna nei confronti di qualcosa che, secondo il proprio parere, non ha alcun valore. Nel mondo delle emozioni, tuttavia, l'indignazione è l'emozione provocata quando qualcuno ci tratta come se non avessimo valore mentre crediamo di averne. Essere indignati significa *difendere i confini e non consentire agli altri di valicarli*. L'indignazione può essere confusa con la *rabbia* in quanto entrambe portano a reazioni somatiche simili: c'è un'energia crescente e un'attenzione sempre più focalizzata. Alcune volte, anche nell'indignazione, alziamo il tono della voce. Le storie delle due emozioni, però, sono molto diverse. La rabbia implica una predisposizione a punire perché pensiamo che l'altra persona ci abbia fatto qualcosa di ingiusto. L'indignazione è legata alla predisposizione di preoccuparci di noi stessi perché crediamo che l'altra persona abbia valicato i nostri confini. La rabbia è focalizzata sugli altri mentre l'indignazione su noi stessi. Poiché la rabbia è un'emozione molto popolare mentre l'indignazione è sconosciuta ai più, tendiamo a confonderle. Se restiamo fermi sulla convinzione che la rabbia sia qualcosa di pericoloso, o di cui dovremmo vergognarci, la evitiamo, così privandoci dell'accesso all'emozione, successiva, che ci consente di prenderci cura di noi stessi: l'indignazione.

- **Indipendenza**: quando siamo soli e ci sentiamo completi siamo nell'emozione dell'indipendenza. La storia è il sentirsi completi sia soli che in compagnia. Nell'indipendenza, la completezza non è funzione dell'avere gli altri quale parte della propria vita. La sua predisposizione è di vivere come vogliamo e se incontrando altri ci divertiamo, quella sarà una piacevole sorpresa. Questo implica che la nostra felicità non

Capitolo 3: Il significato delle emozioni

dipende dagli altri. Questa emozione può essere pensata come *il bicchiere mezzo pieno* mentre la *solitudine* come *il bicchiere mezzo vuoto*.

■ **Ingenuità**: emozione associata all'innocenza, l'ingenuità si associa a comportamenti *naturali* o *innati* e può essere teorizzata come il nostro livello di competenza emotiva, quando siamo giovani. Ontologicamente, ognuno di noi vive la storia del *mondo che vorrei*. Se siamo risentiti con il nostro capo perché siamo stati licenziati, sebbene sappiamo che l'azienda è in difficoltà per una crisi finanziaria, potremmo essere nella *negazione* o acciecati dalla nostra ingenuità. A causa di questa emozione ci lamentiamo spesso di ciò che succede nella nostra vita, non perché possiamo fondare i nostri *dovrebbe* su basi solide, quanto, piuttosto, perché crediamo che la vita dovrebbe andare come vogliamo. L'ingenuità, in tal senso, può assorbire molte delle nostre energie perché siamo continuamente costretti a lottare contro la vita per ciò che è, focalizzati come siamo su ciò che vorremmo che fosse. Il beneficio dell'ingenuità è che ci consente di essere molto aperti alla *bontà*, *semplicità* e *giustizia* in modi che non sono raggiungibili attraverso le altre emozioni.

■ **Invidia**: l'invidia è un'altra emozione generalmente etichettata come "negativa". È tra i peccati capitali ed è spesso associata al fatto che, nell'invidia, desideriamo portare via, all'altro, ciò che ha. In tal senso si parla anche di malignità. Se guardiamo alla semplice invidia potremmo interpretarla come *il desiderio di avere ciò che ha qualcun altro*. In tal senso, può essere utile prestare attenzione all'invidia che stiamo provando così da capire cosa manca, nella nostra vita. Se invidiamo il lavoro o la casa di un'altra persona, ciò che l'invidia ci sta dicendo è qualcosa circa il lavoro o la casa, che vorremmo avere nelle nostre vite. L'invidia non include, necessariamente, il desiderio di portare via all'altro ciò che ha, il che, invece, indicherebbe il risentimento ("non dovrebbe andare così") o la rivincita ("desiderio di avere giustizia") o persino la malignità. L'invidia è una delle molte emozioni forti che abbiamo difficoltà a gestire. Molte persone si vergognano o sono imbarazzate dal proprio essere invidiose. Come risultato, non hanno la possibilità di riflettere su ciò che l'invidia sta cercando di comunicare loro, tendendo immediatamente a nasconderla. Ascoltare questa emozione può aiutarci ad organizzare i nostri pensieri per creare una vita che ci soddisfi maggiormente. In questa interpretazione, è ben lontana dall'essere una cattiva emozione.

■ **Ira:** l'ira non è inclusa fra le emozioni che viviamo comunemente, personalmente, ma se ne parlano spesso i mezzi di informazione. Può risultare difficile non vederla come una *brutta emozione*. Come può essere un beneficio o come può darci la capacità di fare alcune cose, altrimenti a noi impossibili? L'ira è associata all'omicidio, alla guerra e ad una distruzione incontrollata. Ciò che è successo durante la rivoluzione francese, il genocidio in Ruanda o durante la seconda guerra del Golfo, quando gli Americani entrarono a Baghdad, sono esempi di quel tipo di distruzione incontrollata. I crimini passionali sono spesso associati all'ira. L'emozione dell'ira è co-creativa al messaggio *non c'è più niente da salvare* e la predisposizione è quella di distruggere. È spesso immaginata come una rabbia estrema ma, in realtà, ha una storia e una predisposizione diverse rendendola quindi un'emozione unica. Si è tentati di pensare che l'ira sia disponibile solo a chi ne è capace ma, da quella che è la storia personale degli autori, potremmo dire che, in realtà, può provarla chiunque se le circostanze sono quelle giuste.

Capitolo 3: Il significato delle emozioni

- **Irritazione**: è un'emozione radicata nel latino, significa *ripugnante* o *tedioso*. In altre parole, indica ciò a cui non voglio partecipare o che non voglio che faccia parte della mia vita. È un'emozione che utilizza il malessere per poter catturare la nostra attenzione e convogliare il suo messaggio. In generale, sino ad un certo livello, possiamo tollerare la situazione, sperando che cambi, ma quando il fastidio supera l'abilità di ignorarlo, e l'irritazione diventa troppo grande, cerchiamo di cambiare ciò che sta accadendo. È una delle molte emozioni che ci orienta tra ciò che vogliamo e ciò che non vogliamo. È un'emozione che può nascere per i motivi, apparentemente, più futili (indossare scarpe troppo alte, ad esempio) sino a problemi più profondi, sistemici (un ambiente lavorativo tossico, per noi). In ogni caso, se il fastidio va oltre la nostra tolleranza, corriamo ai ripari.

- **Irriverenza**: ci dà la possibilità di sfidare qualcosa che è considerato sacrosanto. Significa che non proviamo soggezione o paura o più in generale, che ciò che noi proviamo non è allineato con quello che provano gli altri. Ci consente di pensare fuori dai nostri limiti tradizionali. La satira politica, o farsi beffa dell'autorità attraverso l'ironia, rientrano tra le azioni irriverenti. Si tratta anche dell'emozione che consente di rompere con la tradizione, in campo artistico ad esempio, permettendo di creare qualcosa di nuovo. L'irriverenza diventa anche un'emozione che dà carburante alla creatività e all'innovazione perché non consente ai nostri precedenti limiti di fermarci. L'irriverenza non è analoga alla mancanza di rispetto in quanto la prima non va contro il credo tradizionale ma, semplicemente, cerca qualcosa di nuovo.

- **Lealtà**: la lealtà è l'emozione che ci consente di riconoscere e prenderci cura di un gruppo al quale riteniamo di appartenere. La predisposizione è quella di difendere quel gruppo e i suoi confini. La lealtà può essere associata a molte entità diverse. Possiamo essere leali verso un credo, un compagno o compagna, un partito politico, un capo, una nazione o organizzazione, noi stessi e tutto questo può creare anche potenziali conflitti. Non è inusuale, inoltre, che ci siano persone che, per lealtà, difendano cose che per quanto ci riguarda non hanno senso, quali osservatori esterni.

- **Legittimità**: legittimità significa, letteralmente, *avere il titolo di* o *possedere*. È connessa con la storia per la quale, in quanto noi stessi, meritiamo qualcosa. Si può manifestare in due modi diversi. Uno è quello che porta avanti l'idea che *il mondo ci appartiene* e questa è la legittimità che spesso vediamo durante l'adolescenza o in chi riteniamo *viziato*. Un altro è più intrecciato con la dignità nel senso che *come essere umano ho il diritto di scegliere riguardo determinate cose*. Il primo modo è spesso fonte di sofferenza, per sé e per gli altri. Può portare spesso al risentimento e può lasciar sottintendere rassegnazione. È anche all'opposto della gratitudine, secondo la quale si crede che ogni cosa che ci è data è un regalo. Bisogna ascoltare attentamente per poter capire quale sia la legittimità che osserviamo o che ci spinge.

- **Lussuria**: dal latino *rigoglio, eccesso, lascivia, sfrenatezza*. Questa interpretazione non è cambiata molto, nel tempo, sebbene la lussuria sia stata sempre più associata al sesso che al cibo o alla vegetazione. La predisposizione della lussuria è di prendere e goderne senza preoccupazione per le conseguenze. Vivere la lussuria ci fa capire di cosa *vogliamo nutrirci* e cosa desideriamo. Come per altre emozioni, la lussuria non ci impone di fare qualcosa ma ci indica ciò che ci piacerebbe fare.

Capitolo 3: Il significato delle emozioni

- **Malizia:** dal latino *malitia*, da *malus, cattivo*. Implica l'inclinazione a fare del male ed è associata a furbizia e astuzia nelle loro accezioni negative. Nel tempo il significato è evoluto ad indicare qualcuno che crea problemi piuttosto che ad indicare i problemi in sé. La predisposizione del malizioso è quella di imbrogliare o confondere le persone facendo loro pensare che qualcosa sia sbagliato quando in realtà non lo è. È un'emozione che ci consente di giocare e rompere uno stato d'animo troppo serio e quindi può essere positiva in determinate situazioni.

- **Meraviglia:** quando viviamo l'emozione della meraviglia, abbiamo di fronte qualcosa di miracoloso o stupendo che spesso non comprendiamo fino in fondo. Se abbiamo paura di ciò che vediamo ne siamo suggestionati ma se ci sembra qualcosa di positivo allora l'emozione preponderante è la meraviglia. La nostra predisposizione è quella di cercare di viverla ancora. La meraviglia è una delle emozioni che ci connette a qualcosa di più grande di noi stessi: ci porta in un universo più grande e ci consente di riconoscere che stiamo vivendo qualcosa di straordinario.

- **Negazione:** è generalmente concepita come un'emozione negativa ma ha il suo valore. Quando siamo in una situazione grave o poco prima inimmaginabile, con la quale dobbiamo convivere, è proprio l'emozione della negazione a consentirci di andare avanti. Nella negazione, la nostra predisposizione è quella di vedere e capire solo ciò che vogliamo. Tutto ciò che è al di fuori cessa d'esistere. Può aiutarci ad avere un'enorme attenzione e focalizzazione. Al tempo stesso questa emozione può renderci ciechi rispetto a ciò che ogni altro può vedere. Generalmente, possiamo rimanere nella negazione fino a quando la crisi non diviene tanto profonda da non avere altra scelta che la *resa*.

Le Conseguenze delle Emozioni

I tossicodipendenti e le persone che vivono un profondo trauma, alle volte usano la negazione per sopravvivere. Sebbene si mostri in modo abbastanza diverso, la negazione è simile all'emozione *dell'ingenuità*, nel senso che ci consente di vedere il mondo nel modo in cui desideriamo piuttosto che secondo ciò che è realmente. In tal senso queste emozioni possono essere viste come in opposizione *all'accettazione*.

■ **Noia**: secondo noi essere annoiati è legato al messaggio per il quale *non c'è nulla di interessante qui per me*. Non significa che ci sia qualcosa di sbagliato nel libro, lezione o relazione, come spesso pensiamo. In questo senso la noia è un'emozione molto utile per farci da guida verso quelle cose della vita che realmente ci interessano, ci coinvolgono o che vediamo più benefiche per noi. Pensiamo a cose, situazioni o persone, ritenendole noiose ma in realtà la noia è in noi e sta cercando di dirci qualcosa su di noi. Diamo una forte interpretazione morale negativa a quelle persone che esprimono noia, pensando che sia una cattiva persona diversamente da qualcuno sempre coinvolto che ci sembra una brava persona. Se non pensi che sia vero, considera che generalmente diamo brutti voti agli studenti che vediamo annoiati, o poco coinvolti, piuttosto che insegnare loro l'importanza della noia e la ricerca di qualcosa di più grande interesse. Un modo utile per ascoltare la noi è tramutarla in domanda. Per esempio, se mi sento annoiato da un libro che sto leggendo, una domanda utile è se abbia un valore per me finire di leggerlo o meno. Se si tratta di un film, dovremmo chiederci: "Dovrei considerare di lasciarlo a metà per fare altro?"

■ **Nostalgia**: quando qualcuno parla dei *bei tempi andati* sta generalmente dando voce alla nostalgia. Nella nostalgia pensiamo che *il passato sia stato*

Capitolo 3: Il significato delle emozioni

migliore del presente e ci piacerebbe tornare indietro. È un'emozione il cui orientamento temporale è certamente nel passato. Lo scopo della nostalgia non è quello di farci tornare indietro ma quello di richiamare alla nostra attenzione quelle cose che per noi hanno avuto un significato e valutare come si possa generare qualcosa di simile, nella nostra vita attuale o futura. Quando la nostalgia è uno stato d'animo, non siamo capaci di vivere il presente e abbiamo anche difficoltà a creare il futuro perché siamo continuamente alla ricerca di una ricostruzione fedele del passato.

- **Odio**: la radice della parola odio è molto antica ed è connessa con il *dolore*. Oltre questo non sappiamo molto sulle sue origini. Spesso ci pensiamo come qualcosa all'opposto dell'amore ma da quella che è la sua etimologia, sembra più connessa con la *tristezza*. Significa *aver avuto ciò che mi soddisfaceva* o *essere stanco di* (qualcosa o qualcuno). Probabilmente un significato calzante è quello che ci porta a dire che quando odiamo qualcuno, o qualcosa, ne abbiamo avuto abbastanza e smettiamo d'interagirci. Non vogliamo più essere associati o impegnarci in una determinata situazione. Questo chiarisce molto sul nostro desiderio, quando odiamo, di andare via, allontanarci fisicamente. Non c'è nulla, nell'interpretazione ontologica dell'odio, che implichi il nostro voler danneggiare l'altro. Nella *rabbia* siamo predisposti a punire, e nell'*ira* a distruggere, e queste sono emozioni che spesso associamo all'*odio* implicando per quest'ultimo un'interpretazione violenta. La predisposizione dell'odio è semplicemente *l'andare via* dalla cosa o persona e non avere più connessioni o associazioni con la stessa.

- **Onore**: dal latino, significa *dignità, dovere o reputazione*. È l'emozione che ci consente di proteggere la nostra reputazione. Quando ciò che abbiamo fatto è messo in discussione, l'emozione dell'onore ci dà l'energia necessaria a fare un passo avanti e difendere il nostro operato. L'emozione dell'onore riguarda l'agire al fine di difendere ciò che noi crediamo sia *giusto* anche quando altri pensano che le nostre azioni non siano eticamente corrette. Un soldato, o una soldatessa, che sacrifichi sé stesso per un compagno, potrebbe agire per onore.

- **Orgoglio**: l'orgoglio è un'emozione considerata un punto cardine, in alcune culture, ma una lettura più attenta dell'origine della parola ci rivela quanto fosse vicino, nel significato, a ciò che ora definiamo *arroganza*. Ontologicamente orgoglio significa che *ho fatto qualcosa che credo sia buono e voglio dirlo agli altri*. Se ricevo un aumento, passo un esame, faccio goal o cucino una buona cena, e sento il desiderio di dirlo agli altri, sono orgoglioso. Posso anche essere orgoglioso per ciò che fanno gli altri (si pensi all'orgoglio provato per un figlio che fa qualcosa di buono). L'orgoglio ci consente di condividere i nostri risultati così che gli altri possano comprendere cosa per noi ha valore, nella vita. Se crediamo che quanto raggiunto ci renda superiori agli altri allora scivoliamo nell'*arroganza* mentre l'orgoglio, semplicemente, è il voler esprimere ciò che noi crediamo sia buono in ciò che siamo e ciò che facciamo. Storia dell'autore (Dan): una volta ho lavorato con una giovane donna che mi sembrava abbastanza vincente nella maggior parte delle cose che faceva. Era anche attraente. Si lamentava di non sentire la vicinanza, quando era in una relazione, arrivando a pensare che ci fosse qualcosa di sbagliato in lei, che non piacesse agli altri. Attraverso il nostro percorso rivelammo che non sapeva distinguere tra orgoglio e arroganza: aveva imparato che fosse sbagliato parlare dei propri successi perché sarebbe sembrata arrogante. Il prezzo da pagare era che non si permetteva di condividere ciò di cui era orgogliosa e, come conseguenza, costruiva una barriera tra lei e chiunque provasse ad avere una relazione con lei. In un certo senso, rendeva impossibile agli altri conoscerla. Una volta che ha compreso la differenza e ha fatto pratica nelle diverse conversazioni, si è resa conto che poteva condividere quelle cose che la rendevano orgogliosa. Questo ha avuto un risvolto positivo e molto profondo nelle sue relazioni.

■ **Orrore**: *essere pieno di paura o terrore*. Viviamo l'orrore quando incontriamo qualcosa di tanto terribile quanto inimmaginabile. Fisicamente proviamo scossoni, tremiti, brividi o freddo nonché il desiderio di andare via o evitare l'esperienza. Sapere quanto brutta possa essere la realtà ci consente di apprezzare la *sicurezza*. L'orrore può anche proteggerci dal compiere attività realmente distruttive.

■ **Ottemperanza**: significa *farò ciò che chiedi perché non credo di avere altra scelta*. Quando ottemperiamo agiamo ma non ci impegniamo. Quando insisti perché il tuo bambino si scusi con un altro è ciò che accade, di solito. Saranno pronunciate le parole *mi scuso* ma non c'è impegno in quelle scuse ed è chiaro ben altro, dal linguaggio del corpo e dal tono della voce. Quando cresciamo, solitamente, diventiamo più bravi a conformarci alle regole del lavoro o sociali, ma senza un impegno reale. Tuttavia, sebbene un impegno completo sia alle volte necessario, ci sono occasioni nelle quali l'essere ottemperanti è sufficiente. Per esempio, quando guidiamo in una strada pubblica, ottemperare al Codice della Strada è tutto ciò che ci viene chiesto. Il suo valore, come emozione, è consentirci di agire in modo congruente anche quando non comprendiamo completamente ciò che è a monte dell'obbligo.

Le Conseguenze delle Emozioni

Nella sostanza, può essere vista come un modo rapido per generare un allineamento delle azioni. Una cieca ottemperanza può essere il preludio di fatti nefasti.

- **Ottimismo**: essere ottimisti significa *sapere che succedono cose buone e brutte ma quelle che mi accadono sono per lo più buone*. In questo, l'ottimismo è diverso dall'*ingenuità* che ci rende ciechi alle cose negative della vita. Lo scopo dell'ottimismo è di consentirci di andare avanti, liberi, nella vita credendo che la sorte sia dalla nostra parte. Siamo comunque consapevoli che le cose non andranno necessariamente tutte come vogliamo.

- **Pace**: l'origine della parola pace è nel latino e sta per *assenza di guerra e minaccia* oppure *tranquillità*. Significa che siamo emozionalmente a riposo non combattendo contro *dubbio*, *paura* o *ansia*. È un'emozione che si occupa di prendersi cura della necessità dell'uomo di riposare. Il bisogno di riposare diventa, quindi, qualcosa che possiamo dichiarare a noi stessi ma anche il frutto di un accordo con l'altra parte. Si tratta di una scelta, in entrambi i casi.

- **Panico**: puoi ricordare una volta nella vita nella quale eri così spaventato da qualcosa da esserne immobilizzato? Non avere la forza d'alzarti da letto a causa di una situazione che dovevi affrontare a lavoro. Non riuscire a pronunciare la prima parola di una conversazione della quale temevi l'esito. In quei momenti è molto probabile che tu stessi vivendo il panico. Il panico ci avvisa che qualcosa nel futuro potrebbe non solo danneggiarci ma, potenzialmente, distruggerci. È simile alla paura perché proiettato nel presente ma è più forte.

Capitolo 3: Il significato delle emozioni

Storia dell'autore (Dan): "Posso ricordare un periodo, durato diversi mesi, nel quale un forte scontro, a lavoro, fu gestito principalmente via email. Circolavano accuse e minacce serie, alcune delle quali avrebbero potuto danneggiare la mia carriera personale e l'organizzazione per la quale lavoravo. Oltre l'ansia per una non meglio identificata minaccia specifica, la paura e il terrore per tutte le possibili conseguenze, provavo anche panico ogni volta che dovessi aprire il mio PC per leggere le email. Sembrava che ogni volta la crisi diventasse più profonda. Il panico che sentivo, in alcuni momenti, mi immobilizzava a tal punto da restare immobile davanti al mio pc per diverso tempo (così da non dover affrontare il colpo successivo). La mia esperienza di panico non evaporò quando la crisi finì ma impiegò diversi mesi per scemare.

■ **Passione**: dal tardo latino *passio,* soffrire, patire. Dalla sua radice è evidente che si tratti di una emozione che ci porta a vivere un'esperienza profonda. Non a caso contesti religiosi come quello cristiano fanno riferimento alla *Passione di Cristo.* Capita anche di dire che qualcuno sia capace di *patire, soffrire, per l'arte*. Come per l'erotismo, tuttavia, la nostra interpretazione moderna della passione è spesso connessa al sesso per quanto, in senso più ampio, questa è un'emozione che significa *avere un profondo desiderio di essere quanto più vicini possibile a qualcuno o qualcosa a cui aneliamo.* Questa è una delle emozioni che ci consente di perseverare in attività e relazioni, estremamente concentrati e mettendo da parte dubbi, fatica e sfinimenti. Puoi pensare alla passione come all'energia che consente ad uno scalatore, durante la sua salita, di superare un ostacolo. La passione si mostra nel vivere una relazione, nella pittura, nella musica e in ogni altra ricerca.

Le Conseguenze delle Emozioni

- **Paura**: la paura si manifesta per avvisarci che qualcosa potrebbe danneggiarci in futuro e ci sa dire esattamente quale possa essere la fonte di tale male. Se siamo preoccupati di perdere il nostro lavoro, o fallire agli occhi della nostra squadra, proviamo paura. Essere feriti in un incidente d'auto, traditi da un amico o perdere il nostro portafogli potrebbe essere una fonte di paura. Tradizionalmente, crediamo che avere paura significhi che qualcosa di brutto *sta per succedere* quando, in realtà, ciò che la paura ci sta dicendo è di porre attenzione a quello che potrebbe danneggiarci così da avere l'opportunità di rimuovere la minaccia. La paura può essere vista come un'emozione molto utile e persino amichevole perché ci consente di prenderci cura di noi stessi, anticipando o evitando possibili problemi.

- **Pentimento**: il pentimento è un'emozione, apparentemente, focalizzata nel passato ma può essere idealizzata anche come una guida per il futuro. La storia che viviamo, nel pentimento, è che *la mia vita sarebbe stata migliore se avessi, o non avessi, fatto qualcosa*. Questa, però, è una storia che raccontiamo a noi stessi basandoci su assunzioni che non hanno un reale fondamento. Potrebbe essere che comportandoci diversamente saremmo stati meglio o peggio. Consideriamo il caso in cui, a volte, ci diciamo: "Avrei dovuto prendere una decisione diversa". Ad un'analisi più attenta, potremo renderci conto che, dato ciò che sapevamo a quel tempo, il modo nel quale vedevamo il mondo e la comprensione che avevamo delle diverse opzioni a disposizione, il nostro pentimento è, di fatto, infondato. Questo, però, non significa che non abbia un suo valore. Semplicemente, dobbiamo guardare più a fondo per ciò che il pentimento significa, per l'essere umano. Qual è il suo scopo? Un'opzione è che ci guidi a prendere decisioni diverse in futuro:

Capitolo 3: Il significato delle emozioni

se siamo pentiti per non aver chiamato un amico mentre era in difficoltà, probabilmente questa emozione ci sta suggerendo di essere più attenti in futuro. Se ci pentiamo per aver speso denaro, in un determinato modo, il pentimento ci sta suggerendo di stare più attenti alle nostre scelte. Perciò, lo scopo del pentimento non è *farci star male* ma aumentare consapevolezza e saggezza.

- **Perdono**: il perdono è un'emozione con la quale la maggior parte delle persone lotta perché, tradizionalmente, crediamo che abbia a che fare con un qualcosa che doniamo all'altra persona: ignorare ciò che ci ha fatto. Perdonare significa *aver presente ciò che ci è stato fatto ma non usarlo per punire l'altro, in futuro*. Se dimentichiamo un'ingiustizia, non è necessario perdonarla, perciò non può esistere perdono senza ricordo. Inoltre, perdonare non significa aver cambiato idea sulla gravità di ciò che ci è stato fatto ma, più semplicemente, che non userò questo evento contro di te, in futuro. Il perdono è un'emozione che ha bisogno di essere praticata al fine di eccellervi. Potrei dichiarare il perdono ma se in futuro farò riemergere l'argomento, magari in una disputa, significa che, quasi certamente, dovrò rinnovare quella mia dichiarazione di perdono, a riguardo. È proprio dichiarando a noi stessi, più volte, di aver perdonato che possiamo arrivare al punto da rendere abituale questa emozione per quanto, ovviamente, potrebbero esserci dei limiti di *dignità*, *legittimità* o *indignazione* che comportino, ad un certo punto, un diverso tipo di rottura. Il perdono può essere offerto dalla persona che ha sbagliato o richiesto da chi ha offeso ma, in entrambi i casi, dovrebbe portare alla libertà, per entrambi.

- **Perseveranza**: *continuare fermamente*. Quando siamo nell'emozione della perseveranza, continueremo a provare finché non avremo successo. Questa emozione può essere inestimabile in quelle situazioni nelle quali stiamo facendo la cosa giusta ma non abbiamo ancora raggiunto il traguardo desiderato. In tal senso, stiamo parlando di qualcosa all'opposto della *frustrazione*. Il lato oscuro della perseveranza è che potremmo trovarci a *battere la testa contro un muro* senza che questo faccia alcuna differenza. C'è una distinzione tra la perseveranza (continuare a provare) e il *rigore*, che significa scegliere una modalità d'azione e mantenerla. Nella prima la nostra energia è concentrata verso l'esterno e sul risultato che vogliamo ottenere, e siamo disposti a cambiare le nostre azioni per fare breccia, mentre, nella seconda emozione, siamo concentrati su noi stessi e sul modo nel quale facciamo le cose.

- **Pessimismo**: in altri termini, *so che nella vita accadono cose belle e brutte ma nella mia sono fondamentalmente brutte.* La parola pessimismo ha la sua radice in *pessimo,* dal tardo francese, ed il suo significato, in contrapposizione all'ottimismo, è chiaro. Il valore del pessimismo è che ci consente di considerare ciò che potrebbe andare storto. Ci consente di focalizzare la nostra attenzione in queste aree negative specifiche piuttosto che concentrarci sulle, eventuali, possibilità come faremmo, invece, se fossimo ottimisti. Quale stato d'animo può portarci a non intraprendere azioni, perché ha qualità simili alla *rassegnazione*, ma, quale emozione, ci aiuta a fare scelte *prudenti*, considerando l'intero ventaglio di possibili risultati.

- **Prudenza**: quando cammini in una stanza buia, che non ti è familiare, come ti sposti? È abbastanza improbabile che tu corra come un matto. Molto più plausibile, invece, che tu ti muova a tentoni, letteralmente tastando ciò che ti circonda, man mano che muovi un

Capitolo 3: Il significato delle emozioni

passo. Questa è la prudenza, in azione. Nel pensiero, in senso più ampio, e nei processi decisionali, significa *pensare in anticipo, vedere le eventuali conseguenze* e *decidere con saggezza*. Così come per il camminare in una stanza buia, la prudenza ci consente di muovere piccoli passi, in modo avveduto, così da non farci del male o ritrovarci in situazioni poco desiderabili.

- **Rabbia:** quando *sale la rabbia,* ci sta segnalando che ci troviamo in una situazione che crediamo ingiusta. Non significa che la situazione in sé sia ingiusta ma che, per come noi la interpretiamo, lo è. Se non avessimo tale interpretazione non saremmo in grado di provare la rabbia. La rabbia è una delle emozioni delle quali siamo maggiormente impauriti perché la predisposizione alla quale siamo inclini è quella di punire la persona che riteniamo responsabile. Quando abbiamo questa reazione forte possiamo danneggiare l'altra persona o la relazione con la stessa. Qualche volta proviamo a negare o a nascondere la nostra rabbia piuttosto che trovare un canale o navigarla. Molte persone credono che l'emozione della rabbia sia un sinonimo della drammaticità (l'evidenza) con la quale la esprimiamo ma questo non è necessariamente vero. La rabbia può essere espressa con molta calma perché di fatto è la storia dell'*ingiustizia percepita* (è questa la parte più importante). Bisogna qui ricordare che punire, semplicemente, la fonte dell'ingiustizia non necessariamente rimuoverà l'ingiustizia stessa. La punizione potrebbe alimentare il nostro senso di inflessibilità ma non è il modo più efficacie per gestire la situazione. Riflettere su ciò che è necessario per eliminare la fonte dell'ingiustizia è ciò che realmente può portarci al cambiamento desiderato. Immagina una vita senza rabbia. L'assenza di rabbia significherebbe non avere un modo per sapere quale sia la nostra linea di demarcazione tra giusto e ingiusto. Non saremmo in grado di difenderci da quelle cose che crediamo ingiuste. Faremmo le cose perché sarebbero degli espedienti, o perché divertenti, e non perché crediamo profondamente sia *la cosa giusta da fare*. È difficile che avremmo sistemi intesi a proteggere i bambini o gli animali, o che si arrivasse alla stesura dei diritti dell'uomo. Vivremmo in un mondo dove tutto potrebbe essere giusto e questo è uno scenario terrificante. Prima di etichettare la rabbia come una cattiva emozione dovremmo soffermarci a considerare la vita senza di essa.

- **Rassegnazione**: rassegnare le proprie dimissioni significa *arrendersi*. Fondamentalmente, la rassegnazione è l'emozione nella quale smettiamo di spendere energie e non esercitiamo, o proviamo ad esercitare, il nostro potere. È il vivere la storia del *nulla di ciò che farò potrà fare la differenza perciò perché provare?* Sebbene spesso sia vista come un'emozione estremamente negativa, ha anche uno scopo molto utile. La ragione per la quale potremmo decidere di chiudere con un lavoro è che sta consumando le nostre energie e abbiamo bisogno di riposare. La rassegnazione è un'emozione che ci consente, semplicemente, di andare oltre perché la predisposizione è quella di smettere. Quale stato d'animo, significa vivere una vita senza tentare di modificare le cose intorno a noi e quindi non avere scelta, nel corso degli eventi.

- **Responsabilità**: la responsabilità può essere immaginata sia come emozione che come modalità di comportamento. Letteralmente significa *rispondere*. Vivere nell'emozione della responsabilità significa *rispondere delle proprie azioni* ed è quindi simile all'essere affidabili. Ci sono alcune emozioni, e relativi comportamenti, che pensiamo essere

Capitolo 3: Il significato delle emozioni

(correttamente) radicati in alcune persone mentre altri non ne sono capaci. La responsabilità è una di queste emozioni ma secondo la nostra interpretazione ontologica possiamo dire che l'essere responsabili viene imparato e può essere pensato come una competenza da imparare.

- **Rettitudine**: quando crediamo di avere ragione, e di essere gli unici ad avere ragione, viviamo l'emozione della rettitudine. È un'emozione che ci consente di essere assolutamente sicuri di ciò che pensiamo e facciamo. Non abbiamo bisogno di cercare conferme e di mettere in dubbio ciò che crediamo essere la verità. D'altro canto, se sappiamo che siamo nel giusto, crederemo che qualsiasi altra persona con un punto di vista diverso abbia torto. Quale conseguenza, potremmo arrivare a collegare il presunto essere nel torto dell'altra persona, con il giudicarla una cattiva persona. È facile capire come questa emozione sia alla base di molti conflitti, in particolar modo quando entrambe le parti siano ferme su questa specifica emozione. Un'emozione simile, ma meno estrema, è la certezza, nella quale pur essendo sicuro di non essere nel torto non sono altrettanto coinvolto, moralmente.

- **Riconoscenza**: essere riconoscenti significa riconoscere il valore di uno scambio. Se ringrazio il mio meccanico per aver aggiustato la mia auto, gli sto dicendo che ciò che ha fatto per me ha un valore e che provo soddisfazione per lo scambio ottenuto. Verosimilmente, anche il meccanico ci sarà riconoscenti, a fronte di un pagamento. La riconoscenza è diversa dalla *gratitudine* nella quale noi riconosciamo ciò che ci viene donato gratuitamente, senza scambio. Nella riconoscenza vogliamo sottolineare il fatto che abbiamo ricevuto qualcosa di ugual valore a ciò che abbiamo dato.

Le Conseguenze delle Emozioni

- **Rimorso**: la storia che genera l'emozione del rimorso è il pensare che *ciò che ho fatto è sbagliato*. Non necessariamente include il motivo a monte di questo pensiero ed è diverso dal pentimento nel quale desideriamo cambiare qualcosa fatta nel passato. Generalmente, viviamo il rimorso quando abbiamo fatto qualcosa che viola i nostri valori o i valori della nostra comunità. Questo è il motivo per cui spesso accanto al rimorso c'è la *colpa* (ovvero l'emozione che ci dichiara che abbiamo violato le nostre regole) o la *vergogna* (il violare le regole della comunità). Lo scopo principale del rimorso è di farci prestare attenzione a come il nostro comportamento sia andato fuori dai nostri canoni, personali o culturali, e consentirci di comunicarlo agli altri.

- **Rincrescimento:** il rincrescimento è una forma di dispiacere entro la quale rivolgiamo le nostre scuse. Si tratta di un gesto che, spesso, viene profondamente frainteso. Molti di noi hanno imparato che scusarsi significa dire *ho sbagliato*. Ma se abbiamo realmente sbagliato, per noi, e lo stiamo dichiarando, allora l'emozione che ci guida è la *responsabilità*, diversa dall'essere afflitti o contriti. Offrire una scusa significa *essere consapevoli che qualcosa che è stata fatta (o non fatta) potrebbe averti fatto del male. Non è una ammissione di colpa.* Una scusa è adeguata quando pensiamo di aver fatto un possibile danno, anche quando l'altra persona potrebbe non esserne ancora consapevole. Quindi, scusarsi è qualcosa che facciamo per mostrare che ci stiamo prendendo la responsabilità delle conseguenze sugli altri delle nostre azioni e vogliamo che gli altri lo sappiano. Il danno che crediamo d'aver fatto potrebbe essere più o meno evidente all'altra persona ma, se crediamo di aver fatto qualcosa che potrebbe aver causato una ferita, il giusto passo è scusarsi. Se separiamo la *non intenzionalità del causare un danno* dall'*aver fatto qualcosa*

Capitolo 3: Il significato delle emozioni

di sbagliato, possiamo offrire le nostre scuse più facilmente. Le scuse più sincere sono quelle che offriamo senza che ci vengano chieste.

- **Risentimento**: significa credere che quello che è successo o sta succedendo non è giusto, nei propri confronti. Per esempio potremmo dirci che *non ci sembra giusto lavorare oltre l'età dei 60 anni, che non avrebbero dovuto licenziarci* oppure *che abbiamo lavorato tanto per l'intera settimana ed ora non meritiamo una domenica nuvolosa*. Significa anche che crediamo che la vita dovrebbe favorirci maggiormente: "Dovrei avere una casa più grande" o "Dovrebbero apprezzarmi maggiormente". L'attenzione principale è all'ingiustizia percepita. Credo che la mia vita non è ciò che dovrebbe essere e questo è ingiusto. Risentimento significa, letteralmente, *sentire di nuovo* e questo è ciò che ci succede, ritornando sullo stesso pensiero, ancora e ancora. Sebbene ne possiamo essere catturati e rimanere letteralmente bloccati, lo scopo principale del risentimento è quello di aiutarci a distinguere ciò che crediamo giusto da ciò che crediamo ingiusto. Da lì, possiamo cambiare punto di vista oppure tentare di correggere ciò che ci circonda. Senza risentimento non sapremmo da dove partire. Tutte le rivoluzioni sociali sono state mosse dal risentimento perché solo percependo l'ingiustizia si può sfidare lo status quo.

- **Rispetto**: rispettare significa tenere in grande considerazione qualcosa o qualcuno e considerarlo legittimato a far ciò che fa. Crediamo che questa persona o cosa meriti credito per le sue azioni. Quando viviamo il rispetto ascoltiamo con attenzione quello che l'altra persona dice o fa. Sebbene non sia obbligatorio apprezzare l'altra persona, le due emozioni, rispetto e apprezzamento, generalmente, si accompagnano. Il rispetto può anche essere rivolto a noi stessi.

Le Conseguenze delle Emozioni

- **Riverenza**: *essere suggestionati da qualcuno* o *onorare* sono aspetti della riverenza. La storia del riverire è quella per la quale la cosa o la persona ha grande importanza, provoca paura, è più grande di noi, in senso metaforico. Riverire la natura o le divinità ci mostra il tipo di relazione che abbiamo con le stesse. La riverenza, come la *soggezione*, ci mostrano quali siano quelle cose che crediamo siano oltre la scala umana e, spesso, delle quali siamo solo una piccola parte.

- **Sacrificio**: cosa ci viene in mente quando ascoltiamo di qualcuno che sta sacrificando se stesso per un altro? Molto spesso pensiamo, semplicemente, ad una persona che aiuta un'altra. Questo può essere descritto da molte emozioni (*cura, servizio, compassione*) perciò come facciamo a sapere quando si tratti di sacrificio e non altro? La chiave è ascoltare la storia che racconta chi presta aiuto, con particolare attenzione a ciò che sta vivendo dentro di sé. In altre parole, quali sono gli effetti sulla vita dell'aiutante? Ciò che rende un sacrificio tale è che l'aiutare gli altri ci svuota e questo è all'opposto di ciò che accade nel *servizio*, che invece ci dà energia. Il sacrificio riduce le nostre forze e la nostra capacità di affrontare le difficoltà. Questo non rende il sacrificio una *brutta emozione* ma viverlo troppo a lungo, farlo diventare uno stato d'animo per un tempo indefinito, non è sostenibile. Il sacrificio è spesso visto come un segno d'amore, un gesto nobile o persino un atto d'eroismo. Questo è vero ma ciò non cambia la sua intrinseca natura di insostenibilità. Se prendiamo il caso estremo di un genitore che salva il proprio bambino che sta annegando, perdendo la vita egli stesso, abbiamo un esempio di interpretazione amorevole, nobile ed eroica del sacrificio. Si è trattata di una scelta libera e molti di noi lo considererebbero un atto supremo d'amore. È innegabile come non sia sostenibile dato che donare la propria vita per

Capitolo 3: Il significato delle emozioni

il proprio figlio è *il sacrificio ultimo*. Molte persone che ricoprono ruoli per i quali devono aiutare gli altri (genitori, medici, operatori sociali, insegnanti) sono confuse dal fatto di riscoprirsi esauste nel fare un lavoro al quale tengono profondamente. La risposta a tale sorpresa può essere trovata nella mancanza di una comprensione chiara della differenza tra servizio e sacrificio. Ontologicamente, l'unica differenza significativa è che il primo ci nutre mentre il secondo ci svuota. Le azioni che coordiniamo a fronte di queste due emozioni, il modo in cui appaiono e persino il modo nel quale pensiamo alle stesse, sono ampiamente coincidenti. Ciò che è molto diverso è l'impatto che hanno su di noi.

Un esempio arriva da una storia dell'autore (Dan). "Quando stavo crescendo, mia madre era un insegnante e mio padre un prete luterano. Eravamo cinque figli. Guardavo i miei genitori aiutare gli altri, costantemente e, quando parlavano del loro lavoro, vi si riferivano solo con la parola servizio. Non ho mai sentito la parola sacrificio, a casa, e quindi sono cresciuto con l'idea che non ci fosse nessuna distinzione tra questi due termini. Quando ho iniziato a lavorare ho continuato a pensarla nello stesso modo, finché non mi sono ritrovato completamente esausto ed ho dovuto imparare la differenza. Capire che c'è una distinzione fra queste due emozioni mi ha aiutato tantissimo a prendermi cura di me stesso e del mio stato d'animo. Precedentemente, ero spesso risentito verso me stesso credendo di non avere altra scelta che fare il mio lavoro, malgrado drenasse le mie energie. Imparare che potevo scegliere, liberamente, quando sacrificarmi per gli altri e quando servire gli altri, ha profondamente cambiato il mio modo di vivere."

■ **Scetticismo**: come per il cinismo, questa emozione ha origini greche ed è associata a un filosofo. Arriva dalla parola greca *skeptikos,* plurale *skeptikoi* o scettici, i seguaci di Pyrrho (filosofo greco che visse tra il 360 e il 270 a.C.). Questi seguaci erano *inquisitori* e *riflessivi*. Questo è tutt'oggi il significato che applichiamo a questa parola pensando spesso allo scettico come ad un inquisitore intento nel cercare errori e debolezze all'interno di un argomento. L'emozione dello scetticismo è molto utile nell'aiutarci a distinguere tra le cose che riteniamo di voler credere e le altre. In tal senso, è una capacità essenziale nella comprensione dei fatti al fine di prendere decisioni. Lo scetticismo può essere concettualizzato come l'opposto dell'*ingenuità*.

- **Sensibilità**: dal latino medievale, significa *sentire* o *affezionarsi*. Essere sensibile significa avere un approccio dolce o affettuoso e pensare al mondo o alle relazioni in linea con questo modo di pensare.

- **Sensualità/Sensuosità**: sebbene si tratti di emozioni diverse, le due hanno storie interconnesse. Il termine sensualità deriva dal latino e significa *dei sensi* o *qualcosa che viviamo attraverso i sensi*. Con il passare del tempo il suo significato è diventato meno puro, assumendo una connotazione sempre più legata ad attività sessuali. Il termine sensuosità deriva invece dall'inglese *sensuousness* ed è stato coniato da John Milton, per catturare il significato originale dell'esperienza attraverso i sensi. Al giorno d'oggi tendiamo a non distinguere tra sessualità e sensualità e a non usare il termine sensuosità. Entrambe le emozioni ci consentono di focalizzare la nostra attenzione nell'apprezzare le esperienze fisiche della vita, attraverso i sensi.

- **Serietà**: questa emozione ci consente di considerare le cose in modo molto ampio e profondo. In certi contesti, questa è un'emozione che

Capitolo 3: Il significato delle emozioni

riteniamo adeguata e tendiamo a fidarci di chi è in grado di mostrarla nei contesti giusti. Per esempio, un banchiere che non sia capace di una certa serietà, nel fare il suo lavoro, probabilmente non sarà considerato affidabile. Nella ricerca scientifica è un'emozione che consente di concentrare le proprie energie e così di dedicarsi a studi approfonditi.

- **Servizio**: sebbene la parola servizio abbia origine dal latino *servo*, il suo significato è cambiato nel tempo. La nostra interpretazione del servizio è quella del *prendersi cura degli altri*. Un aspetto importante è che, quando serviamo, siamo rinvigoriti. Questo contrasta con il sacrificio dove, sebbene ci stiamo comunque prendendo cura degli altri, le nostre energie si riducono. La confusione deriva dal fatto che le due azioni sono simili mentre sono la storia e le conseguenze, che fanno la differenza.

- **Sfiducia**: questa è l'emozione che mostra l'assenza di fiducia e quindi l'incapacità di coordinare azioni con l'altra persona. La predisposizione è quella di non ascoltare l'altro, o l'altra, e di vedere un futuro tendenzialmente non positivo.

- **Simpatia**: la simpatia, da intendersi nel suo significato originario, come affetto, è l'emozione che ci consente di comprendere le emozioni degli altri, avendo noi vissuto qualcosa di simile. Significa, letteralmente, stare insieme. Nella simpatia possiamo andare in risonanza con l'emozione dell'altra persona ma senza vivere esattamente l'emozione altrui. Quest'ultima cosa avviene nell'*empatia*. Puoi immaginarla come un'emozione che ci porta a un passo da quella dell'altro. Nella simpatia, infatti, puoi capire quale sia l'emozione dell'altra persona, senza viverla: non sei totalmente disconnesso ma neanche fuso con l'altro.

Le Conseguenze delle Emozioni

Il valore della simpatia sta nel poter mostrare all'altro di comprendere ciò che prova mantenendo, al tempo stesso, una nostra indipendenza emotiva. Questo consente di intraprendere conversazioni non possibili con l'empatia, la pietà o la compassione.

- **Sincerità:** *completa, pura* e *incondizionata*. Sono questi alcuni degli aggettivi che l'etimologia latina ci suggerisce. Ontologicamente essere sinceri significa esprimersi in pubblico in linea con quanto diremmo a noi stessi. Essere sinceri significa, semplicemente, essere trasparenti, non nascondere nulla. È un'emozione essenziale al fine di costruire fiducia (la sincerità può essere vista come uno dei tre pilastri della fiducia stessa; gli altri due sono la competenza e l'esperienza passata). Poiché possiamo vivere emozioni che scaturiscono dalle nostre stesse emozioni, ci sono persone che provano un senso di colpa in quanto, pur desiderandolo, non riescono ad essere sincere. La sincerità, come ogni altra emozione, può essere imparata e rafforzata, con la pratica.

- **Soddisfazione (e insoddisfazione):** se pensiamo al fatto che ogni emozione ci sta offrendo informazioni, potremmo chiederci cosa voglia dirci la soddisfazione. *Satis,* letteralmente, significa *abbastanza* e *in*, nel contesto, significa *non*, da cui *non abbastanza*. Ontologicamente, possiamo vederle come il mezzo con il quale veniamo a conoscenza del ciò che crediamo sia sufficiente per noi o meno. Quindi la soddisfazione non ci dice che abbiamo *tutto ciò che vogliamo* o *tutto ciò che ci piacerebbe avere* ma che ne abbiamo abbastanza. Le persone spesso confondono l'insoddisfazione con più generiche lagne e reclami ma si tratta di aspetti diversi. Essere insoddisfatti significa non averne a sufficienza mentre una lamentela può essere valida solo nel caso di una pro-

Capitolo 3: Il significato delle emozioni

messa che ci è stata fatta e che poi non è stata mantenuta. Quindi, qual è lo scopo di soddisfazione e insoddisfazione? Entro i nostri bisogni primari, ad esempio, queste sono le emozioni che ci comunicano che abbiamo mangiato abbastanza, l'ambiente in cui siamo non è troppo freddo o abbiamo abbastanza denaro. Oltre questo hanno una connessione con il nostro scopo quali esseri umani. Le persone che sono soddisfatte, nella vita, sono impegnate in attività che consentono di condividere doni e talenti. Quando le persone reclamano insoddisfazione, a lavoro, è perché spesso non hanno questa opportunità. Quindi la soddisfazione è una specie di bussola emotiva che indica la ragione per la quale siamo al mondo.

- **Soggezione**: dal latino *subicere*, composto di *sub*, sotto, e *iacere*, giacere. Metaforicamente, in una posizione di dipendenza, terrore e reverenza. Essere nell'emozione della soggezione ci porta ad essere spaventati e ci impone di temere e rispettare chi ha causato questo senso di soggezione. Questa è un'emozione spesso associata all'incontro con il divino e al nostro misurarci con gli eventi naturali più potenti quali uragani, terremoti o eruzioni vulcaniche. Si tratta di eventi catastrofici che ci attraggono, alcune volte tremendamente, e allo stesso tempo ci terrorizzano. Nella cultura anglosassone si traduce *awe, meraviglia*, che nell'espressione *awesome, più comunemente usata come con il senso di bellezza*, ha sicuramente perso la profondità del suo significato.

- **Solitudine**: la solitudine e l'indipendenza sono spesso confuse ma ha un grande valore distinguerle. Entrambe riguardano lo stare soli ma in una non ci sentiamo completi mentre nell'altra la nostra completezza non è determinata dalla compagnia degli altri. Solitudine significa che il fatto di essere soli implichi che siamo incompleti. La predisposizione, quindi, è di cercare compagnia. In questa ricerca, però, è probabile che anche quando troveremo qualcuno con il quale condividere la vita, continueremo a sentirci incompleti e a continuar a vivere in uno stato d'animo di solitudine.

- **Sollievo**: l'emozione del sollievo è caratterizzata dalla tranquillità della mente e da un corpo rilassato. Questo descrive anche abbastanza bene la nostra predisposizione al sollievo che è l'essere in pace, riposati e liberi da preoccupazioni. Questa è un'emozione che ci consente di riposare profondamente e di prendere una pausa dalle preoccupazioni del mondo.

- **Sorpresa**: l'origine latina della parola significa *prendere alle spalle* che è ciò che ci succede quando la viviamo. La nostra interpretazione è inaspettatamente stravolta da qualcosa che non ci aspettiamo. La predisposizione della sorpresa è quella di verificare i fatti o mettere in dubbio la nostra comprensione degli stessi. Come altre emozioni, la sorpresa non è necessariamente positiva o negativa ma descrive l'esperienza che viviamo quando il mondo ci prende alla sprovvista, in qualche modo.

- **Sospetto**: il sospetto è un'emozione che *sfida la fiducia*. Ci fa pensare alla possibilità che la nostra fiducia sia mal posta o che ci sia bisogno di riesaminarla. Questa è la predisposizione del sospetto. Essere sospettosi non significa che l'altra persona abbia necessariamente sbagliato, mentre noi siamo nel giusto, ma solo che c'è un dubbio in riferimento alla nostra precedente interpretazione. Questa emozione ci chiede di investigare. Essere sospettosi non ci dà il diritto di accusare l'altro ma il

Capitolo 3: Il significato delle emozioni

fatto che proviamo questa emozione può comportare che abbia senso fare alcune domande, per verificare i nostri dubbi.

- **Spasso**: la parola spasso è etimologicamente legata alla sua stessa predisposizione: *ridere sbracciando, essere accoglienti* e *felici*. Spassarsela significa essere felici al punto di non essere in grado di contenere l'energia emotiva e quindi ridere, occupare spazio con il proprio corpo.

- **Speranza**: *guardare avanti, desiderare* o *aspettare* sono modi per articolare l'emozione della speranza. È evidente, quindi, che l'orientamento temporale della speranza è il futuro, il futuro da noi desiderato. Generalmente, sperare significa vedere la possibilità di un futuro che sia migliore del nostro presente. La predisposizione della speranza è quella di pianificare e considerare possibilità che ci consentano di inaugurare il futuro che desideriamo. Come emozione, la speranza ci fornisce l'energia per andare avanti anche quando potremmo incontrare difficoltà. La speranza e *l'attesa* hanno aspetti comuni sebbene l'attesa abbia un maggiore attaccamento con la nostra visione. L'attesa può generare un disappunto maggiore, rispetto a quello della speranza, quando realizziamo che la nostra visione del futuro non si sta avverando.

- **Terrore**: letteralmente *essere pieni di paura*. Mentre l'ansia riguarda il credere che qualcosa che accadrà potrebbe farci del male ma non sappiamo esattamente cosa sia, quando siamo terrorizzati pensiamo che la fonte del pericolo sia potenzialmente ovunque. In altre parole, non c'è un luogo sicuro. L'impatto di questa emozione sulle persone è chiaro ai gruppi anarchici o terroristi, è evidente. Quando siamo terrorizzati siamo portati a interrompere ciò che facciamo solitamente, attorno a noi, come il partecipare a eventi sociali, celebrazioni, viaggiare e il tutto è allo scopo di sentirci più al sicuro.

- **Testardaggine**: la radice di questa parola non sembrerebbe di origine latina. Significa, *non avere la volontà di cambiare*. La predisposizione è quindi quella di rimanere fissi sulle proprie idee. La testardaggine ci serve per prendere una posizione netta a difesa, o per ciò, che riteniamo giusto. D'altro canto, può rappresentare un passaggio intermedio verso l'apprendimento. Ha una connessione con la *persistenza* ma, rispetto a quest'ultima, è più statica.

- **Timidezza**: quando abbiamo paura della vita, in generale, ci può essere detto che siamo timidi. È la storia, alla quale crediamo, e secondo la quale molte cose, o la maggior parte delle cose che ci circondano, può portarci danno. Certamente, la nostra predisposizione è quella di nasconderci. Il valore della timidezza è che ci consente di non imbarcarci in situazioni pericolose, per noi, e per le quali ci riteniamo relativamente deboli. Non va confusa con l'*introversione* che è l'inclinazione al non voler essere visti. L'introversione non è provocata dalla paura quanto da un desiderio di invisibilità.

- **Tolleranza**: quando siamo tolleranti pensiamo che, sebbene non concordiamo con l'altra persona *lasciamo correre finché non si convincerà che abbiamo ragione*. Alle volte ci riferiamo all'emozione della tolleranza e della *accettazione* in modo intercambiabile ma le due sono molto diverse. Questo perché l'accettazione è il riconoscere ciò che è e non sentire il bisogno di cambiarla (al massimo rivolgeremo altrove le nostre energie). Nell'essere tolleranti vogliamo che l'altra persona, o

Capitolo 3: Il significato delle emozioni

una determinata situazione, cambino e aspettiamo che questo accada. Entrambe hanno a che fare con la nostra capacità di *lasciare correre* ma la tolleranza ci consente di farlo per un tempo molto inferiore. Significa, letteralmente, *tenere duro*.

- **Tracotanza**: la parola tracotanza ha origini greca e significa *presunzione verso gli Dei*. In altre parole, chi agisce in modo tracotante si immagina al di sopra degli altri uomini e più simile a un Dio. Da questo ne derivano azioni che sono imprudenti e che comportano fallimenti quando quella stessa persona si rivela umana, dopo tutto. La tracotanza è più forte dell'*arroganza* che significa semplicemente il credersi migliore degli altri (moralmente o per altri aspetti). Il valore della tracotanza è il comprendere i nostri limiti quali esseri umani e questo la rende un'emozione estremamente attraente e che l'ha resa adatta alla composizione di molte opere classiche.

- **Tradimento**: sentirsi traditi arriva dal nostro credere che qualcuno ci abbia intenzionalmente e segretamente *consegnato al nemico*. Quando scopriamo l'inganno, ecco che ci sentiamo traditi. Lo scopo dell'emozione è di aiutarci a distinguere le persone leali da coloro non lo sono, con noi. Ci indica a chi possiamo credere e a chi no.

- **Tristezza**: la tristezza è un'emozione che, di solito, non accogliamo benevolmente. Quando ci capita di viverla, proviamo spesso a distrarci o quantomeno questo è quello che i nostri amici provano a fare. Se dalla tristezza prendiamo il messaggio che ci sta inviando questo potrebbe essere che *abbiamo perso qualcosa al quale tenevamo*. È da questo messaggio che possiamo comprendere quanto sia essenziale, come emozione, per capire cosa conti per noi. Se sono triste perché ho danneggiato la mia auto in un incidente, questo mi sta dicendo che probabilmente prima ne apprezzavo la bellezza o l'utilità, quotidianamente. O, diversamente, potrebbe voler porre l'accento sul fatto che ora, dovendo pagare un aumento del premio assicurativo, non potrò spendere quel denaro come desideravo, più liberamente. Se un amico, con il quale prendo un caffè una volta al mese, cambia città, potrei essere triste per aver perso la possibilità di altri incontri. Non ho perso il mio amico, né la possibilità di bere caffè, ma solo la specifica modalità di fare qualcosa, che era importante per me. C'è una grande connessione tra *paura* e tristezza perché si teme che l'essere tristi troppo a lungo possa portare alla *depressione*. Ontologicamente questa non è una preoccupazione, generalmente, in quanto la depressione è vista come un'emozione più vicina all'*apatia*. Questo è un esempio del perché può essere utile avere una chiara distinzione delle emozioni.

- **Umiliazione**: significa *essere resi umili* cioè ricordarsi chi e cosa si è. L'imbarazzo o la vergogna che proviamo nell'umiliazione è connessa con il fatto che abbiamo preteso di essere più di ciò che siamo finché non ci rendiamo conto dei nostri limiti. Spesso diciamo *mi hai umiliato* ma in realtà siamo stati noi a pretendere di essere più di ciò che siamo e così abbiamo creato la situazione. L'altra persona ha semplicemente svelato la verità. L'umiliazione è un'emozione che ci rende consapevoli delle nostre abilità e limiti.

- **Umiltà**: questa è un'emozione con una forte interpretazione tradizionale che gli autori trovano poco utile. Spesso pensiamo all'*essere umili* come al porci al di sotto degli altri o pensare di essere inferiori agli altri. Questa è l'*ossequiosità*. Un'interpretazione più utile dell'umiltà è *chiarire ciò che siamo*

Capitolo 3: Il significato delle emozioni

e ciò che non siamo. In altre parole, l'umiltà è darsi una forte identità, essere con i piedi per terra. La radice latina significa *sulla terra* che è in linea con la sua interpretazione. Interpretandola in questo modo, l'umiltà è un potente strumento per aiutare le persone a sviluppare il loro senso di autostima e dignità. Significa anche ricerca costante dell'allineamento di se stessi alle proprie vere capacità, competenze e caratteristiche. Questo porta gli altri a crederci sinceri in quanto non nascondiamo nulla e non pretendiamo di essere ciò che non siamo. L'umiltà può essere anche immaginata come un'assenza di pretese. Un'opportunità aperta da questa interpretazione è che l'orgoglio non è insensato a fianco dell'umiltà. Quando facciamo qualcosa che riteniamo buono e vogliamo condividerlo possiamo concederci di essere orgogliosi sapendo che non ci stiamo vantando o non stiamo pretendendo di essere più di ciò che siamo.

- **Vergogna:** la vergogna è l'emozione che si prende cura della nostra identità in pubblico. È un'emozione che monta quando siamo consapevoli di non aver ottemperato alle regole della nostra comunità. La nostra predisposizione è quella di nasconderci. Questo non significa necessariamente che ciò che abbiamo fatto sia eticamente o moralmente sbagliato ma sicuramente lo è per la comunità della quale facciamo parte. Questo è particolarmente importante per capire meglio le dinamiche di un insieme di persone, una cultura o i popoli delle nazioni. Se la regola tra un gruppo di persone è di *prendere tutto il possibile, al di là delle conseguenze*, questo descrive l'emozione dell'avidità e l'agire in questo modo, all'interno di una comunità, non provocherà vergogna. Piuttosto, potrà essere vero l'opposto, altrove. Quindi la vergogna ha l'importante ruolo di rafforzare la cultura di un gruppo e di mantenere allineati i comportamenti.

- **Vulnerabilità**: se aiutare significa *supportare, soccorrere, beneficiare, fare del bene, curare, correggere,* quando viviamo la storia dell'incapacità di fare quanto sopra, viviamo l'emozione della vulnerabilità. Quando ci sentiamo vulnerabili non agiamo perché crediamo di non essere capaci di aiutare noi stessi o gli altri. Come nel caso di altre emozioni, potrebbe non essere vero che non siamo capaci di cambiare la situazione ma crediamo fortemente in questo.

Una nuova visione dell'ansia

L'apprendimento emotivo che mi è stato più utile riguarda l'ansia e la distinzione che ho imparato tra ansia, paura e dubbio. Ho vissuto con molta ansia, per la mia salute e per il mio futuro. L'ansia può essere definita come "la paura per una minaccia ignota". Quello che ho imparato da Dan è riflettere e cercare di capire se sia possibile trasformare quell'ansia in paura o dubbio. Cambiando l'ansia in paura per qualcosa di specifico è possibile agire per disattivare o mitigare il rischio specifico. Trasformando l'ansia in dubbio, posso rendermi conto che si tratta di qualcosa che non ho mai fatto prima e quindi quel dubbio non è qualcosa di negativo. Posso, poi, far fede sul mio coraggio per andare avanti ed esplorare questo nuovo territorio. Ora vedo l'ansia come il punto di partenza piuttosto che un luogo in cui sono incastrato, una chiamata ad agire per capire cosa stia causando quell'emozione.

-C.R.

Capitolo 3: Il significato delle emozioni

Portare le emozioni nel mio insegnamento

Sono un coach per lo sviluppo di profili manageriali e sono stato allenato in modo tradizionale, usando la conversazione, come strumento principale. Non credevo di poter introdurre le emozioni nella mia attività soprattutto perché le nostre lezioni si tenevano in sale riunioni con pareti di vetro e tanti collaboratori che potevano guardare. Non avrei saputo cosa fare se la persona che stavo seguendo si fosse arrabbiata o avesse iniziato a piangere. Quello che ho iniziato ad imparare con Dan e Lucy è che lavorare con le emozioni è molto più delicato che gestire qualcuno che scoppia in lacrime.

Ho imparato che ascoltare le emozioni specifiche di chi avevo di fronte mi ha consentito di poter fare domande sulla loro interpretazione degli eventi. Poi, insieme, ci è stato possibile interpretare ciò che era vero, un po' più in generale, o in una visione strettamente personale. In questo modo è stato possibile cambiare le loro emozioni e affrontare i problemi in modo molto diverso. Per me questo è stato un grande miglioramento ai miei metodi e ai miei strumenti. Io ho potuto insegnare in modo più efficiente e, per quanto dicono le persone che aiuto a migliorare, anche chi impara conosce se stesso meglio, da un punto di vista emotivo. Come nota a margine, ora seguo persone che mi chiedono specificatamente di essere seguite sugli aspetti emotivi perché la riconoscono quale un'area di debolezza. In questo dominio anche piccoli passi fanno una grande differenza.

-M.O.

Capitolo 4

GRUPPI DI EMOZIONI

Alcune emozioni sono molto simili e possono essere facilmente confuse. Qui le raggruppiamo perché le stesse emozioni possono essere immaginate in gruppi, *gruppi di emozioni*. Si tratta di emozioni distinte ma che, solitamente, si vivono contemporaneamente o entro le quali è relativamente facile muoversi. Questo succede perché spesso l'esperienza che viviamo, per ogni emozione all'interno del gruppo, è molto simile. Il modo per distinguerle è analizzare la storia sottintesa e il messaggio che vogliono darci. Può anche capitare, però, che la distinzione si possa trovare nella differente predisposizione, che caratterizza un'emozione piuttosto che un'altra.

In questa sezione andremo a descrivere brevemente come queste emozioni si possano collegare le une alle altre. Si noti che questo è un quadro generale che costituisce la base per un lavoro più profondo e dettagliato. Un singolo gruppo di emozioni può essere argomento di discussione per diverse sedute, attraverso l'apprendimento delle differenze, prima, e la pratica nella vita reale, dopo.

Quelli che seguono sono i gruppi che troviamo più comuni, nel nostro lavoro.

Le Conseguenze delle Emozioni

■ **Gioia ed Eccitazione:** la differenza principale fra queste due emozioni è nei livelli di energia che le caratterizzano e la sostenibilità degli stessi. La gioia può essere immaginata come *un profondo senso di benessere* mentre l'eccitazione è *un'attività con un'elevata energia*. Sono entrambe stereotipate quali emozioni *positive*, che cerchiamo di vivere. Al giorno d'oggi cerchiamo più l'eccitazione che la gioia. Ontologicamente la gioia è sostenibile indefinitamente mentre l'eccitazione no, avendo bisogno di livelli di energia sempre crescenti. Questa tendenza verso l'eccitazione è evidente negli sport estremi, sempre più prediletti nella nostra società. La gioia è un'emozione più comune negli introversi mentre l'eccitazione lo è negli estroversi. Questo ha da sé un senso, dato che gli introversi cercano soddisfazione in attività che abbiano un significato per loro stessi mentre gli estroversi trovano soddisfazione attraverso stimolazioni e interazioni esterne. Detto ciò, non è poco comune che gli introversi cerchino di comprendere cosa sia l'eccitazione e cerchino di viverla, e che, al contrario, gli estroversi cerchino di comprendere, in modo più profondo, cosa sia la gioia.

■ **Dolcezza, Erotismo e Passione**: le tre sono spesso confuse e tutte connesse alla sessualità. La dolcezza è il desiderio di creare sicurezza, l'erotismo è quello di diventare una sola cosa con l'altro, o l'altra, e la passione è il voler essere connessi intensamente. Delle tre, l'erotismo è quella più affine al sesso perché c'è la voglia di diventare una cosa sola con l'altra persona. Tuttavia, al fine di una comprensione completa di questa emozione dobbiamo considerare che l'erotismo è quella stessa emozione che porta le persone a meditare, portandole più vicine alla natura o all'arte. Il cuore di quest'emozione è il voler diventare *un tutt'uno con altro*. La dolcezza si rivela dopo che il nostro bambino cade e risollevandolo, senza pensarci, lo abbracciamo. L'abbraccio in sé è un atto che crea uno spazio sicuro, tra le

Capitolo 4: Gruppi di Emozioni

nostre braccia, e che separa il bambino da un mondo che è percepito come insicuro. Passione significa, letteralmente, *soffrire* o l'*avere un profondo desiderio di avvicinarsi*. La passione può essere religiosa, artistica, romantica o erotica. Essere capaci di vedere le tre emozioni, nelle loro complete espressioni, ci consente di trarne grande arricchimento, per la nostra vita.

■ **Ansia, Paura e Dubbio**: sono tre emozioni le cui sensazioni ci sembrano molto simili e che, quindi, confondiamo. Per ognuna delle tre, assumiamo un'espressione preoccupata, abbiamo un senso d'*affanno* ed esitiamo. Si tratta, però di emozioni con storie diverse. Provare ansia significa che c'è *qualcosa che potrebbe farmi del male ma non sono sicuro di cosa sia, esattamente*, paura significa che *so che c'è qualcosa, so esattamente cosa, che mi farà del male* e dubbio significa *non so cosa succederà perché non ho mai vissuto questa esperienza*.

Quando dobbiamo fare una presentazione ad un gruppo di un centinaio di persone, quale delle emozioni sopra presentate ci pervaderà? Se è la prima volta che abbiamo di fronte un gruppo così grande, o se si tratta di un nuovo argomento, probabilmente è *dubbio*. Se invece in passato siamo stati messi in ridicolo, in pubblico, può essere che sia *paura*. Se, semplicemente, non ci sentiamo a nostro agio e iniziamo a pensare continuamente al fatto che dovremo parlare in pubblico potremmo essere pervasi dall'ansia. Nessuna di queste emozioni fa piacere al più delle persone quindi perché impegnarsi a comprenderle? Non sarebbe meglio evitarle? Perché il problema, nell'ignorarle, è che ignoreremmo una parte di noi stessi che sarebbe come voler dissociarsi dal nostro io. Invece, se impariamo a comprendere cosa vogliano dirci possiamo navigarle e trarne persino un supporto.

Il *dubbio* mi dice che *sono in un nuovo territorio e quindi non devo dar per scontato di sapere o di essere preparato*. Se penso all'esempio della presentazione in pubblico, una volta che ho ascoltato ciò che il dubbio mi sta suggerendo, posso riconoscere di essere in un territorio nuovo e prestare maggiore attenzione agli ultimi dettagli, cosicché la buona riuscita possa consentirmi di essere grato a quel dubbio ed a come mi abbia reso più forte e sicuro. La *paura* mi avvisa di un qualcosa di specifico che potrebbe accadermi, basato sull'esperienza passata. Un modo di distinguere la paura dal dubbio è chiedermi: *questa situazione è uguale ad una nel passato? Sono la stessa persona che ero? C'è una possibilità reale che quello che m'è successo possa ricapitare? Cosa potrei fare perché non accada? Come posso prepararmi?* L'ansia mi sta dicendo di considerare che ci sono cose che non posso identificare ma che potrebbero disturbarmi, o danneggiarmi. Perciò in questo caso le domande che può aver senso farsi sono: *c'è qualcuno al quale posso chiedere consiglio riguardo ciò che mi manca, nella mia preparazione? Come posso vedere ciò che al momento mi sembra invisibile?* Ognuna di queste emozioni esiste per una sua specifica ragione e, a suo modo, cerca di prendersi cura di noi. La ragione per la quale queste emozioni sono poco confortevoli è che vogliono attrarre la nostra attenzione. Se mi sentissi bene, o persino se mi fossero indifferenti, non vi presterei la stessa attenzione. La scomodità ha uno scopo che, in ultimo, è quello di supportarci.

- **Coraggio e Audacia**: il coraggio è l'abilità di agire in presenza di paura e l'audacia è l'entrare in azione quando si percepisce pericolo. In un certo senso potremmo pensare al coraggio come l'emozione che ci serve per affrontare la paura mentre l'audacia come quella che ci consente di muoverci liberamente in situazioni di pericolo. La radice di ognuna ci dà un'ulteriore indicazione sulla loro distinzione. La parola coraggio trova la sua radice in *cuore* mentre l'audacia nelle parole *forza* e *confidenza*.

Capitolo 4: Gruppi di Emozioni

- **Servizio e Sacrificio**: le emozioni del servizio e del sacrificio sono entrambe concentrate sul prendersi cura degli altri. È una vera e propria sfida riuscire a distinguere queste due emozioni che, in prima analisi, potrebbero sembrare molto simili. La differenza chiave, ontologicamente, è ciò che l'agire provoca su chi sta donando (il proprio tempo, ad esempio). C'è chi nel donare viene nutrito, energizzato. L'agire può provocare stanchezza ma *ci riempie di qualcosa*. Il sacrificio, invece, ci svuota. Siamo liberi di agire, nel sacrificio, ma non si tratta di un'attività sostenibile, nel lungo termine.

  Un esempio è quello del donare la propria vita per salvarne un'altra, ad esempio, in tempo di guerra. Chiamiamo questo l'*estremo sacrificio*. Risulta chiaro che in questo atto ciò che succede è che chi si sta sacrificando lo sta facendo in un modo, evidentemente, non sostenibile. La differenza, quindi, tra servizio e sacrificio è proprio nella sostenibilità. Capita di stupirsi guardando a realtà nelle quali persone che amano il proprio lavoro, prendendosi cura degli altri, arrivino a fine giornata esausti o, persino, colme di risentimento ma senza che prendano atto che ci sia qualcosa da cambiare, rivedere. Perché accade anche quando quelle stesse persone hanno deciso di dedicare anima e corpo a quel lavoro e credono sia la cosa giusta da fare? Eppure si tratta di qualcosa di comune tra genitori, insegnanti, medici o operatori sociali. La risposta è che queste donne e questi uomini preziosi non vedono la distinzione tra servizio e sacrificio: dicono a se stessi di servire il prossimo ma in realtà si stanno sacrificando. Non conoscendo la distinzione tra queste due emozioni, usiamo le due parole in modo interscambiabile.

- **Orgoglio e Arroganza**: l'orgoglio è un'emozione che crea conflitti emotivi in molte persone. Da un certo punto di vista, siamo orgogliosi dei nostri bambini o del nostro lavoro ma, al tempo stesso, vediamo questa emozione all'opposto dell'umiltà. E, a proposito d'umiltà, si legge che "Prima della rovina, il cuor dell'uomo s'innalza, ma l'umiltà precede la gloria" (da Proverbi 18:12). Dovremmo, quindi evitare di *inorgoglirci*? Parte di questa confusione può derivare dal fatto che confondiamo l'arroganza con l'orgoglio mentre queste sono emozioni diverse, e non ne siamo totalmente consapevoli. Ontologicamente orgoglio significa *aver fatto qualcosa di valore e volerlo comunicare agli altri*. L'arroganza è il credere di aver fatto qualcosa che ci rende migliore degli altri (e il renderlo pubblico non è necessario). L'arroganza ha, quindi, quest'elemento di superiorità che è in più, rispetto all'orgoglio.

L'orgoglio, a differenza dell'arroganza, non è un'emozione che ci pone al di sopra degli altri ma vuole semplicemente farci esprimere ciò che crediamo d'aver fatto di buono. A lungo è valsa un'interpretazione tradizionalista, sia nel Cattolicesimo che nel Protestantesimo, secondo la quale l'orgoglio debba essere un'emozione da evitare, perché peccaminosa. La parola *orgoglio* deriva dalla traduzione di un testo greco del quarto secolo. Oggi, quella stessa parola verrebbe tradotta in *vanto* al fine di rispecchiare un concetto più vicino a quello di arroganza. Data questa interpretazione storica, che risulta in una mancanza di distinzione ancestrale tra orgoglio e arroganza, molte persone pensano che ci sia qualcosa di sbagliato nel condividere ciò che ritengono d'aver fatto di buono. Analogamente, l'ascoltatore può essere portato a non riuscire a distinguere una persona orgogliosa da una arrogante. Una reinterpretazione di queste due emozioni può aiutare a superare questa difficoltà.

- **Colpa e Vergogna**: colpa e vergogna sono emozioni che, tendenzialmente, cerchiamo di evitare perché non piacevoli. Se riusciamo ad accettare che

Capitolo 4: Gruppi di Emozioni

questa spiacevole sensazione è il loro modo di attrarre la nostra attenzione allora potremmo scoprire che la colpa ci rivela che abbiamo trasgredito ai nostri valori mentre la vergogna che abbiamo mancato ai valori della nostra comunità. Il messaggio importante che ci perdiamo, nell'ignorare o nel nascondere a noi stessi queste emozioni, dicendoci semplicemente *mi sento a disagio*, è il ventaglio dei nostri valori forti e il rafforzamento degli stessi. La colpa e la vergogna aumentano la nostra consapevolezza per quelli che sono i nostri valori e di quelli della nostra comunità marcando quali siano i confini che non dobbiamo (vogliamo) superare.

La colpa e la vergogna sono buoni esempi di emozioni capaci di generare ulteriori emozioni e di auto-alimentarsi. Ad esempio, ci isoliamo perché non vogliamo condividere il nostro senso di colpa in quanto questo confermerebbe che siamo andati contro le regole della nostra comunità. È importante imparare lo schema per il quale una emozione potrebbe celarne un'altra in quanto l'emozione primaria può essere facilmente mascherata non consentendoci, in questo modo, di cogliere il messaggio principale. Per esempio, se ci sentiamo vittime di un'ingiustizia la nostra reazione sarà provare rabbia più e meno subito nascosta da un senso di vergogna in quanto nella nostra cultura la rabbia è un'emozione non ben vista.

- **Ottemperanza e Impegno**: qui ci si riferisce a due emozioni spesso confuse. Ottemperare significa *fare qualcosa perché credo di non avere altra scelta*. Impegnarsi significa *investire tutte le proprie risorse nel farlo perché l'ho scelto*. Si tratta di una distinzione molto importante in particolar modo per quanto riguarda una promessa. L'ottemperanza può essere sufficiente per garantire l'esecuzione di una richiesta relativamente semplice, ad esempio quando chiediamo ad un cameriere di portarci del sale, ma in situazioni più complesse potemmo aver bisogno di un coinvolgimento più completo, di impegno. L'impegno più grande consegue quando chi s'impegna ritiene l'attività tanto importante quanto chi l'ha richiesta. Bisogna ricordare che persino una promessa mossa da un impegno completo e sincero non può avere sempre e comunque un successo garantito. L'impegno, oltre ad essere una emozione, è anche una competenza. Generalmente, diamo per scontato che chiunque sappia impegnarsi istintivamente ma, in realtà, si tratta di qualcosa che abbiamo imparato. Quando non vediamo impegno nell'altro, sia come emozione che come competenza, allora, se siamo la guida del gruppo, dovremmo intraprendere la strada dell'insegnamento di questo aspetto, vago e difficoltoso della vita.

- **Indignazione e Rabbia**: queste sono altre due emozioni che spesso confondiamo. La rabbia, ovviamente, ci è molto familiare mentre tendiamo a saperne meno dell'indignazione. La rabbia è una delle emozioni che cerchiamo di controllare con più energia in quanto la percepiamo come pericolosa, per noi stessi e per gli altri. È un'emozione che si mostra quando viviamo qualcosa che ci sembra ingiusto e pertanto siamo predisposti a punire la fonte dell'ingiustizia. Un bambino che colpisce il proprio genitore, che magari gli ha negato un gelato, è mosso da rabbia. Un compagno, o una compagna, che si chiude nel silenzio per punire l'altro, o l'altra, è mosso dalla rabbia. Questi due esempi si riferiscono ad un soggetto che prova rabbia verso qualcun altro. Invece, se arrabbiati con noi stessi, convogliamo questa energia nel punirci. A contrastare tale rabbia verso noi stessi può giungere in soccorso la *dignità* che è l'emozione che si genera quando siamo convinti del nostro *essere, legittimo, con doveri e responsabilità, come ogni altro*. L'indignazione è l'emozione che ci consente di riconoscere le violazioni dei nostri confini e di difenderli. Nell'indignazione non c'è il desiderio di punire l'altro ma quello di difendere noi stessi.

Nessuna delle due emozioni, indignazione e rabbia, richiede grandi gesti o drammaticità, sebbene spesso la rabbia sia espressa con più teatralità rispetto all'indignazione. C'è infatti, peraltro per ogni emozione, una differenza tra l'emozione in sé (e l'energia associata alla storia che l'accompagna) e la drammaticità con cui quella stessa emozione si manifesta (ovvero il livello di energia che usiamo per esprimere all'esterno quell'emozione). La rabbia è un'emozione che più di altre può essere vissuta con poca drammaticità (si parla ad esempio di *rabbia nascosta*) o in modo molto evidente. L'indignazione, invece, ci chiama al raccoglimento in modo tale da facilitare la raccolta di pensieri utili ad organizzare la nostra difesa. In generale, non dovremmo credere al fatto che una grande drammaticità sia la prova di un'emozione più intensa. Tornando ai concetti di rabbia e indignazione, credere che la prima sia pericolosa, e quindi forzarci ad evitarla, non ci consente di riflettere su ciò che l'ha causata, scoprire il motivo della nostra indignazione che è utile a proteggere la nostra identità. In ambienti nei quali la rabbia è praticamente vietata (si pensi alle realtà organizzative) si può arrivare a dei veri e propri punti di rottura, quando il soggetto non riesce più a tollerare il valicare dei suoi confini.

- **Empatia, Simpatia, Compassione e Pietà**: queste quattro emozioni sono usate, di solito, in modo intercambiabile e viste come la stessa cosa. In realtà, non lo sono. L'empatia è la capacità di condividere, o di vivere, l'emozione che pervade l'altra persona; la simpatia è la capacità di richiamare alla propria attenzione l'emozione che osserviamo nell'altro, la compassione è la capacità di essere vicini all'altra persona senza però

Le Conseguenze delle Emozioni

vivere o giudicare la sua emozione; la pietà è l'essere consapevoli dell'emozione dell'altra persona al fine di capire che ha bisogno del nostro aiuto in quanto ci troviamo in una posizione di forza. Sono emozioni che hanno ruoli diversi, nelle relazioni umane. L'empatia ci serve quando un amico è estremamente triste e vogliamo esservi connessi, emotivamente. La simpatia ci consente di comprendere l'emozione dell'altra persona il che ci aiuta a decidere quale sia l'azione più appropriata da compiere. La compassione ci consente di riconoscere la legittimità dell'emozione altrui senza però *esserne preda* e quindi è estremamente utile, ad esempio, al fine di sviluppare competenze manageriali. La pietà ci segnala che gli altri hanno bisogno del nostro aiuto. Ad esempio, quest'emozione si attiva nel vedere un cane ferito da un'auto oppure, più in generale, quando riconosciamo che senza il nostro supporto chi abbiamo difronte potrà soffrire, o persino morire. Pietà e compassione, in particolare, possono essere provate anche nei confronti di noi stessi. Nel caso della pietà, questo significa comprendere che non possiamo andare avanti senza un aiuto esterno mentre nella compassione significa rispettare le proprie emozioni senza giudicarle o provare a cambiarle. In quest'ultimo caso, compassione e auto-accettazione hanno un significato molto simile.

Ognuna delle quattro emozioni descritte sopra ha i propri limiti. L'empatia non è disponibile in tutte le situazioni. Ad esempio, un uomo potrebbe non essere realmente capace di empatizzare con una madre il cui bambino è morto. Quale genitore potrà provare simpatia se ha subito una perdita simile ma, non avendo provato le esperienze della gestazione e del dare alla luce un essere umano, la vera empatia non sarà, per lui, raggiungibile. Questo non significa che quell'uomo non possa comprendere ma che può farlo in un modo diverso. In alcuni casi non ci è possibile vivere la simpatia perché non ci è capitata un'esperienza simile. Ad esempio, se

Capitolo 4: Gruppi di Emozioni

non ho mai passato una notte all'addiaccio, non potrò provare simpatia per le emozioni relative che sono vissute da un senzatetto. La compassione richiede che io sia capace di mantenere la mia sfera emotiva mentre, allo stesso tempo, accetto e riconosco quelle dell'altra persona. Quest'ultima è una competenza che non è affatto comune, spontaneamente.

- **Rabbia, Frustrazione e Risentimento**: la rabbia ci informa che stiamo vivendo qualcosa che ci sembra ingiusto. La frustrazione è la storia del *sarebbe dovuto già accadere* mentre il risentimento è ciò che ci fa dire che *non dovrebbe andare in questo modo*. La rabbia ci predispone a punire, la frustrazione a guardare a modi diversi per andare avanti e il risentimento a rivendicare con forza ciò che riteniamo più giusto, magari vendicandoci. Il primo passo per navigare in ognuna di queste emozioni è il rimuovere l'interpretazione morale (è giusto che le cose stiano procedendo in modo diverso?) e analizzare l'emozione per ciò che è. Se siamo arrabbiati la risposta efficace sarà quella di agire allo scopo di rimuovere la fonte dell'ingiustizia. Se siamo frustrati allora potremmo doverci chiedere secondo quali informazioni ci stiamo convincendo, o eravamo convinti, che le cose dovessero *andare più velocemente*. Comprendere che il nostro punto di vista potrebbe essere infondato, o basato su una certa ingenuità, può portarci ad accettare la situazione. Accettare che le nostre aspettative potessero essere infondate può portare a districare la matassa del risentimento. L'accettazione, quindi, è un'emozione che può essere utile al fine di muovere energie dal risentimento o dalla frustrazione verso l'esplorazione di strade alternative, più veloci.

- **Tristezza, Pentimento e Disappunto**: la tristezza è lì per enfatizzare a noi stessi la perdita di qualcosa alla quale teniamo. È la tristezza l'emozione che ci consente di avere chiaro quel qualcosa al quale non abbiamo più accesso e del quale potremmo aver trascurato l'importanza. Ad esempio, l'improvvisa distanza che nasce tra noi e un amico, con il quale ci piaceva passare del tempo, può portarci ad essere tristi. L'emozione, però, potrebbe scaturire non per l'amico in sé ma per ciò che noi stessi riteniamo d'aver perso: la sua compagnia. È in casi come questo che, solitamente, trascuriamo la vera fonte della nostra emozione.

Pentirsi significa desiderare d'aver fatto qualcosa in modo diverso, in passato, in quanto ipotizziamo che questo avrebbe potuto rendere la mia vita migliore. In realtà, si tratta di qualcosa che non possiamo sapere: la situazione sarebbe potuta anche essere peggiore di quella attuale. Accettare l'impossibilità di prevedere la lunga catena di cause e conseguenze è un modo che ci consente di alleggerire il pentimento. Un punto interessante è quello per il quale, posto che oggi ci diciamo che avremmo potuto scegliere diversamente, dato il nostro io del passato e le informazioni che avevamo, in realtà non avremmo potuto fare un'altra scelta. Questo può portare alla conclusione che, in realtà, il pentimento sia un'emozione tendenzialmente infondata. Se la voglia di fare una scelta diversa deriva da come siamo ora (tra l'altro secondo un percorso di vita passato per la scelta fatta) che logica potrà mai esserci nel pentirsi di quella che di fatto era l'unica scelta possibile? L'attuale senso di pentimento è d'altro canto importante al fine di crescere e rafforzare la creazione di un nuovo io.

Disappunto. *Appunto* passa dal francese antico *essere pronti o organizzarsi* e, ovviamente, *dis* significa *non esserlo*. Ontologicamente, essere in disappunto significa che la vita che stiamo vivendo non è quella che avremmo voluto: non sta succedendo ciò che ci aspettavamo. Questo accade perché costruiamo continuamente le nostre *visioni del futuro* dalle quali derivano da due aspetti: l'uno riguarda le promesse che facciamo a noi stessi e agli altri e l'altro è l'aspettativa di poter cogliere le possibilità che percepiamo. Si tratta di esperienze e storie che generiamo e che in parte ci vengono inspirate dagli altri. Quando una promessa non è attesa, o l'esperienza che viviamo non è quella che ci aspettavamo, l'emozione che affiora è il disappunto. Il messaggio che molte persone colgono, in tal caso, è che ci sia *qualcosa di sbagliato* ma ontologicamente questo significa che *la vita non si sta svolgendo come ci aspettavamo*. Se l'aspettativa mancata ha origine in una promessa non mantenuta allora un passaggio importante potrebbe essere chiarirsi con chi ci ha fatto quella promessa. Invece, se la mia aspettativa deriva dalla mia immaginazione, allora dovrò assumermi la responsabilità di aver creato un qualcosa che semplicemente non è divenuta la realtà.

■ **Desiderio e Amore**: ontologicamente, desiderare significa tendere ad avvicinarsi ad una persona della cui compagnia proviamo piacere. Può essere un piacere mentale o fisico ma, in entrambi i casi, vi è qualcosa che apprezziamo in tale interazione. L'amore ha molte interpretazioni ma quella che ci sembra più appropriata, ontologicamente, è che *l'amore è l'abilità di accettare qualcuno per ciò che è e riconoscerlo come legittimo, nella sua interezza*. Nell'amore possiamo immaginare la combinazione di emozioni come l'*accettazione*, la *dignità* e il *rispetto* perché è la combinazione di queste emozioni che comportano il riconoscimento dell'altro per ciò che è, riconoscendone la dignità. Significa riconoscere la completezza dell'altra persona, separata e indipendente, da noi. In questo senso si può capire che amare qualcuno non significa che avremo sempre piacere a condividere tempo con lui, o lei, ma che rispettiamo e onoriamo l'altro come noi stessi. In base a questa chiave interpretativa, è possibile amare ogni persona, persino quando non ci piace o non desideriamo l'altrui compagnia. È possibile, del resto, ritrovarsi a vivere relazioni nelle quali ci sono amore e desiderio, l'una o l'altra emozione o, magari, nessuna delle due.

- **Fiducia e Simpatia**: molte volte chi guida un gruppo cerca di creare un clima di simpatia reciproca. In tal senso, si organizzano gite ed eventi al fine di incoraggiare i dipendenti a piacersi gli uni con gli altri. È interessante notare che la fiducia non ha nulla a che fare con il fatto che l'altra persona ci piaccia o meno e quindi l'una può esistere senza l'altra. Il fatto che ci piaccia qualcuno significa che ci fa piacere passarci del tempo insieme. Fidarsi di qualcuno significa che abbiamo voglia di interagirci. Se prendiamo l'esempio di un tassista, possiamo capire facilmente che abbiamo bisogno di fidarci già al solo fine di entrare in auto. Fiducia significa credere che l'altra persona sia sincera, competente e affidabile mentre non significa che debba piacerci. Tornando all'esempio precedente, è molto probabile che non abbiamo mai incontrato prima quel tassista per cui il fatto che ci piaccia passarci del tempo insieme, che ci sia simpatico, non è nel ventaglio delle emozioni necessarie. Se abbiamo modo di conoscere quel guidatore durante il tragitto questa può essere una condizione piacevole e desiderabile ma, in realtà, questa combinazione non è necessaria affinché ci si convinca ad entrare in auto e farci trasportare da un posto all'altro. Capita di avere amici che ci piacciono ma dei quali non ci fidiamo. Ci fa piacere passare del tempo con loro ma non gli affideremmo granché.

Al fine di prendere decisioni utili, è importante, in tutte le situazioni, saper distinguere tra persone con le quali c'è affinità e persone delle quali ci possiamo fidare. Questo è vero anche all'interno di una organizzazione dove è necessario che ci sia e si sviluppi fiducia mentre, spesso, le persone pongono più attenzione nel piacersi reciprocamente. Credono, del resto,

Capitolo 4: Gruppi di Emozioni

che questo sia l'unico modo per creare e rafforzare le interazioni. È pur vero che se *piaciamo al capo* le compensazioni potrebbero arrivare più facilmente e sta a noi scegliere quanto e come investire in questo ambito. Chiediamoci, anche, nella relazione con un figlio o una figlia, è più importante che ci sia fiducia o che ci sia simpatia? Tendenzialmente cerchiamo di piacerci reciprocamente perché, se ricambiati, lo interpretiamo come un segno d'amore (vedi sopra). Questo segnale, da solo, non costruisce quella fiducia che è necessaria per poter interagire con sicurezza.

- **Ambizione ed Entusiasmo**: l'energia espressa e il modo in cui il nostro corpo mostra queste due emozioni possono sembrare molto simili, portandoci a confonderle. Essere ambiziosi significa entrare in azione per poter raggiungere qualcosa che vogliamo, per noi stessi. Essere entusiasti deriva dal greco *en theos* ovvero *essere connessi agli Dei*. L'ambizione, come emozione, ha molto più a che fare con l'essere umano mentre l'entusiasmo porta il nostro impegno a concentrarsi su una causa più grande di noi. Questo fa una grossa differenza in termini di capacità di sostenere quello stesso l'impegno e l'attenzione necessaria. L'ambizione può estenuarci, perché l'energia deriva dal nostro essere, e consumarci. L'entusiasmo, no.

- **Meraviglia e Soggezione**: da adulti perdiamo la connessione con queste emozioni. I bambini vivono la meraviglia spesso, come un qualcosa che fa naturalmente parte delle proprie interazioni con quella parte del mondo che non conoscono ancora. Meraviglia e soggezione si mostrano quando incappiamo in qualcosa che non conosciamo e che percepiamo come più potente di quanto ci aspettassimo. Entrambe riguardano, quindi, qualcosa che va oltre il quotidiano, sebbene la meraviglia non comporta quel senso di paura (alle volte persino terrore) legato alla soggezione. Tendiamo spontaneamente ad avvicinarci a qualcosa di meraviglioso e ad allontanarci da ciò che ci soggeziona.

In uno studio pubblicato nel 2015, Dacher Keltner, professore di psicologia a Berkley, sostiene che provare meraviglia diverse volte alla settimana ha un impatto pronunciato su alcuni marker infiammatori, contribuendo così alla salute fisica. È difficile dire se la nostra interpretazione della meraviglia sia in linea con quella di Keltner ma il suo studio è importante perché traccia una linea di congiunzione tra emozioni e salute che è troppo spesso dimenticata[2].

Oltre i possibili benefici fisici, essere maggiormente connessi con meraviglia e soggezione ci può consentire di uscire più facilmente dalla noia, quando crediamo di aver compreso tutto quello che ci circonda e ne siamo stanchi.

■ **Gelosia e Invidia**: queste sono emozioni che sono spesso correlate e confuse perché, probabilmente, sono caratterizzate entrambe da storie a tinte forti. Gelosia e invidia rientrano in quelle che consideriamo cattive emozioni e quindi ci sentiamo a disagio nel riconoscerle, quando le proviamo. Gelosia significa *avere paura di perdere qualcosa a cui teniamo*. Invidia significa *c'è qualcosa che vorrei nella mia vita*. Un'invidia profonda può portarci a pensare di meritare più di ciò che ha qualcun altro e spingerci a sottrarlo all'altro. Come per colpa e vergogna, le emozioni della gelosia e dell'invidia contengono messaggi che spesso sovrapponiamo. Quando ci diciamo o dichiariamo ad altri che qualcosa o qualcuno è *l'oggetto del nostro deside-*

---

[2] Gretchen Reynolds, "An Upbeat Emotion That's Surprisingly Good for You," New York Times Magazine, March 29, 2015, http://mobile.nytimes.com/blogs/well/2015/03/26/an-upbeat-emotion-thats-surprisingly-good-for-you/?

Capitolo 4: Gruppi di Emozioni

rio, stiamo esprimendo invidia. Potrei ascoltare questo messaggio in modo costruttivo e iniziare a pensare a come creare qualcosa di simile, per me, in modo creativo. Questo perché, in realtà, ciò che l'altro ha, o ciò che è, non potrà calzare nella mia vita, sebbene sia spesso ciò che crediamo. La gelosia, d'altro canto, mi comunica che *devo dare valore a ciò che ho e, al fine di non perderlo, devo costruire una relazione forte, che non sia un rapporto di proprietà.* La gelosia cerca di dirmi che se qualcosa, o qualcuno, è molto importante non dovrei dar per scontato nulla. Spesso diciamo, erroneamente, di essere *gelosi dell'altra persona* quando in realtà abbiamo solo paura che qualcun altro sia visto come più attraente dalla persona alla quale teniamo.

■ **Accettazione, Indifferenza, Ambivalenza e Rassegnazion**e: se ci fosse un premio per l'emozione più confusa, dovrebbe andare all'accettazione. Innanzitutto, confondiamo l'accettazione con l'arrendersi. Secondo, la vediamo come un'emozione passiva quando in realtà è molto potente nel muoverci da un'emozione, o uno stato d'animo, ad un'altra. Accettare significa *riconoscere qualcosa per ciò che è.* Posto che non sono d'accordo, con ciò che è, non resisto e, allo stesso tempo, non do il mio supporto. Dico, semplicemente, che consento alla mia mente di non alzare barriere rispetto alla completa comprensione e riconoscimento della realtà che mi circonda. L'accettazione si trova tra le emozioni della *rassegnazione* e dell'*ambizione* e non possiamo passare dalla prima alla seconda senza passare attraverso l'accettazione stessa. Pensiamo che sia un'emozione passiva perché non ci sono azioni evidenti associate. Perciò crediamo, erroneamente, di dover aspettare che l'accettazione compaia mentre possiamo decidere noi stessi di dichiararla così da poter spendere le nostre energie altrove.

Indifferenza significa *non c'è una scelta che per me ha più valore di un'altra*. Ambivalenza significa *posso supportare l'una o l'altra scelta* oppure che *seguirò il vento*. Rassegnazione significa *credo che nulla di ciò che posso fare possa fare la differenza e quindi non mi impegnerò nel provarci*. Delle tre, quella che più confondiamo con l'accettazione è la rassegnazione visto che anche quest'ultima comporta la mancanza di azioni visibili. Linguisticamente, queste parole hanno persino suoni simili. Nell'esprimersi ci si riferirà ad accettazione, rassegnazione, ambivalenza o indifferenza in modo intercambiabile per cui l'unico modo di capire cosa ci sia alla base è l'investigare quali siano i retroscena sottintesi dall'interlocutore.

- **Umiltà e Ossequiosità**: umiltà, letteralmente, significa *della terra* o *ben ancorato al suolo* sebbene comunemente si pensa anche a qualcosa di poco valore o sporco. Essere umili significa, ontologicamente, *pretendere solo per ciò che meritiamo* o, in altre parole, *essere realistici*. È un'emozione che non ha nulla a che vedere con l'ossequiosità, ovvero con il paragonarsi a qualcun altro e sentircene inferiori. Nell'essere umili sto semplicemente chiarendo cosa sono, e cosa non sono, senza speculare sulla definizione dei miei limiti. Perciò, una persona umile non nega, quando riceve un complimento, ma capisce che si tratta dell'opinione dell'altro e non di una realtà assoluta. C'è una lunga tradizione che associa l'umiltà di una persona alla sua conseguente inferiorità mentre questa è, piuttosto, una condizione che si riferisce alla ossequiosità. Pensare che essere umili ci renda delle persone *meno importanti* delle altre ha un enorme impatto sulla propria immagine personale e sulla propria autostima. Cambiare la propria interpretazione dell'umiltà può essere incredibilmente liberatorio e può farci finalmente dire che *ciò che siamo è, per noi, abbastanza*.

Capitolo 4: Gruppi di Emozioni

Star dritti, con dignità

Durante l'evento sulle emozioni, nel settembre 2015, ho notato che la mia immagine riflessa allo specchio ricalcava un punto di domanda, un ?, curvo, concavo, con il petto in avanti e la schiena ricurva. Respiro corto, spalle base e verso l'interno, quasi a proteggere il cuore. Ero abbacchiato come un fiore dopo la pioggia. All'ascolto dell'interpretazione della dignità, quello stesso giorno, la mia postura iniziò a cambiare. Nel tempo, e prestando attenzione, ho trasformato la mia postura in qualcosa di più fiero, rivalutando il dolore come qualcosa che fa parte della vita, riprendendo il mio posto, nella vita. Stesso fiore ma che, stavolta, guarda al sole. Ho iniziato davvero a credere nel mio valore, con o senza le normali difficoltà. E, sapendo che sono una persona completa, sono anche al sicuro e questo significa abbracciare la vita. Il mio cuore s'è aperto e v'è entrata nuova vita! Ho deciso che ero abbastanza e tutto ciò che dovevo essere perciò ho dato voce alle mie idee e parlato più chiaramente. Ho deciso.

- R.L.

Capitolo 5

NON SONO (ESATTAMENTE) EMOZIONI

Chiediti: "Come faccio a capire se si tratti o meno di una emozione?" Hai una risposta? Sappiamo che le emozioni sono importanti e sappiamo che non c'è una lista completa. Questo è molto probabilmente legato alla nostra mancanza di attenzione per l'intero dominio delle emozioni. D'altro canto, le emozioni stesse non sono state definite universalmente. Ci sono alcune emozioni o, meglio, definizioni di emozioni, che ci trovano concordi mentre altre che non hanno una definizione generalmente condivisa. In quello che è il lavoro dell'autore nel dare un'interpretazione specifica delle emozioni, è capitato di incappare in espressioni spesso usate, nel linguaggio comune, come emozioni ma che, in realtà, non superano il test ontologico del darci informazioni, provocare in noi azioni e prendersi cura di una nostra particolare preoccupazione. Quando queste espressioni non passano il test potremmo chiamarle *condizioni*. Per noi, una condizione è un indicatore emotivo ma non un'emozione nel senso più stretto, in quanto manca dei tre criteri ontologici appena elencati.

Per essere chiari, non stiamo svalutando queste condizioni, mettendole su un piano inferiore rispetto alle emozioni. Le condizioni, però, non possiamo navigarle, ricostruendone le cause, come possiamo invece fare con le emozioni. Le condizioni sono comunque esperienze umane che hanno un loro valore e che ricadono in una diversa categoria.

Un esempio concreto è in chi richiama un'esperienza fisica e la chiama emozione. In tal senso, la condizione è una *sensazione*. Usiamo spesso la parola *sensazione* in modo interscambiabile con *emozione* ma la prima è tradizionalmente legata agli aspetti fisici (solo recentemente è diventato comune usarla come sinonimo di emozione). La parola *sensazione*, più in generale, è usata in modo talmente vago che, irrimediabilmente, risulta difficile utilizzarla per parlare di emozioni. Un altro tipo di condizione che può essere compresa ontologicamente è quella legata all'espressione di un giudizio. Quando usiamo termini come *bocciato, rifiutato, insufficiente* o, magari, *buono*, potremmo pensare che essi stessi siano emozioni mentre si tratta di giudizi espressi tra due persone. Non si parla, quindi, di emozioni specifiche.

Capita, altre volte, di utilizzare una metafora, anche molto breve, per poter descrivere un'emozione, senza che possiamo rendercene conto: un esempio è *travolgere*. *Travolgere* deriva da *trans-volgere, porre sottosopra*, e nell'etimologia anglosassone si riferiva alla descrizione dell'esperienza del marinaio sopraffatto dal mare che capovolgeva la sua barca. È una metafora che ben descrive alcune possibili sensazioni, se siamo preda dell'emotività, in determinate situazioni, ma non si tratta di un'emozione in sé.

L'importanza di distinguere se qualcosa sia o meno un'emozione ha a che fare con la nostra abilità di navigare o meno reazioni e risposte che ne possono derivare. Se dico che mi sento *male* a causa di qualcuno non è facile capire cosa fare o, magari, quali siano i motivi a monte di questo malessere. Sì, sicuramente stiamo vivendo una o più emozioni negative ma senza chiarire se si tratti di *indignazione, disappunto, sfiducia* o *disincanto*, o altre, non possiamo costruire un modo per superare l'evento.

Qui di seguito si riporta una lista delle condizioni più comunemente scambiate per emozioni (ce ne sono molte altre). Le condizioni sono elencate in ordine alfabetico per la prima colonna, che riporta i sostantivi, mentre le espressioni d'uso comune sono nella seconda colonna, nel tentativo di rendere quanto più familiare la lista stessa. Le espressioni sono riflessive in prima persona ma possono essere riferite ad altre persone dal lettore.

Secondo noi, la cosa più interessante della tabella è la colonna che mostra le emozioni che verosimilmente sono legate alle specifiche condizioni. Questa può essere la bozza di una mappa per iniziare una navigazione.

Capitolo 5: Non sono (esattamente) emozioni

Condizione	Espressione comune	Radice	Natura	Emozioni Associate
Abbandono	Mi sento abbandonato.	Dal tardo latino *abandonum*, dal provenzale *badon, bando*, nel senso di bandire, all'asta. Significa separazione, distacco, in balia al compratore.	Un **giudizio** sugli altri o su come ci hanno trattato	Slealtà se si tratta di qualcuno della nostra comunità. Disappunto se si avevano aspettative di ricevere attenzione o favori.
Agio	Sono a mio agio.	Deriverebbe dal gotico *azetes* che significa facile, comodo. Potrebbe anche derivare dal greco *aisios* che significa propizio, opportuno.	Uno **stato del corpo** nel quale c'è assenza di sforzo	Contentezza, soddisfazione o compiacenza.
Appiattimento	È tutto piatto.	Da appiattire che a sua volta deriva da piatto che deriva dal greco *platus*: che ha superficie larga e schiacciata.	Una **sensazione fisica** di monotonia e inabilità di distinguere le emozioni.	Noia, ambivalenza, rassegnazione.

Le Conseguenze delle Emozioni

Condizione	Espressione comune	Radice	Natura	Emozioni Associate
Attacco	Mi sento attaccato.	Attraverso il veneziano *tacare*, trova le sue origini nella radice celto-germanica TAC nel senso di agganciare, fermare, aderire.	**Un'interpretazione** dell'azione altrui che va oltre i nostri limiti e a nostro avviso ci minaccia.	Indignazione per aver oltrepassato i confini, rabbia se l'attacco è nell'ottica di punire, risentimento e vendetta se l'attacco è per farsi giustizia.
Centramento	Mi sento equilibrato.	Deriva da centro, latino *centrum*, dal greco *kentron* che è parola composta da *kenteo*, pungere, riferendosi alla punta del compasso attorno al quale si descrive il cerchio.	Uno **stato dell'essere con corpo, mente ed emozioni** a riposo.	Pace, serenità o accettazione
Connessione	C'è una connessione.	Dal latino *connexio*, congiungere strettamente.	Una **interpretazione** o un giudizio della vicinanza relativa ad una persona	Amore, accettazione o desiderio

Capitolo 5: Non sono (esattamente) emozioni

Condizione	Espressione comune	Radice	Natura	Emozioni Associate
Controllo	Mi sento controllato.	Dal francese *controle* che significa riscontro e verifica dei conti. È il verbo che vuol rappresentare la verifica dei dati.	Una **valutazione** della mia abilità di mantenere o cambiare la direzione di eventi nella vita	Paura, ansia o gelosia
Degrado	C'è degrado.	*Degradare*, dal latino, significa scemare in altezza, venir giù a poco a poco.	Una **valutazione** di ciò che vedo, inferiore a quello che considero dignitoso	Dignità, disgusto o indignazione
Difesa	Devo difendermi.	Da difendere, dal latino *defendere*. Significa respingere, tener lontano, proteggere da ogni forma di violenza.	Una **azione fisica** per bloccare qualcuno	Indignazione, paura o risentimento
Dilaniamento	Sono a pezzi.	Dal latino *dilaniare* che è composto dalla particella di, che accenna alla separazione, e laniare, che significa lacerare, straziare.	La **sensazione fisica** d'un malessere mentale profondo.	Ambivalenza, confusione.

Le Conseguenze delle Emozioni

Condizione	Espressione comune	Radice	Natura	Emozioni Associate
Distruzione	Mi sento distrutto.	Dal latino *destruere*, composto da de, che da senso privativo o contrario, e struere che significa ammassare, fabbricare.	**L'esperienza fisica** per la quale si perde ogni possibilità o senso di sicurezza.	Incredulità, disperazione, angoscia.
Drammatizzazione	La situazione è drammatica.	Deriva da dramma, dal greco *drama* che significa azione, rappresentazione teatrale, componimento poetico rappresentativo	**Atteggiamento fisico** teso ad enfatizzare un'emozione, ad esempio l'urgenza, per catturare l'attenzione.	Può essere relativa a una moltitudine di emozioni ma le più comuni sono paura, irritazione, rabbia e passione.
Energia	Mi sento pieno di energia.	Dal greco *energheia* che significa opera, fatto o azione intensa. Rappresenta l'uso attivo della forza.	La **sensazione fisica** per la quale sento d'avere sufficiente energia per agire.	Entusiasmo, ambizione, eccitazione possono essere alcune opzioni. Ce ne sono anche altre, con simili livelli, alti, d'energia.

Capitolo 5: Non sono (esattamente) emozioni

Condizione	Espressione comune	Radice	Natura	Emozioni Associate
Equilibrio	Sono sull'orlo del baratro.	Dal latino *aequilibris*, di peso uguale e quindi orizzontale, d'uguale peso. Si riferisce alla bilancia ma anche allo stato di riposo di due corpi.	Una **sensazione fisica** per la quale ci sembra di essere vicini a un confine che non dovremmo superare.	Frustrazione, impazienza, rabbia, ira.
Esclusione	Mi sento messo da parte.	Dal latino *excludere*, da *ex*, fuori, e *claudere*, chiudere o mettere fuori,	**Giudicarsi** estromessi da ciò che realmente conta	Sconforto, indignazione o risentimento
Fame	Ho fame.	Dal latino *fames* che significa venir meno, mancare. Potrebbe derivare anche dal greco *glacialis*: mangio, divoro.	Una **sensazione fisica** di vuoto, o desiderio, che vogliamo colmare.	Insoddisfazione, bramosia, desiderio, passione, erotismo.
Fragilità	Mi sento fragile.	Da fragile, dal latino *fragilem* e della stessa radice di frangere, rompere. Significa anche poco resistente.	**Sensazione fisica** per la quale sento le mie energie svanire e questo sta causando cambiamenti nelle mie azioni.	Può essere legata a molte emozioni ma tendenzialmente significa che sto cambiando le emozioni che sto vivendo.

Le Conseguenze delle Emozioni

Condizione	Espressione comune	Radice	Natura	Emozioni Associate
Glacialità	Mi sento di ghiaccio.	Dal latino *glacialis*, ghiaccio. Estremamente freddo.	**Un'interpretazione** del nostro comportamento o di quello degli altri.	Risentimento, gelosia, invidia, disgusto, rabbia.
Grandiosità	È grandioso oppure mi sento grandioso.	Da grande, dal latino *grandis*. Figurativamente significa maggiore degli altri, per dignità, scienza, fama, virtù.	Una **sensazione fisica** di grandezza, forza o energia.	Gioia, delizia, ambizione, entusiasmo, speranza.
Ignoranza	Voglio ignorarlo.	Dal latino *ignorare* che significa non conoscere, non sapere.	La nostra **interpretazione** del nostro comportamento o di quello degli altri.	Irritazione, rabbia, disgusto.
Incolpare	È colpa mia.	Significa dar la colpa dove colpa è dal latino *culpa* e più anticamente da *cello* che significa spingo. Spingere a far del male.	È la predisposizione della rabbia. È un modo per punire qualcuno quando **crediamo** che abbia fatto qualcosa di sbagliato.	Una predisposizione alla rabbia. Ha una relazione anche con la responsabilità entro il meccanismo per il quale pretendiamo che qualcuno si assuma la responsabilità.

Capitolo 5: Non sono (esattamente) emozioni

Condizione	Espressione comune	Radice	Natura	Emozioni Associate
Irrilevanza	Non conto nulla.	Rappresenta la mancanza di importanza rispetto a un contesto di riferimento.	Una **valutazione** per la quale riteniamo di non essere per ciò che siamo	Sconforto, indignazione, umiltà o dignità
Irritabilità	Sono irritabile.	Da irritare che è dal latino *irrire* che è parola onomatopeica che indica il ringhiare del cane, quando è provocato.	La **sensazione** di decentramento emotivo.	Paura, ansia, confusione.
Lamentela	Devo lamentarmi.	Da lamento, dal latino *lamentum* che potrebbe derivare da clamentum fino a clamare, gridare. Dimostrare con cordoglio il proprio dolore.	La nostra **valutazione** di una vita ingiusta, secondo noi.	Scontentezza, insoddisfazione, legittimità, ingenuità.
Malessere	Sto male.	Composto da male ed essere. Male è dal latino *malus*: cattivo. Rappresenta ciò che nuoce, infermità, rovina, danno.	Un **dolore fisico** che indica che qualcosa che sta succedendo, o che è successa, non è come vorremmo.	Angoscia, tristezza, rimorso.

Le Conseguenze delle Emozioni

Condizione	Espressione comune	Radice	Natura	Emozioni Associate
Maniacalità	Questa è una mania.	Dal greco *mania*, pazzia. Si riferisce ad agitazione d'animo, furia. È uno stato di morbosa eccitazione.	**L'interpretazione** di un livello di energia estremamente alto o caotico, rispetto a un evento.	Passione, confusione, euforia, entusiasmo.
Mascolinità	Sono un vero uomo.	Dal latino *masculus*. Dei due sessi, il maschio è quello che feconda l'altro. Con riferimento agli oggetti, è quello che si inserisce nel vuoto creato da uno o più componenti.	La nostra **interpretazione** del nostro comportamento o di quello degli altri.	Arroganza, orgoglio.
Nero	Vedo nero.	Deriva dal greco *nekros*, ovvero morto, nel senso di luttuoso, infausto, pernicioso.	Una **metafora**	Tristezza, depressione, sconforto, rassegnazione
Organizzazione	Sono organizzato.	Da organizzare che significa, figurativamente, ordinare, disporre.	**Un'interpretazione** sul quanto una vita sia pianificata.	Prudenza, pace.

Capitolo 5: Non sono (esattamente) emozioni

Condizione	Espressione comune	Radice	Natura	Emozioni Associate
Pesantezza	Che pesantezza.	Da pesare che deriva dal latino *pensare*, essere appeso o sospeso. Il significato antico è quello dell'esaminare qualcosa per darne il giusto valore.	Una **atteggiamento fisico** o mancanza di energia fisica che può essere vista come predisposizione alla tristezza.	Tristezza, sconforto, disperazione, angoscia.
Piagnucolio	Sto piagnucolando.	Da piangere, dal latino *plangere* che letteralmente significa percuotere con rumore.	L'incapacità di nascondere le proprie emozioni negative.	Angoscia, tristezza, paura.
Possibilità	Vedo possibilità.	Da possibile, dal latino *possbilis* che viene da posse, potere.	Una **valutazione** per la quale ci sono cose che potrebbero ancora accadere.	Speranza, fiducia, ottimismo o pessimismo.

Le Conseguenze delle Emozioni

Condizione	Espressione comune	Radice	Natura	Emozioni Associate
Pragmatismo	Sono pragmatico.	Dal latino *pragmaticus*, che si attiene ai fatti.	**Un'interpretazione** sul come qualcuno stia vivendo.	Cautela, prudenza.
Preoccupazione	Sono preoccupato.	Dal latino *preoccupare* che significa occupare anticipatamente, antecedente.	Un pensiero circolare, chiuso su sé stesso, per il quale continuiamo a concentrarci continuamente sugli stessi concetti.	Ansia, paura, dubbio, anticipazione.
Resistenza	Resisto	Dal latino *resistere*, che è l'opposto (re-) di fermarsi (sistere). Significa non cedere all'urto o alla spinta degli altri.	Una **sensazione** fisica per la quale rimaniamo molto connessi con le nostre idee in un dibattito.	Paura, ansia, cautela, prudenza.

Capitolo 5: Non sono (esattamente) emozioni

Condizione	Espressione comune	Radice	Natura	Emozioni Associate
Rilassamento	Sono rilassato.	Da rilassare, dal latino *relaxare*, composto da *laxare*, allargare, allentare, sciogliere. Significa anche rifurre le forze che mantengono insieme i corpi.	Una **sensazione** fisica opposta allo stress.	Fiducia, (riduzione della) confusione.
Scollegamento	Non c'è connessione.	Come connessione (vedi sopra) ma con s- sottrattivo.	**Giudicare** di non sentirsi parte di qualcosa	Sconforto, tristezza o rassegnazione
Shock	Mi sento sotto shock.	Significa urto, scossa violenta.	La **sensazione fisica** che appare quando siamo colpiti da qualcosa di inaspettato.	Sorpresa.

Le Conseguenze delle Emozioni

Condizione	Espressione comune	Radice	Natura	Emozioni Associate
Stress	Mi sento stressato.	Dall'inglese a significare forza o, meglio, sforzo.	Una **sensazione fisica** di soffocamento.	Rabbia, irritazione, frustrazione, gravità, ira.
Tumultuosità	Mi sento travolto.	Da tumulto, dal latino *tumultus* che significa crescere, diventare grosso anche da tumere, essere gonfio.	**Un'interpretazione** per la quale un insieme di situazioni non sono più sostenibili, sono più grandi di ciò che possiamo gestire.	Panico, paura, esaurimento, ansia.
Vuoto	Mi sento vuoto.	Deriva dal latino volgare *vo(c)itus* e significa essere libero.	**Sensazione fisica** nella quale ci si sente drenati, privi di energie.	Rassegnazione, paura, tristezza, risentimento o terrore.

Capitolo 5: Non sono (esattamente) emozioni

Scoprire cosa ti soddisfa

La mia storia inizia in un modo che probabilmente è familiare a molti a prescindere da cultura, età, genere. Tutti si aspettano, da noi, che avremo successo nella vita, a qualunque costo, arrivando ad avere un buono stipendio, una bella famiglia con bambini, una casa, un'auto… Ma, nessuno ci insegna ad ascoltare ciò che vogliamo per noi stessi, come lo vogliamo e se lo vogliamo. Sono un progettista di illuminazione d'interni ed ho sempre voluto avere un mio studio. Così, ho trovato un socio e abbiamo messo in piedi una società, molto in fretta e molto bene. In quindici anni siamo passati da essere in due ad essere venti e da cinque a sessanta progetti. Ho continuato a lavorare come quando eravamo un'azienda molto più piccola, progettando, cercando nuovi clienti, chiudendo accordi, gestendo le pubbliche relazioni e persino occupandomi di gestire il sito internet.

Notai che avevo raggiunto il mio limite quando smisi di dormire e questo comportò terribili mal di testa e la mal sopportazione degli altri. Questo causò problemi in famiglia, con i miei amici, i miei colleghi e i miei clienti. Non sapevo cosa fare (ti è mai capitato?). Mio fratello mi raccomandò Dan, un insegnante del metodo ontologico, per trovare un modo nuovo per approcciare il mio lavoro. Le sessioni erano in inglese, su Skype, ed ero un po' riluttante perché proprio l'inglese non è la mia lingua migliore, rispetto a spagnolo e tedesco. Decisi di fare un tentativo.

Le Conseguenze delle Emozioni

Mi resi conto che le cose iniziarono a cambiare nella mia vita (non per sempre perché è un cammino, un processo continuo e conscio di cambiamento). Discutemmo del poter cambiare le condizioni che mi avrebbero portato alla soddisfazione, per me, per i mie clienti e per tutte le persone che facevano parte della mia vita lavorativa. Poi, facemmo quella stessa conversazione con riferimento alla mia vita personale e questo fu abbastanza doloroso. Cercavo di soddisfare tutti e questo portava me ad essere insoddisfatto e, in questa condizione, arrivavo al punto di essere arrabbiato, sconfortato, disperato. Stabilire quali fossero le condizioni per la mia soddisfazione mi ha reso la vita più semplice. Mi ha dato l'opportunità di stabilire i miei bisogni e quelli dei miei clienti che, spesso, erano meno complessi di quanto pensassi. È un processo in evoluzione ma considerare cosa mi soddisfa ha di per sé migliorato la mia vita.

-K.D.

Capitolo 6

NAVIGARE LE EMOZIONI

La tua relazione con stati d'animo ed emozioni

Capita spesso di ascoltare persone che dicono di voler *gestire le proprie emozioni* o che credono che *si dovrebbe avere un maggior controllo delle emozioni*. Noi autori non condividiamo questo tipo di approcci perché pensiamo che non siano efficaci. Crediamo che sia meglio imparare a *navigare le emozioni*. C'è davvero poco, ammesso che esista qualcosa, che si può controllare nella vita e quindi *perché dovremmo essere in grado di controllare le nostre emozioni?* Non dovremmo confondere l'opportunità di controllare alcune cose con l'idea di poter controllare realmente tutto ciò che ci circonda o, a maggior ragione, tutto ciò che è dentro di noi. Non controlliamo la nostra sete, la nostra fame, il nostro sonno, la data della nostra morte o magari, più semplicemente, tutti i possibili imprevisti che possono farci tardare a lavoro. Possiamo esercitare una grande influenza su tutti questi aspetti, facendo scelte che modifichino in parte gli eventi, ma questo è ben lontano dall'avere un vero controllo.

L'idea di poter *controllare le nostre emozioni* (quel "controllati!" che sicuramente ci saremo sentiti dire, almeno una volta) è qualcosa che dovremmo lasciarci alle spalle perché retaggio di una scienza di due secoli fa, superata. Una scienza, questa, che puntava sulla razionalità quale unica chiave di lettura per comprendere tanto le meccaniche che fanno girare il mondo quanto il nostro "io". L'idea scientifica fondamentale era quella di poter predire, e controllare, il mondo intorno e dentro di noi con algoritmi simili a quelli che si applicano alla meteorologia. La vera essenza di una scienza come la meteorologia è il consentirci, ad esempio, di sapere se pioverà domani, così da poter decidere se portare o meno un ombrello con noi. Con un orizzonte temporale più lungo, può aiutarci a tentare di capire cosa accadrà nella prossima stagione, per l'agricoltura o l'attività sciistica. Può aiutare, studiando i dati storici, a cambiare le politiche al fine di limitare gli impatti a causa degli effetti climatici sempre più estremi. Si tratta, ad ogni modo, dei principi del predire e del (tentare di) controllare.

Gli stessi concetti si applicano ad altre scienze: ad esempio, la geologia studia e (tenta di) predire, tra le altre cose, i movimenti tettonici mentre la medicina occidentale tenta di minimizzare sorprese spiacevoli per quanto riguarda la nostra salute.

È innegabile che suddetti principi siano stati un successo in molte aree tecnico-scientifiche ed è per questo che abbiamo ipotizzato che fossero tendenzialmente universali, che si potessero applicare a tutti i domini. Tuttavia, quando ognuno di noi ha provato ad applicare le idee del predire e del controllare alle proprie emozioni, ha scoperto una certa impotenza (o quantomeno infelicità e insoddisfazione, dopo essersi forzati a tenere a bada i propri *pensieri*). Capita di dirsi *non vorrei essere arrabbiata (o arrabbiato) ma non riesco a smettere*. Il controllo delle emozioni in sé è una fantasia che abbiamo ideato per sentirci sicuri.

Immagina di navigare un fiume, seguendo la corrente. La relazione più efficace che puoi creare tra te il tuo kayak e il fiume non è di tentare di controllare la corrente, o gli ostacoli, ma navigare. Se vedi uno scoglio a prua non puoi cercare di toglierlo ma, piuttosto, devi virare leggermente, quel tanto che basta per passarci di fianco senza farti (troppo) male. Navigare significa, letteralmente, timonare (governare) una nave. Nella sostanza, comprendere le reazioni e le risposte possibili alle emozioni significa imparare a virare quel

Capitolo 6: Navigare le Emozioni

tanto che basta da non finire sugli scogli (ma neanche ignorare la corrente o la meta che vorremmo raggiungere).

Far evolvere le Emozioni

Quando ci riscopriamo travolti da un'emozione che riteniamo negativa, o non accettabile, cerchiamo, molto spesso, di evitarla o di cambiarla, abbastanza grossolanamente. Di solito rimuginiamo su ciò che ha causato la nostra emozione e la stessa diventa il nostro stato d'animo.

Diversamente, ad esempio quando siamo tristi, ci diciamo o ci imponiamo, *di tirarci su* auto-convincendoci che non abbiamo nulla di che rattristarci. La maggior parte di noi, tuttavia, non ha molto successo nell'applicare questa tecnica. Malgrado ciò, continuiamo ad affrontare così la tristezza perché, molto spesso, non conosciamo altri modi per approcciarla. Un modo diverso, più efficacie, per navigare le nostre emozioni è quello di considerare quale siano quelle che ne rappresentano una evoluzione. Se pensiamo alla paura è relativamente facile chiedere a se stessi di ignorarla, altro discorso è farla andare via realmente. Se, invece, comprendiamo che il coraggio è una delle emozioni possibili, che ci consente di agire in presenza della paura, allora quella stessa paura diventa la base sulla quale costruire nuove azioni. Potremmo concentrarci sul generare coraggio anziché focalizzarci sulla nostra paura. Ciò che accadrà è che saremo in grado di prendere in carico nuove azioni, nuove sfide, mossi dal coraggio, anziché sentirci frenati dalla paura. Sul lungo termine succederà anche altro: potremo costruire la nostra capacità di vivere nel coraggio e rendere la paura un'emozione sempre più debole.

In altre parole, non è solo possibile agire ma anche imparare, nel dominio delle emozioni.

Le Conseguenze delle Emozioni

Un altro modo per far evolvere le nostre emozioni è: non fare assolutamente niente. Se diamo peso all'idea per la quale *le emozioni vanno e vengono* arriveremo a capire che il nostro stato emotivo è in continua evoluzione, che lo vogliamo o meno. Una possibilità, perciò, è quella di vivere a pieno l'emozione piuttosto che respingerla (o navigarla, come abbiamo scritto sopra). Se siamo *tristi*, ad esempio, potremmo decidere di accettarlo e, quindi, essere, per un po' di tempo, tristi. Il messaggio, qui, è che dovremmo accettare l'emozione della tristezza (e consentirle, per un certo periodo, di essere al centro dei nostri pensieri) così da coglierne lo scopo e comunicarci un messaggio che dovremmo essere abbastanza pazienti e umili da ascoltare. Quello che ovviamente conta è la nostra ricettività per cui, in questa fase, è importante il silenzio: non assordarci con altre emozioni. Ricordando che, fondamentalmente, la tristezza ci dice che *abbiamo perso qualcosa a cui teniamo* sarà proprio questa emozione, una tristezza più o meno duratura, a renderci più consapevoli di ciò che per aveva un valore (metaforico o materiale, consapevoli o meno che fossimo). Al giorno d'oggi, consideriamo la tristezza una *brutta* emozione, che ci rende inefficienti, antipatici e poco divertenti. Cerchiamo, perciò, di evitarla o *superarla* quanto prima. Così facendo non riusciamo ad ascoltare il messaggio alla base e le conseguenze possono essere le più disparate. Dovremmo essere sufficientemente saggi e pazienti da ascoltare le nostre emozioni.

Sembrerebbero esserci due motivi fondamentali che ci portano ad evitare le emozioni. *Tristezza, rabbia, vergogna, imbarazzo, disperazione,* e molte altre emozioni, comportano un malessere fisico, ci fanno *star male*. Probabilmente, non abbiamo compreso lo scopo di tale sconforto: è il modo che ha il nostro corpo per avvertirci della presenza di queste emozioni. Se non ci facessero star male (o, in altri casi *bene*) non le noteremmo o non vi porremmo sufficiente attenzione. Un'altra ragione per cui tentiamo di evitare le emozioni è che temiamo di rimanere letteralmente bloccati in una di queste, che diventi il nostro stato d'animo e renderci ancora più vulnerabili. Con la *tristezza* temiamo di arrivare a deprimerci e non essere in grado di

Capitolo 6: Navigare le Emozioni

riprenderci. Posto che ci sono casi nei quali si può arrivare a situazioni estreme (e queste richiedono l'intervento di uno specialista) nella maggior parte delle situazioni, in base all'esperienza, vivere le emozioni è una opportunità.

Avere fiducia nelle emozioni

La *fiducia* è l'emozione che ci aiuta a valutare il livello di rischio legato a una interazione. Questo concetto si applica anche a noi stessi, quando ci dobbiamo fidare, o meno, delle emozioni. In generale, valutiamo la nostra interazione con le emozioni come qualcosa di rischioso perché *delle emozioni non possiamo fidarci*. Potremmo chiederci, perciò, se non sia un rischio anche il solo iniziare ad imparare in questo dominio. *Fino a che punto potrò mai fidarmi dell'informazione che una certa emozione mi sta dando?* Solitamente, la nostra storia è stata quella per cui le nostre emozioni sono totalmente inaffidabili. È una teoria interessante, questa, soprattutto se paragonata a quella del *questa volta ascolterò il mio sesto senso* o a quella del *sapevo che sarebbe stato un errore, sin dall'inizio*. In realtà, quindi, ci fidiamo delle nostre emozioni in modo innato ma, sappiamo che ci sono aspetti delle emozioni che andrebbero, semplicemente, non ascoltati.

Interagiamo con le persone verso le quali proviamo un'emozione di *fiducia*. Ci sposiamo basandoci su *amore e passione*. Alla base di ogni nostra scelta ci sono una o più emozioni ma, al tempo stesso, siamo *scettici* nel *fidarci* totalmente delle nostre emozioni. Molti di noi sentono di essere stati ingannati da quelle stesse emozioni. La conclusione razionale potrebbe essere che, realmente, le emozioni sono affidabili fino ad un certo punto e questo punto andrebbe ben definito e tenuto a mente per non correre il rischio di peccare di *ingenuità* (che è un'altra emozione).

Se guardiamo agli altri domini della conoscenza che costituiscono la nostra umanità, possiamo facilmente concludere che in nessuno di questi possiamo riporre una fiducia totale. Il dominio delle emozioni, analogamente, non fa differenza né, tanto meno, il dominio della razionalità: non possiamo affidarci alla nostra razionalità al 100%. Pensiamo a una matita immersa in un bicchiere d'acqua pieno a metà che ci sembrerà spezzata finché non la tiriamo su o ci ricordiamo del principio della rifrazione, se lo conosciamo. Spesso, nell'interpretare razionalmente, confondiamo le cose, dimentichiamo di coinvolgere tutte le conoscenze necessarie a comprendere un fenomeno o, più semplicemente, non conosciamo tutte le informazioni che ci servono per comprendere un fenomeno. È probabile che esista, o esisterà, un sistema capace di sfruttare schemi di ragionamento affidabili al 100% ma, ovviamente, questo non è proprio degli esseri umani. Lo stesso è vero con sensazioni, impressioni, condizioni e intuizioni che sono nella nostra testa e vissute dal nostro corpo. L'esempio, in questo caso, è quello dell'accavallare le gambe a lungo e sentire il nostro piede addormentato. Ci sembra che non sia più lì, attaccato. Voltiamo lo sguardo e lo vediamo, mentre il sangue riprende a fluire completamente: siamo estremamente fallaci, nella nostra razionalità come nella nostra emotività.

L'interpretazione ontologica è che il linguaggio, le emozioni e il corpo contribuiscono ognuno per la propria parte alla comprensione di noi stessi e di ciò che ci circonda. Ognuno dei tre aspetti è un dono, se scegliamo di viverlo come tale, e combinare le informazioni che ci giungono dalle tre aree ci consente di avere la comprensione più ampia possibile.

Strumenti per navigare le emozioni

C'è una serie di strumenti, competenze o abitudini che possiamo sviluppare per essere più vicini alle nostre emozioni e trarre benefici dalla loro *saggezza*.

- **Prendersi del tempo per riposare**. Meditazione, centramento o riflessione focalizzata ci consentono di rilassare la nostra mente, rallentando o fermando il

Capitolo 6: Navigare le Emozioni

flusso di pensieri, così da poter notare le emozioni. Anche l'attività quotidiana (lavare, correre, pulire casa, sedere su una comoda poltrona) possono calmare la nostra mente e consentirci di pensare alle nostre emozioni. È preferibile, però, scegliere le attività che ci consentano un riposo quanto più completo.

- **Scrivere un diario.** Riportare le proprie emozioni quotidianamente, in forma discorsiva, ha la stessa funzione del parlare o dell'ascoltare riguardo le emozioni. Scrivere è un modo per portare alla luce percorsi cognitivi che rimarrebbero nascosti se non li *razionalizzassimo* in qualche modo. Va sottolineato che già il semplice scrivere ci fa riflettere sulle emozioni perché le stesse saranno più o meno celate tra le righe.

- **Tempo.** Abbiamo parlato della differenza tra reagire e rispondere. La cosa fondamentale nel distinguere tra queste due modalità d'azione è il tempo che intercorre tra la causa e l'effetto. Quando *respiriamo* o *contiamo fino a dieci* stiamo creando una pausa tra ciò che l'emozione vorrebbe che facessimo e ciò che realmente faremo, così da poter poi rispondere anziché reagire. Capita spesso di dover contare fino a numeri molto più alti di dieci, affinché la reazione diventi una risposta, ma, in generale, il senso è che dare questo spazio temporale (e alle volte anche fisico) ci può consentire di far evolvere le nostre emozioni e *non reagire troppo male*.

- **Parlarne.** Nelle conversazioni lo scopo è quello di far comprendere all'altro ciò che stiamo vivendo. Se parlo della mia cantina allagata, ad esempio, è perché voglio generare *empatia* nell'altra persona con frasi del tipo *non so se ti è mai successo*. O, probabilmente, sto cercando *simpatia* dicendo *non so se capisci cosa mi è successo*. Sono due le cose che possono accadere in queste conversazioni. La prima è che l'interlocutore, nel cercare di comprendere la mia esperienza, mi faccia domande, o commenti l'accaduto, e questo mi porta a riflettere sulle emozioni che sto provando. La seconda, è che nell'ascoltarmi possa iniziare a considerare tali emozioni in modo diverso. Parlare può portare a un vero e proprio processo di evoluzione, delle emozioni. Le terapie psicologiche sono fondate su questo approccio. Nell'esperienza dell'autore, che è un coach, ad un certo momento del percorso è sempre necessario parlare delle emozioni, per una crescita della persona.

Ascoltare le nostre emozioni

Ascoltare è una parte importante del comprendere e capire le emozioni. Ci sono quanto meno tre modi diversi per concentrarci sulle emozioni, che approfondiscono l'ascolto, nell'accezione più meccanica del termine.

Il più comune è ascoltare l'informazione che l'emozione suggerisce. Questo ci aiuta a discernere *il cosa sta succedendo*. Molto di quello che condividiamo con gli altri, molto di ciò che insegniamo e la maggior parte delle notizie, è incentrata su questo modo di ascoltare.

Un secondo livello è quello di ascoltare *il significato*. In altre parole, focalizzarci su ciò che l'altra persona vorrebbe che capissimo, piuttosto che su ciò che ci sta dicendo. Ci arriviamo quando analizziamo ciò che è scritto tra le righe del messaggio che stiamo ascoltando. Ascoltare per cogliere il reale significato è particolarmente importante quando siamo impegnati in una conversazione con qualcuno con un retaggio culturale molto diverso dal nostro, perché il significato è alla radice di ciò che vogliamo comunicare.

Il terzo modo d'ascoltare è quello di focalizzarsi sull'*osservatore* così da comprendere ciò che l'altro può rivelarci. In quest'ultimo modo cerchiamo di cogliere le emozioni dell'altro, in base al suo linguaggio.

Ad esempio, se qualcuno ci dice che è arrabbiato con il suo capo, ecco cosa possiamo ascoltare, in base al livello:

- Informazione – Ci focalizzeremmo sul fatto che il nostro amico sia arrabbiato. Cosa gli ha fatto il suo capo? Cosa l'ha fatto arrabbiare?

Capitolo 6: Navigare le Emozioni

- Significato – Potremmo fare domande specifiche al fine di capire come il nostro amico interpreti determinate situazioni. Se ci viene detto che il capo ha saltato una riunione nella quale si dovevano valutare capacità e obiettivi del nostro amico, potremmo chiedere: "Vedi questa come una mancanza di attenzione o rispetto?" Da lì, con altre domande, potremmo capire, ad esempio, che il capo ha paura di condividere le sue valutazioni con i sottoposti.

- Osservatore – Osservar, ricordando sempre che sia noi che il nostro amico siamo osservatori del mondo, con nostre interpretazioni, allo scopo di distinguere quelle che sono interpretazioni dalla realtà assoluta. Ad esempio, si potrebbe valutare il fatto che pensare che il capo abbia saltato l'incontro in quanto ci valuta poco importanti, può rivelare che il nostro amico non ha un rapporto molto forte con l'emozione della *dignità* che è la storia *dell'io sono abbastanza*. Potremmo pensarlo perché una persona che viva l'emozione della dignità non ha bisogno che gli altri glielo confermino per quanto, ovviamente, ricevere dei complimenti non è, in generale, disprezzato. A questo livello di ascolto non possiamo essere totalmente sicuri di ciò che interpretiamo ma potremmo verificare facendo domande alla persona che ci sta parlando.

L'abilità di navigare le nostre emozioni quotidiane richiede che comprendiamo un concetto alla base: ci predispongono a determinate azioni, predisposizioni, che sono il frutto delle nostre interpretazioni. Queste interpretazioni derivano dalle storie che noi associamo a quelle stesse emozioni. Le associazioni possono venire da semplici ricordi che leghiamo ad eventi presenti, in modo più o meno consapevole. Se riconosciamo la storia possiamo ascoltare, riflettere, sulle esperienze che associamo all'emozione stessa: la predisposizione all'azione, appunto. Di seguito alcuni esempi di situazioni nelle quali si "navigano le emozioni".

Storia 1. Rabbia. Un giorno camminavo per il centro città. D'un tratto mi son riscoperto a provare *rabbia*. Potevo *sentirla salire* e, infatti, il mio viso avvampò e il mio

Le Conseguenze delle Emozioni

respiro si fece più corto. Notare come questa emozione si fosse presentata senza un motivo apparente mi incuriosì. Non c'era nulla, e non era successo nulla, che potesse aver causato quella mia reazione, apparentemente. Riflettendoci su mi resi conto che in realtà avevo un pensiero recondito, un dubbio represso, per il quale credevo che il mio lavoro non sarebbe stato pagato come promesso da chi me lo aveva commissionato. Anche a causa del mio interesse crescente per le emozioni, rimasi affascinato da quanto un'ipotesi, non verificata, potesse guidare la mia mente (e quindi me stesso) a provare rabbia in modo così genuino e profondo. Non c'era nulla che avvalorasse la mia tesi ma la mia mente aveva anticipato il mancato pagamento come una possibilità concreta e questo aveva causato la rabbia. Mi resi conto che, mosso da tale emozione, stavo anche immaginando possibili contromisure per punire il possibile cattivo debitore.

Riflettendo sull'avvenimento, e quindi su cosa quell'emozione stesse cercando di dirmi, mi resi conto che il suo scopo era quello di farmi gestire, mitigare, ciò che per me sarebbe stato decisamente ingiusto. Quale precauzione adottare? Avrei potuto mandare una mail per ricordare all'altro di impegnarsi a pagare. Del resto, mi resi conto che probabilmente l'altra persona non aveva alcuna idea delle mie preoccupazioni e che quindi mostrarsi arrabbiato, per una semplice ipotesi, potesse essere controproducente o ingiusto nei suoi confronti. Decisi che avrei semplicemente scritto una mail diplomatica, per essere sicuro che tutti gli aspetti del contratto fossero chiari ad entrambi, senza stressare troppo il concetto del pagamento.

Secondo me, questo è un esempio di navigazione. Avrei potuto farmi travolgere dalla *rabbia*, reagendo, ma questo non sarebbe stato produttivo. Avrei potuto muovermi verso altre emozioni come il *risentimento* ("non dovrebbe spettare a me controllare") o la *rassegnazione* ("non posso farci nulla") o *l'ingenuità* ("sono sicuro che andrà tutto bene") ma credo che nessuna di queste sarebbe stata adeguata. Pertanto navigare significa (1) essere consapevoli della propria emozione, (2) ascoltare e capire quell'emozione, (3) interrogarsi sulla causa di quell'emozione e (4)

Capitolo 6: Navigare le Emozioni

scegliere un'altra emozione che possa consentire di *passare lo scoglio* e andare avanti in modo efficiente.

Storia 2. Perdono. Alcuni anni or sono una donna mi chiese di seguirla circa un problema che l'affliggeva da anni. Mi disse di non essere capace di perdonarsi ciò che aveva fatto dieci anni prima.

Lei e il suo compagno avevano un figlio cagionevole sin da poco dopo la nascita. All'età di cinque anni, il bambino ebbe una febbre, mentre lei era lontana da casa, per lavoro. Fece una telefonata a casa, e verificata la situazione del bambino con il compagno, decise che la situazione fosse sotto controllo e quindi di continuare la trasferta. Quando rientrò a casa si rese conto che quella del figlio non era una delle solite crisi e la corsa in ospedale fu immediata. Lì le dissero, dopo alcune settimane, che il bambino aveva l'udito danneggiato, a causa di quella febbre alta.

Si incolpò per non essere entrata più nel dettaglio durante la telefonata fatta mentre era fuori casa e incolpò, se stessa e, maggiormente, il compagno per non avere prestato sufficiente attenzione alla salute del figlio. Diceva di sé che qualunque cosa facesse non riusciva a scrollarsi di dosso quel senso di colpa né a perdonarsi.

Questa è una di quelle esperienze che non augureremmo a nessuno ma si tratta di qualcosa che può succedere, nella vita. A meno che non vogliamo rimanere in uno stato di sofferenza, dobbiamo trovare un modo di navigare questa emozione. La donna era chiaramente *bloccata* tra *colpa, rimorso, vergogna, pentimento* e *rabbia* mentre l'emozione che non riusciva a generare era quella del *perdono*. Per lei perdonare era semplicemente impossibile, sia se stessa che il suo compagno.

Se guardiamo al perdono, da un punto di vista ontologico, possiamo destrutturarlo nel seguente modo:

- La storia: *credo che qualcosa che hai fatto mi abbia fatto del male ma prometto di non usarla contro di te, nel futuro.*

Le Conseguenze delle Emozioni

- La predisposizione: accettare che qualcosa è accaduto, *non dimenticare ciò che è stato*, e non usarlo contro se stessi o qualcuno.
- Lo scopo: vivere il nostro presente, facendo tesoro della nostra esperienza, senza il bisogno di punire.

In questo caso, la storia è che sia la donna che il suo compagno avevano fatto qualcosa che aveva danneggiato il loro bambino. Inoltre, la donna aveva ignorato alcune caratteristiche della personalità del suo compagno che erano esse stesse alla base di quanto accaduto. Quella donna cercava di perdonare se stessa ma non ci riusciva perché nella sua interpretazione, del perdono, c'era anche la capacità di dimenticare[3]. Ella stessa mi suggerì questa chiave di lettura dicendomi *che non riusciva proprio a dimenticare quanto accaduto*. Considerare il fatto che ci potesse essere perdono, senza necessariamente dover dimenticare, era una nuova possibile interpretazione. Possiamo immaginare questo come un modo per uscire da una vera e propria trappola mentale nella quale era quella povera donna.

Quella stessa donna, razionalizzando il nuovo approccio, riconobbe un cambiamento e iniziò a vivere in modo diverso il presente, quando quell'evento le tornava alla mente. Era l'inizio di un nuovo percorso, per sviluppare un nuovo gruppo di emozioni. *Colpa, rimorso, vergogna, pentimento e rabbia* non erano emozioni da cancellare ma da riordinare e navigare, per risolvere un po' della confusione che prevaleva, per ritrovare una strada che l'avrebbe poi portata al perdono che lei e il suo compagno meritavano, necessitavano. Il perdono, in questa configurazione, deve includere il ricordo e, in parallelo, l'impegno a smettere d'auto-punirsi.

Storia 3. Vergogna. Ho lavorato con un uomo che era il direttore generale di un'azienda con 200 dipendenti. Piaceva ai suoi ed era rispettato praticamente da tutti perché aveva successo, nel suo ruolo. Era felicemente sposato e papà di un figlio di otto anni, del quale era fiero. Nelle nostre conversazioni private, una volta, condivise un suo pensiero. Mi

---

3 Ma, come l'inglese suggerisce, forgive è diverso da forget, in inglese (NdT)

Capitolo 6: Navigare le Emozioni

disse che, malgrado riconoscesse *l'approvazione* della gente che lo circondava, *l'amore* con il quale la sua famiglia lo circondava e il successo nella maggior parte delle cose che faceva, non poteva scrollarsi di dosso una *sensazione di malessere*. Sentiva che il successo esterno era in contrasto con un profondo senso di inadeguatezza.

Iniziando ad esplorare la sua vita e questo senso di dubbio, ha iniziato a collegare questa sua sensazione alla voglia di nascondersi. Ascoltando l'osservatore che parlava mi è stato possibile capire che quella voglia di nascondersi era, in realtà, *vergogna*. Ontologicamente, la storia che accompagna la vergogna è: *ho rotto le regole o gli standard della mia comunità*. Quando abbiamo esplorato insieme questa vergogna, all'inizio, non riusciva a ricordare alcun motivo scatenante. Tuttavia, nel ricostruire alcuni eventi del passato, mi disse che ben prima di avere egli stesso voglia di nascondersi, voleva nascondere suo padre. Ne venne fuori che suo padre era un asiatico e che il nostro protagonista, da ragazzo, non aveva amici con un padre straniero. La persona con la quale stavo lavorando, del resto, non aveva alcun tratto somatico che potesse suggerire le sue origini asiatiche. Quell'uomo di successo, da ragazzo, aveva voluto nascondere le origini del padre ai suoi amici, per paura di essere emarginato. Arrivammo alla conclusione che egli provava vergogna per ciò che era il padre. Mentre parlava era evidente anche la sua vergogna, per aver avuto il desiderio di nascondere suo padre, da giovane. In pratica, si vergognava della sua stessa vergogna. La soluzione era abbastanza semplice: parlare con suo padre della sua esperienza di crescita e di come questo potesse migliorare il loro rapporto.

Secondo me questo è un esempio molto potente perché dimostra che alcune volte non proviamo vergogna per qualcosa che abbiamo fatto ma per la storia che raccontiamo di noi stessi (quel giovane uomo di successo si vergognava per ciò che gli altri ed egli stesso avrebbero potuto pensare). Un altro aspetto importante è che spesso proviamo emozioni che riguardano le nostre stesse emozioni e questo può complicarne l'ascolto. Se, ad esempio, ci vergogniamo di provare rabbia è facile che vivremo nella vergogna senza riuscire a scoprire ed esplorare il significato di quella rabbia. La verità è che sviluppiamo le emozioni che ci consentono di prenderci cura di noi stessi sin da piccoli. Può essere, è

Le Conseguenze delle Emozioni

il caso della terza storia, che alcune volte le emozioni non siano più utili, una volta che diventiamo adulti. Comprendere questo aspetto, questa *crescita emotiva*, è importante per comprendere cosa sia più utile e di supporto per facilitarci la vita.

Storia 4. Impazienza. Come facciamo a capire quale emozione ci pervade se più d'una ci lancia lo stesso messaggio? È il caso, ad esempio, di tristezza e disperazione oppure ansia e dubbio. Ontologicamente, si può determinare l'emozione più esatta dalla storia (da ciò che stiamo pensando) nel momento in cui sentiamo un (apparente) gruppo di emozioni.

Una donna con la quale ho lavorato, quarant'anni, mi parlò della sua *impazienza* e di quanto desiderasse cambiare quella parte del suo carattere perché non le piaceva. Quando le chiesi cosa provasse quando si sentiva impaziente mi disse che provava un forte desiderio di uscire e agire, avventurarsi in nuovi progetti e sfidare se stessa. Le chiesi cosa provasse, poi, in quei momenti, e mi disse che iniziava a pensare che il mondo fosse grande ed affascinante e che la voglia di esplorarlo cresceva. A me quella non sembrò impazienza, di solito collegata a storie del tipo *sto perdendo il mio tempo qui* o *le cose dovrebbero muoversi più velocemente*. Tant'è che le chiesi come mai pensasse di essere una persona impaziente. Mi raccontò che erano i suoi genitori, sin da giovane, a ripeterle così. Lei era la maggiore di cinque figli, tutti estremamente energici e che chiedevano continuamente di fare qualche esperienza. La risposta dei genitori era un generalizzato: "Smettetela di essere così impazienti". Nel chiederle quali altre emozioni potesse evocare, lasciando da parte l'impazienza, mi parlò di *entusiasmo* ed *esuberanza*. Era chiaro come queste ultime due emozioni sposassero meglio il suo modo di essere e questo le consentì di cambiare opinione su se stessa (in fondo non faceva nulla di male). Ci sono altre emozioni che avrebbe potuto nominare, *euforia* o *ardore* e ognuna ha la sua storia distinta. È probabile che stesse vivendo una combinazione di tutte queste emozioni al punto che non fosse possibile individuare l'*emozione corretta* ma ci fu senz'altro possibile comprendere in quale campo si stesse muovendo.

Dare un nome sbagliato ad una emozione è una cosa abbastanza comune. Confondiamo vergogna e colpa, non distinguiamo tra servizio e sacrificio o tra paura,

Capitolo 6: Navigare le Emozioni

ansia e dubbio. Quando non possiamo distinguere quale emozione stiamo provando, non possiamo capire cosa stia cercando di dirci e quindi non possiamo scegliere come navigare in modo efficace. Siamo limitati dalla nostra ignoranza.

Storia 5. Fiducia. Di solito, molti di noi imparano che fidarsi e non fidarsi di qualcuno sia in qualche modo legato al carattere, nostro e dell'altro, o dell'altra. Inoltre, pensiamo che in qualche modo le persone delle quali possiamo fidarci sono *brave persone* (le altre *cattive*). Sotto questa luce, la fiducia potrebbe essere vista come una questione morale. Questo, ovviamente, rende l'argomento particolarmente delicato perché parlarne significa, potenzialmente, mettere in dubbio la moralità e il valore dell'altro. La fiducia, inoltre, è vista come qualcosa di immutabile. Ci sono due storie che riguardano la mia famiglia e che possono aiutare a descrivere meglio il concetto. Quando mio figlio aveva dodici anni mi implorò di fargli guidare l'auto. Eravamo soli in strada e si sarebbe trattato solo di un piccolo tratto (ci teneva tantissimo). Mi rifiutai perché non mi fidavo di lui, come guidatore. Se consideriamo la definizione ontologica di fiducia, quello che ho fatto ha senso perché la fiducia è l'emozione che ci *consente di interagire con gli altri* e si basa su sincerità, competenza e storia pregressa. Era facile capire che mio figlio era sincero nel dire di voler guidare senza fare danni ma non avevo prove della sua competenza né che avesse esperienza (non aveva mai guidato). Pertanto, decisi di non *coordinare quel tipo di azione, con lui*. In nessun momento ho pensato che mio figlio fosse una cattiva persona, ovviamente, e anche in quel momento avrei voluto supportare la sua crescita. Tuttavia, basandomi sulla fiducia, in questo caso bassa, non l'ho permesso. Qualche anno più tardi, dopo aver fatto un po' di lezioni a scuola e qualche guida con me, ho iniziato a fidarmi considerandolo quanto meno un buon principiante. Così come la sua affidabilità è cresciuta, così anche la mia fiducia in lui. Questo è un esempio di come la fiducia possa evolvere nel tempo se continuiamo a valutare gli altri e noi stessi.

Al contrario, quando mio suocero superò gli ottant'anni, dopo una vita passata a guidare senza provocare nessun incidente, iniziò a graffiare l'auto al muretto del garage più di una volta, in poche settimane. Diventava sempre più insicuro alla guida ed almeno una volta al giorno si rischiava un incidente, più o meno grave. Divenne chiaro alla mia famiglia, usando il modello della fiducia, che, malgrado fosse assolutamente sincero nel dire che guidasse prestando attenzione, la sua competenza stava diminuendo. Il risultato fu che gli chiedemmo di smettere di guidare. La transizione non fu semplice ma alla fine fu d'accordo.

Questo è un altro esempio di come dobbiamo controllare le nostre valutazioni per essere prudenti nell'estendere e nel confermare la nostra fiducia. In questo caso, ancora una volta, la nostra scelta non ha alcun legame con la moralità di mio suocero quanto con la fiducia e la prudenza, nel lasciarlo guidare.

L'apprendimento emotivo cambia le relazioni

Stavo per avere un esaurimento a causa di uno scontro in famiglia. Ero fermamente convinto che questo mio familiare mi avesse raggirato e non vedevo altra verità. Poiché ammiravo questa persona, ero anche travolto da un profondo disappunto e molta rabbia, nei suoi confronti. Il mio coach mi ha aiutato a capire la differenza tra ammirazione (voler agire come quella persona) e culto (mettere quella persona su un piedistallo). Mi sono reso conto di poter riprogrammare il modo in cui vedevo quella persona, che mi consentisse di costruire una relazione più sana e soddisfacente. Alle basi della nuova scelta le emozioni che più inquadravano la situazione attuale. Ne conseguì un cambiamento emotivo che mi consentì di costruire una conversazione rispettosa d'entrambi e che mi desse la possibilità di vivere con più integrità, calma e grazia.

-H.A.

Capitolo 7

LE EMOZIONI NEL QUOTIDIANO

Notare le Emozioni

La prossima volta che stai aspettando in fila, osserva cosa ti accade emotivamente. Quali sensazioni provi? Quali sono le storie connesse? Se al ristorante qualcuno viene servito prima di te, malgrado la sua ordinazione sia arrivata dopo, come ti senti? Potresti provare *frustrazione* perché non è ancora arrivato il tuo turno o *risentimento* verso te stesso se ti sembra che la situazione sia ingiusta. Potresti persino provare *rabbia* se ti sembra che chi è allo sportello non si sia impegnando abbastanza. Oppure, semplicemente, puoi *accettare* la situazione, che prima o poi sarà il tuo turno e che non c'era modo di capire quale fosse lo sportello più veloce. Il punto è che, di fatto, stai continuamente vivendo emozioni (*sei emotivo* è ciò che solitamente ci diciamo) e le emozioni sono connesse con pensieri e storie. Non importa se la rappresentazione delle tue emozioni arrivi a farti cambiare fila, chiedere all'impiegato di accelerare o che inizi a tamburellare istericamente con le tue dita perché questi gesti non fanno che confermare il fatto che stai vivendo determinate emozioni.

Una volta che inizi a renderti conto che *non puoi non avere emozioni* le stesse inizieranno ad avere un nuovo posto nella tua vita. Improvvisamente arriverai alla consapevolezza che le emozioni sono alla radice di ogni pensiero o azione al punto da poter dire che nulla accade senza che una o più emozioni ne facciano parte. Una similitudine appropriata è quella del rapporto tra la presenza di vita e di acqua. L'acqua sgorga dal rubinetto, piove dal cielo, viene usata per lavare, cucinare, pulire, dissetarci e innaffiare le piante. È, inoltre, nell'aria, come umidità, e in buona parte del nostro corpo. Eppure trascuriamo l'importanza di questo elemento primario, per la vita. Come per l'acqua, della quale non possiamo fare a meno, non possiamo permetterci di evitare di apprezzare le emozioni, comprenderne il loro valore, trattarle con rispetto e comprendere la nostra dipendenza dalle stesse.

Come le emozioni si mostrino varia ampiamente, nel corso della vita, perché il nostro rapporto con esse cambia, durante la crescita. Si tratta, d'altro canto, di un rapporto analogico, non digitale.

Imparare le Emozioni

Se crediamo nel fatto che il dominio delle emozioni non sia fisso allora è logico pensare che siamo nati con il potenziale di capire le emozioni. Ci vuole, però, voglia di apprendere. Così come i bambini nascono con certe capacità fisiche e cognitive, hanno anche un certo livello di comprensione delle emozioni. Ogni giorno, crescendo, miglioriamo, un po', ciascuna di queste abilità. Come miglioriamo ognuna di queste capacità, però, è profondamente diverso. Impariamo nell'area cognitiva grazie alle informazioni che riceviamo e a quanto ci ragioniamo su. In pratica, il dato, opportunamente riorganizzato, viene compreso quando per noi *ha un senso*. Non sempre capiamo ciò che abbiamo di fronte immediatamente ma questo, eventualmente, ci porta a rivedere le nostre posizioni di partenza. Succede, ad esempio, quando impariamo che i bambini

Capitolo 7: Le Emozioni nel quotidiano

non li porta la cicogna o che i regali non scendono dal camino. Allo stesso modo, la a dissonanza cognitiva data dall'informazione che non rientra nel nostro schema razionale ci porta, per un periodo più o meno lungo, all'emozione della *confusione* la quale ci sfida a creare un nuovo schema razionale.

Il nostro corpo impara per ripetizione. Questo spiega perché gli atleti molto preparati continuino a praticare i fondamentali del loro sport. Non si tratta solo del non *voler dimenticare come ci si muove* ma voler continuare a perfezionare i propri movimenti. È il motivo, tra gli altri, per il quale dobbiamo esercitarci a suonare uno strumento musicale e non basta solo razionalizzare, convincersi, di essere un bravo pianista. *La pratica non rende perfetti* ma *la pratica consente di imparare*.

Emotivamente impariamo per immersione e questa è la chiave per capire come sviluppare le proprie capacità emotive. In questo contesto, *immersione* significa *affondare* ed *esporsi*, alle emozioni, per un certo periodo. Ad esempio, se cresciamo in una casa e percepiamo l'ambiente intorno a noi come pericoloso, potremmo crescere nella *paura*. In un'altra casa potremmo imparare *il servizio* o *l'ambizione*, a seconda del contesto emotivo. Essere immersi, inoltre, significa *consentire a se stessi di vivere le emozioni*. Un'analogia si può fare con l'attività dell'andare in bicicletta, per fare esercizio ma anche per imparare a pedalare meglio. Senza pedalare, tanto, non sapremo fare altro che rimanere più o meno in equilibrio. Senza vivere a pieno le emozioni saremo sempre più o meno in bilico.

L'apprendimento cognitivo avviene in tre fasi:

Posto che si possa scegliere a priori di non imparare il significato delle emozioni, se decidessimo di intraprendere questa strada, per prima cosa, dovremmo diventare consapevoli della varietà delle emozioni stesse, consultando questo libro e altre fonti. Poi, scegliere di affrontare un percorso di crescita. Infine, sviluppare le proprie competenze, applicandosi concretamente.

Ridere e Piangere

Le emozioni sono dentro di noi. Le viviamo attraverso una serie di sensazioni fisiche alimentate dalle storie che sono costruite dalla nostra mente. Così, come il nostro cervello ha la capacità di pensare, i nostri corpi hanno la capacità di vivere emozioni. Imparare l'algebra (ma anche la statistica, la chimica, ...) richiede al cervello di espandere la propria capacità. Imparare nel dominio emotivo ha un effetto simile e ci è richiesta la capacità, o quantomeno la pazienza, di consentire questa espansione. Adottare nuovi modi di pensare espande la nostra stessa capacità di pensare e quindi praticare le emozioni ci consente di espandere la nostra capacità emotiva. Non avere la capacità di comprendere qualcosa dal punto di vista cognitivo questo causa spesso una confusione mentale. Quando non riusciamo a *reggere* un'emozione forte, diretta, il nostro corpo reagisce piangendo o ridendo. Lungo il percorso di apprendimento, perciò potrà capitare di dover ridere o piangere. Se ci si fa caso, si può notare che i bambini, tendenzialmente con una capacità emotiva ridotta rispetto ad un adulto, sono più inclini a lacrime (o risate) per emozioni meno estreme che in un adulto. Crescendo, la nostra capacità si espande e lacrime e sorrisi sono causati da eventi più grandi.

Il concetto sopra descritto è una valida alternativa al *piange perché è triste* tanto quanto la nostra interpretazione della *fiducia* rispetto a quella tradizionale fondata su una base morale. Piangere e ridere sono sfoghi e ci dicono anche qualcosa di importante secondo la nostra capacità emotiva, al di là della drammaticità del momento. Nel tempo possiamo espandere la nostra capacità in questo dominio.

Capitolo 7: Le Emozioni nel quotidiano

Emozioni e Azione

È fondamentale capire che le emozioni sono qualcosa che causa le nostre azioni o, meglio, i nostri movimenti. In questo contesto, movimento e azione non dovrebbero essere confusi, infatti. Emozioni come *l'accettazione,* o la *rabbia repressa,* potrebbero non comportare nessuna azione ma in ogni caso ci muovono. Azione significa *fare, eseguire*. Muovere significa *guidare, direzionare*. Possiamo muoverci senza agire. Ogni emozione ha una particolare predisposizione e questo significa che ci guida, ci direziona, verso una serie di azioni, più o meno evidenti. Possiamo decidere o meno di agire secondo quella direzione o, in altre parole, possiamo decidere se reagire o rispondere.

Emozioni e Pianificazione

A prima vista potrebbe sembrare che emozioni e pianificazione abbiano poco in comune perché solitamente si pensa alla pianificazione come a qualcosa strettamente legato alla razionalità. Pianificare, semplificando, significa scegliere le nostre priorità, metterle in ordine e assegnare i tempi per svolgerle. È una semplificazione vera ma che sorvola sull'essenza del che cosa sia il *mettere in priorità*. Se intendiamo *mettere in ordine di importanza* allora la domanda è: come decidiamo cosa sia più o meno importante? La risposta a questa domanda passa per le emozioni. Se a guidarci è *l'urgenza* avremo una lista, e un ordine, che sono diversi se a guidarci sono il *servizio* o magari la *prudenza*. In un certo senso potremmo dire che le emozioni sono dei filtri attraverso i quali vediamo la realtà futura che desideriamo e il modo più efficiente di pianificarla. Ad ogni modo, l'attività di pianificazione, nella sua completezza, è il frutto della sinergia tra razionalità ed emotività.

Per emotività non ci riferiamo solo alle emozioni ma anche agli stati d'animo. Questi ultimi agiscono da ulteriore filtro e di fatto determinano quasi siano le emozioni che più comunemente viviamo. Dobbiamo qui ricordare che una differenza chiave tra emozioni e stati d'animo è che gli stati d'animo precedono la nostra interpretazione delle cose, e le nostre azioni, mentre le emozioni sono la conseguenza di eventi. Chi vive nello stato d'animo della *rassegnazione* non vedrà alcuna possibilità e la sua pianificazione rifletterà ciò che pensa. Pianificare partendo da un senso di *risentimento* ci poterà a strutturare le cose per poterci *vendicare* per qualcosa che crediamo ingiusto. Pianificare ispirati dal *servizio* ci porterà a guardare in modo più ampio e attento a ciò che è utile per gli altri. Quando si inizia a preparare un piano, che sia una vacanza piuttosto che iniziare un nuovo lavoro o girare un film, è utile considerare lo stato d'animo con il quale ci stiamo approcciando perché questo avrà un enorme impatto sul risultato.

Le emozioni e il linguaggio

Il linguaggio è, in fin dei conti, una funzione del corpo e, dato che le emozioni mettono in azione il nostro corpo, ne consegue che non possiamo pensare o parlare senza il contributo delle emozioni. La *curiosità* ispira una domanda mentre *prudenza, responsabilità* o *eccitazione* possono essere utili nel difendere una tesi. Inoltre, specifiche frasi del linguaggio comune ci segnalano specifiche emozioni. Dire al proprio figlio di *stare attento* è ispirato dalla *responsabilità* mentre dichiarare ai propri amici che si farà un giro del mondo è ispirato da *iniziativa, ambizione* o, magari, *orgoglio*.

Capitolo 7: Le Emozioni nel quotidiano

Perché impegnarsi così tanto?

Se vogliamo costruire la nostra competenza nel dominio delle emozioni dobbiamo capire come riconoscere queste distinzioni e poi collegarle agli eventi della nostra vita. Questo è un modo efficiente, a nostro avviso, per essere in grado di identificare le nostre emozioni. Molti di noi non hanno mai pensato a come intraprendere questo processo e quindi potremmo non essere particolarmente bravi o potrebbe risultare particolarmente faticoso. Ricordo che da ragazzo volevo conoscere tutti i modelli di auto in circolazione. Io e mi miei fratelli passavamo il nostro tempo a parlare di ogni tipo, individuare l'anno di fabbricazione o la prima volta che avevamo visto in strada quell'auto. Per quanto oggi mi sembri un gioco noioso, devo ammettere che ci consentì di imparare anche le minime distinzioni tra i modelli, in modo facile e veloce. Questo è un metodo utile anche a distinguere le emozioni e a costruire un vocabolario più ricco. Però, poiché parlare al mondo delle nostre emozioni potrebbe farci sembrare, nel migliore dei casi, poco *stabili* un metodo migliore potrebbe essere quello di annotarle su un taccuino, giorno per giorno, in momenti più o meno definiti della giornata. È probabile che all'inizio non siate in grado di individuare esattamente l'emozione che sembra pervadervi e in questo caso potreste nominarne di simili, o quella che secondo voi più vi si avvicini. Effettuando questo esercizio, per qualche tempo, dovreste arrivare ad annotare liste sempre più lunghe e arrivare a trovare correlazioni tra le emozioni che provate, nella stessa giornata o nel tempo. Anche ascoltare gli altri e cogliere le emozioni altrui può essere d'aiuto. In fin dei conti, come un somelier impara assaporando i vini, così voi dovreste esporvi alle emozioni, per poter diventare dei letterati in questo campo.

Osservare le proprie emozioni

Sono un coach e nelle mie conversazioni mi sono reso conto che per alcuni è difficile riconoscere che le emozioni abbiano importanza o, persino, che facciano parte della nostra vita. Aiutare le persone a riconoscere le emozioni e poi a focalizzare l'attenzione sugli eventi che evocano è sempre un passaggio importante. L'aspetto più importante per me, quando stavo imparando, è stato quello di dedicare dei momenti *perché trascorressi del tempo con le mie emozioni,* solo o in compagnia di altri, così da scendere nel più profondo della comprensione.

Questo mi ha aiutato a comprendere gli aspetti più profondi di particolari emozioni: gioia, paura o ansia, ad esempio, aumentare la mia consapevolezza e scegliere quali mi sarebbero state d'aiuto. Ora pratico la meditazione e contemplazione così da poter connettermi con le lezioni che le mie emozioni vogliono ispirarmi. Rendersi conto dei cambiamenti circa la propria conoscenza emotiva dà un grande valore aggiunto al cambiamento che caratterizza la vita, in generale. Questo è un modello che condivido con i miei studenti perché possano sviluppare il loro metodo. Spesso non serve che io *insegni le emozioni* ma semplicemente che aiuti a trovare un modo perché essi possano ascoltare e comprendere le loro emozioni.

K.M.

Capitolo 7: Le Emozioni nel quotidiano

Quando la realtà soddisfa le attese

Quando mia figlia divenne adolescente, divenne irascibile, irragionevole e accusatoria. Non avevo idea di come gestirla e soffrivo per un senso di inadeguatezza, come genitore, nonché di tristezza, per aver perso la mia dolce figlioletta. Un giorno ero stata particolarmente stravolta da quello che era successo tra me e mia figlia perciò quando al seminario ci chiesero chi volesse intervenire alzai la mano, per parlare con Dan. Iniziai a dar voce alla mia frustrazione, perché *non dovrebbe andare così* e altre frasi simili, ma Dan a quel punto mi chiese: "Quando dici *non dovrebbe andare così* qual è il tuo punto di partenza, il tuo riferimento? In base a quali presupposti pensi che *non dovrebbe andare così?*"

La storia che emerse era quella per la quale se io fossi stata una buona madre, io e mia figlia non avremmo dovuto litigare in quegli anni dell'adolescenza. Durante la mia adolescenza, avevo combattuto per ciò in cui credevo a causa dell'assenza fisica ed emotiva dei miei genitori. Quantomeno, questo era quello che pensavo. Perciò, il solo fatto che fossi presente, per mia figlia, sarebbe dovuto essere sufficiente per evitare questi continui scontri. Il fatto che fossi presente e che ci scontrassimo era la prova che non fossi una buona madre. Mi sentì ridicola nel razionalizzare quanto scritto ma è ciò che pensavo.

Dan mi spiegò cosa fossero le aspettative e il disappunto. Come cerchiamo, in ogni momento, una correlazione tra il futuro che ci immaginiamo e ciò che accade e, quindi, come il disappunto si mostra quando ciò non è possibile. Imparai che quando le aspettative incontrano la realtà, la realtà vince, sempre. E, nella realtà, gli adolescenti lottano, spesso, a prescindere dai genitori che hanno. La mia storia era generata da emozioni molto presenti, in me, ma imparai che cambiando la storia potevo cambiare le emozioni. Anziché recitare a me stessa la storia del *provo disappunto perché la sua adolescenza [di mia figlia] non sta andando come volevo* ho iniziato a dirmi che *sono una buona madre e la sua lotta fa parte della sua adolescenza, della sua crescita*. Mia figlia continuò per un periodo ad essere in balia degli ormoni ma la mia storia era cambiata così come le mie emozioni, come madre e come donna.

Capitolo 8

LE EMOZIONI IN (TUTTO) CIÒ CHE CI CIRCONDA

Forse avete trovato interessante ciò che avete letto sino ad ora. Noi, gli autori, ci siamo resi conto che nel nostro lavoro di coaching, nell'insegnamento delle emozioni, ciò che risulta più difficile per la maggior parte delle persone è vedere le emozioni in quello che fanno e connettere le emozioni alla realtà che le circonda. In questo capitolo vogliamo connettere le emozioni e gli stati d'animo ad alcune parti fondamentali della nostra vita. Quando arriviamo a cogliere come, e quanto profondamente, emozioni e stati d'animo siano radicate in tutto, intorno a noi, possiamo iniziare a comprendere l'enorme potere che quelle stesse emozioni possono darci o toglierci.

Organizzazioni

Possiamo pensare ad una organizzazione come ad un gruppo di *due o più persone che si uniscono per fare qualcosa che non sarebbe possibile, da soli*. La domanda da farsi è che cosa significhi *si uniscono*. I componenti di una organizzazione solitamente condividono la *vision* (o scopo) dell'organizzazione mentre ognuno ha il proprio piano di carriera o, magari, i propri premi aziendali. Tuttavia, una modalità molto forte di unione, spesso non univoca, all'interno dell'organizzazione, è quella che arriva dalle emozioni, e stati d'animo, che si sviluppano. La *fiducia*, come abbiamo visto, è l'emozione che ci consente di coordinarci gli uni con gli altri. Ne consegue che per una organizzazione è impossibile esistere senza fiducia a significare che qualsiasi sia l'organizzazione ci sarà un certo *livello di fiducia*, più o meno alto, tra i componenti. Un'organizzazione debole ha comunque membri legati da una fiducia reciproca che, verosimilmente, è terribilmente bassa.

La fiducia è necessaria non solo internante, tra colleghi, ma anche nei confronti di soggetti esterni. Se si deve affrontare la potenziale perdita di fiducia di un cliente, nei confronti dell'azienda, sarà bene farlo con la massima priorità e serietà dato che potenzialmente questo può determinare il futuro dell'azienda stessa.

Nel 1982 diverse persone morirono a Chicago a causa dell'assunzione di capsule di Tylenol che contenevano cianuro di potassio. La Johnson & Johnson, venuta a conoscenza del problema, ritirò dagli scaffali 31 milioni di confezioni, a proprie spese, per un valore di mercato di 100 milioni di dollari (250 milioni, nel 2019). L'azienda, inoltre, avvertì, attraverso tutti i canali di comunicazione, di evitare il consumo del loro stesso prodotto mentre fino al giorno prima ne avevano sponsorizzato l'acquisto. Una volta risolto il problema, che era nel processo di confezionamento, offrirono un buono sconto per tornare ad acquistare il loro medicinale. Johnson & Johnson fu riconosciuta dalla stragrande maggioranza come un'azienda capace di fare *la cosa giusta*. Guardando oltre il mero interesse commerciale, ciò che mosse chi era al vertice della Johnson & Johnson fu il profondo interesse a preservare, se non a rafforzare, il sentimento di *fiducia* dei clienti. La sua preoccupazione principale era fare in modo che i clienti continuassero a fidarsi dell'azienda, a comprare. Nell'arco di un anno lo stesso Tylenol riacquistò la fetta di mercato pre-crisi e questo dà lo spessore di quanto sia potente l'emozione della fiducia[4].

---

4 "Chicago Tylenol Murders," Wikipedia, https://en.wikipedia.org/wiki/Chicago_Tylenol_murders.

Capitolo 8: Le Emozioni in (tutto) ciò che ci circonda

Anche l'industria automobilistica ci consente di raccontare un'altra storia relativa a crescita e cambiamento, strettamente legata alla *fiducia*. Quando l'industria dell'automobile giapponese approcciò il mercato americano, negli anni Sessanta, decise di conquistare una fetta del mercato trasmettendo il messaggio che le sue auto fossero affidabili. Industrie come Toyota e Honda si concentrarono su questa strategia per decenni, arrivando a diventare i mezzi più affidabili del mondo sia statisticamente che da un punto di vista percettivo. Non era semplice perché si trattava di convincere l'americano medio che un motore a 4 cilindri fosse affidabile almeno quanto uno a 6 o 8 cilindri (la norma, a quei tempi). Il successo di Toyota nel mercato americano, in particolare, si potrebbe analizzare da molti punti di vista ma in sostanza trova le sue fondamenta in una fiducia sempre più radicata nei consumatori. Un esempio opposto potrebbe essere il Diesel Gate che ha travolto il Gruppo VW che, a suo tempo, non ha volutamente costruito secondo le specifiche. Poiché la fiducia si fonda su sincerità, competenza e affidabilità, risulta chiaro come la fiducia, in questo caso, sia diminuita a causa dello scandalo. Conseguentemente il numero di interazioni (gli acquisti) si sono ridotti.

Un'altra emozione che solitamente è all'interno di una organizzazione è la *lealtà*. La lealtà è l'emozione che ci predispone a prenderci cura e a difendere il nostro gruppo. All'interno di una organizzazione ci può essere lealtà verso una visione aziendale, le gerarchie o il proprio capo. Il membro del gruppo difenderà con più o meno energia un aspetto, piuttosto che un altro, a seconda di ciò che lo identifichi maggiormente. Benché la lealtà sia importante, all'interno di un'organizzazione, non è detto che porti sempre benefici. Un dipendente leale al proprio capo incapace continuerà a supportarlo malgrado le conseguenze che ciò comporta sul resto del gruppo e sugli obiettivi. Invece, un dipendente leale all'organizzazione potrebbe ritrovarsi a combattere il capo e questo potrebbe, diversamente, avere conseguenze negative per la sua carriera.

Le Conseguenze delle Emozioni

Altre emozioni che spesso si vivono all'interno di una organizzazione sono la *paura*, che l'organizzazione possa fallire e quindi si possa perdere il lavoro, l'*orgoglio*, per aver fatto qualcosa di buono e lo si voglia condividere, la *soddisfazione*, per essere arrivati a un risultato che ci appaga, o la *passione*, che ci porta a immergerci in un'attività che riteniamo di particolare importanza. Ovviamente, all'interno di una organizzazione possono mostrarsi tutte le emozioni ma riuscire ad osservare le più comuni può aiutarci a capire cosa manchi, in certe fasi, al fine di muoverci più velocemente e nella direzione giusta.

Gli stati d'animo, che sono una forza più latente, hanno un ruolo diverso all'interno dell'organizzazione. Ci informano sul come siamo predisposti ad interpretare determinati eventi, laddove si mostrassero. Ad esempio, un'organizzazione che vive nell'*ambizione* è più predisposta ad intercettare e cogliere opportunità e quindi più incline ad emozioni come *l'ottimismo*, *l'eccitazione*, *l'entusiasmo* o magari *l'ambizione* stessa. Lo stato d'animo della *serietà* porterà ad affrontare con *gravità, rispetto, prudenza* le possibili sfide mentre lo stato d'animo del *servizio* renderà generalmente più comunque emozioni come la *cura*, per gli altri. È possibile ritrovare uno stato d'animo nelle conversazioni e nella modalità di gestione dell'attività, spesso riportata inconsciamente, dai suoi membri. Un disallineamento fra gli stati d'animo di una organizzazione e quelli del top-management porta inevitabilmente all'insuccesso. È difficile, ad esempio, immaginare un'organizzazione che provi *vergogna* ma che al tempo stesso sia capace di promuovere un prodotto con *entusiasmo*.

Leadership

Il ruolo di ogni leader è quello di muovere un'organizzazione dal presente al futuro. A meno che il leader non abbia il compito di chiudere un'organizzazione, tendiamo ad associare il ruolo di chi guida a quello di chi sia in carico

Capitolo 8: Le Emozioni in (tutto) ciò che ci circonda

di occuparsi della crescita, ad un ritmo sostenibile. Generalmente, pensiamo ad un buon leader come a qualcuno capace di generare una visione del futuro abbastanza *entusiasmante* da invogliare gli altri a contribuire alla sua creazione. Possiamo individuare comportamenti specifici che rendono tutto questo possibile: comunicazione chiara, visione coerente, coinvolgimento attivo. Ognuno di questi aspetti trova fondamento in una particolare emozione: *rispetto, entusiasmo, cura* ed *ispirazione* sono buoni esempi.

Quando si affronta una sfida si guarda al proprio leader il cui lavoro è quello di generare emozioni e stati d'animo, all'interno dell'organizzazione, utili ad affrontare la sfida. Paura, urgenza o competizione così come lealtà, orgoglio o entusiasmo sono emozioni che vanno opportunamente dosate. Chi vuole o deve diventare un leader dovrà saper gestire queste stesse emozioni, nei confronti di se stesso, e deve saperle ispirare. Spesso pensiamo ai buoni leader come a persone carismatiche, capaci di trainare, senza soffermarci sull'osservare quali siano le emozioni che ispirano.

Politica

Pensiamo ai politici come a persone guidate da ideali, di ispirazione liberale, conservatrice, sovranista e focalizziamo la nostra attenzione quasi esclusivamente sul contenuto immediato del messaggio, quand'è tempo di elezioni. Gli ideali, tuttavia, sono semplicemente storie create in congiunzione a determinate emozioni. Ad esempio, se il nostro stato d'animo è quello della *prudenza*, con particolare riferimento alle nostre risorse finanziarie, potremmo tendere a votare per avere un governo che *tenga i conti in ordine*. Se siamo *compassionevoli* potremmo avere una posizione più inclusiva e preferire un partito che conceda più servizi sociali a chi ne ha bisogno, ponendo meno attenzione al bilancio dello Stato. Nei due esempi appena fatti, le emozioni della *prudenza* e *compassione* sono alla base delle nostre scelte politiche. Se abbiamo *timore* per la nostra sicurezza personale, potremmo sentirci a nostro agio con chi ci promette più forze dell'ordine nelle strade. Invece, se la nostra *paura* si concentra sull'interferenza dello Stato sulla nostra libertà personale, potremmo guardare ad una opzione più liberale. In sostanza, sono le emozioni e gli stati d'animo che ci portano a scegliere per quale forza politica votare.

Il modo di pensare dei leader politici non è diverso dal nostro. Otto Von Bismarck diceva che *la politica è l'arte del possibile*. Partendo da questa definizione la domanda più ovvia è: quali sono le emozioni collegate alle possibilità, alle opportunità?. Se lo stato d'animo del politico è quello del *servizio* questo lo renderà un leader a servizio della comunità. Se è *l'avidità* a dominare, sarà portato a focalizzarsi sui vantaggi economici che potrebbe avere facendo politica. Potrebbe anche esserci una profonda *ambizione* di migliorare le condizioni della propria città, regione o nazione o, magari, l'*entusiasmo* di intraprendere una carriera diversa dalla precedente, la *speranza* per un futuro migliore, l'*arroganza* (o la *certezza*) nel poter fare meglio degli attuali amministratori o la *dignità* che ci porta a pretendere una realtà più giusta, dal nostro punto di vista.

Data la complessità dello scenario politico, anche dovuto ai costanti cambiamenti, la *fiducia* ha un profondo impatto sia sul nostro rapporto con la classe dirigente sia nel coordinamento all'interno di un partito, ad esempio. Se, poi, consideriamo che qui l'*amore* è la *capacità di rispettare gli altri nella loro totalità*, è evidente quanto questa emozione sia importante, per un politico, per alimentare un rispetto sincero e profondo, nei confronti della popolazione e dei propri avversari. D'altro canto, sono relativamente pochi i salotti politici dove vi sia un sufficiente livello di *accettazione*, l'emozione alla base di una relazione costruttiva tra due parti che abbiano posizioni diverse.

Capitolo 8: Le Emozioni in (tutto) ciò che ci circonda

Scienza

La spiegazione del metodo scientifico, a scuola, si basa sul concetto che ciò che si studia è *libero da ogni soggettività*. Impariamo che ciò che è scientifico è oggettivo perché nella scienza non c'è spazio per opinioni personali. Questo è stato, ed è tuttora, il tentativo di rendere la scienza meno vulnerabile a interpretazioni infondate ma anche a renderla più aperta a considerare nuove interpretazioni che siano propriamente dimostrate. L'idea stessa dell'essere oggettivi (ovvero basare le proprie affermazioni su evidenze non influenzate da pregiudizi o da aspetti emotivi) si basa sull'assunto che qualcuno possa osservare una porzione di realtà senza che la stessa venga influenzata da questa osservazione[5]. Posti i confini di applicazione, ed i tempi nei quali il metodo scientifico è stato inventato, l'estraneità dell'osservatore all'evento non sembrava solo possibile ma anche infallibile e totalmente ripetibile, al punto che l'unica cosa che dovessimo fare fosse attenersi pedissequamente al metodo. Probabilmente, a quei tempi, non si era compreso che malgrado un processo possa essere strutturato ci sarà comunque una persona, ad applicarlo. La teoria quantica ha dimostrato che la tanto agognata oggettività è semplicemente impossibile. L'osservatore dell'esperimento influenzerà sempre ciò che ha di fronte per il solo fatto di essere egli stesso un particolare osservatore. È questo il nostro punto di partenza per difendere la posizione secondo la quale anche chi fa scienza non può essere privo di emozioni e della loro influenza.

Non ci può essere scienza senza *curiosità*. Ci sono casi nei quali *l'urgenza* è l'emozione prevalente e guida le azioni di équipe di scienziati (si pensi alle crisi sanitarie). *Cura* o *servizio* sono emozioni che spesso compaiono ed è curioso notare quanto anche lo *scetticismo* sia tanto presente quanto necessario. È lo *scetticismo*, infatti, l'emozione che ci consente di distinguere ciò da cui crediamo (perché

---
5 "Objectivity," The Free Dictionary, http://www.thefreedictionary.com/objectivity.

trova posto nella nostra interpretazione della realtà) e ciò in cui non crediamo (che è alla base delle verifiche incrociate, in caso di nuove scoperte). Lo scetticismo è l'emozione che ci fa chiedere se sia realmente x a causare y o si debba approfondire. È anche l'emozione che ci costringe a chiederci se ci sia un modo migliore, più elegante, di dimostrare una nuova teoria in modo tale che la stessa risulti inconfutabile da un punto di vista logico.

Torna quindi il concetto secondo il quale non c'è alcuna sfera d'azione dell'uomo scevra d'emozioni essendo l'uomo stesso un essere emotivo. Non si tratta, quindi, di classificare le emozioni in buone e cattive ma piuttosto di capire cosa ci consentono e cosa non ci consentono di fare. Nel caso della scienza, lo *scetticismo* è un'emozione fondamentale che ha reso la scienza stessa così importante perché *affidabile*. Tuttavia, per quanto fondamentale, non dobbiamo considerare lo *scetticismo* superiore ad altre emozioni, altrettanto fondamentali.

Psicologia

Guadagnando fiducia nella correlazione tra scienza ed emozioni, possiamo descrivere diverse materie che collegano l'esperienza umana e le emozioni. Una di queste è la medicina o *la scienza e l'arte di diagnosticare e trattare malattie o ferite e mantenere lo stato di salute*[6]. Per quanto riguarda la medicina, considerato lo scopo di questo libro, può aver senso approfondire quella branca che studia i processi mentali e il comportamento e li sfrutta per comprendere le caratteristiche emozionali e comportamentali di un individuo, gruppo o attività: la psicologia[7]. In occidente siamo particolarmente propensi a correlare emozioni e psicologia. Ogni

---

6 "Medicine," American Heritage Dictionary, 5th ed., http://www.thefreedictionary.com/medicine.
7 "Psychology," American Heritage Dictionary, 5th ed., http://www.thefreedictionary.com/psychology.

Capitolo 8: Le Emozioni in (tutto) ciò che ci circonda

qual volta pensiamo ad una emozione ci giungono alla mente concetti come la psicologia o la psicoterapia. Questo deriva dal nostro immaginario comune.

Quello che pensano gli autori è che per quanto la psicologia sia uno strumento utile, risulta restrittivo approcciare le emozioni solo in chiave psicologica. Le emozioni e gli stati d'animo esistono al di là della di questa scienza e applicare la sola lente d'osservazione della psicologia ci consente di avere solo una prospettiva. Il rischio è quello di perdere aspetti importanti di ciò che stiamo osservando. La distinzione chiave tra l'osservare le emozioni dal punto di vista della psicologia e secondo un approccio ontologico è che mentre la psicologia analizza le emozioni secondo un approccio medico, con un paziente e un dottore intento a curare la malattia, l'approccio ontologico trova i fondamenti nell'apprendimento. Un modello, in pratica, che non cerca una cura ma solo di esplorare la nostra conoscenza e la nostra comprensione delle emozioni. È, inoltre, un modello pratico grazie al quale chi apprende può conoscere meglio se stesso e come gestire la propria vita.

In qualità di autori ci teniamo a chiarire che, con quanto sopra, non vogliamo sminuire la rilevanza della psicologia o il genuino impegno degli psicologi nel comprendere le emozioni. Entrambi gli autori hanno beneficiato del supporto di psicologi e possono confermarne l'utilità. Allo stesso tempo, possiamo dichiarare l'importanza dell'approccio ontologico. Ci aspettiamo che studiare e comprendere le emozioni, al di là del dominio della psicologia, possa, da sé, causare emozioni nel lettore. *Incredulità, scetticismo* e *dubbio* sono quelle più probabili. Noi, al contempo, vorremmo offrire *speranza, entusiasmo* e *curiosità*. I due approcci, psicologia e ontologia, non si escludono l'un l'altro, dal nostro punto di vista, e questo libro rappresenta un invito a costruire un dominio di conoscenza condiviso che possa diventare uno strumento pratico utile nella quotidianità.

Denaro

Tendiamo a pensare che il fenomeno del denaro sia gestito da leggi matematiche perché è espresso solitamente con numeri e formule. Tuttavia, molti investitori professionisti insegnano che la maggior parte delle scelte in questo ambito è emotiva. Ognuno di noi ha almeno una storia riguardo il denaro. Se la tua storia è: *l'amore del denaro è radice di ogni specie di mali* (Timoteo 6:10) le emozioni che assocerai al denaro sono *disgusto* e *disapprovazione*. Ma, la tua storia potrebbe anche essere quella per la quale *i soldi fanno girare il mondo* nel qual caso le emozioni dell'*ambizione* o *eccitamento* ci predisporranno ad approcciare il denaro in modo diverso. In sintesi, la nostra comprensione del denaro è connessa alle storie e alle relative emozioni che vi associamo.

Religioni organizzate

Essere religiosi significa impegnarsi a vivere con costanza e dedizione il volere del più potente tra i potenti. Ci sono due stati d'animo fondamentali nella religione: *fede* e *reverenza*. *Fede* significa avere *fiducia* in qualcosa anche se non abbiamo alcuna evidenza che quel qualcosa esista. Possiamo avere *fede* in un Dio, nell'universo, nella vita, nelle altre persone, in noi stessi, nella scienza o nella natura. La *fede* non si limita al materiale né all'immateriale. La predisposizione della *fede* è di credere, al di là delle possibili evidenze. La fede consente agli uomini di operare in un campo d'azione che va al di là di ciò che ci sarebbe consentito dalla logica o da emozioni basate su evidenze. Avere *fede*, però, non significa che l'oggetto della nostra emozione sia vera, o che rappresenti la verità assoluta, ma solo che per noi rappresenta qualcosa su cui contare. La *fede* stessa

Capitolo 8: Le Emozioni in (tutto) ciò che ci circonda

non ha bisogno di conferme perché sia tale. *Reverenza* significa essere rispettare ed al tempo stesso essere impauriti da ciò che provoca questa emozione. Gli stati d'animo della fede e della reverenza, nella loro combinazione, determinano il rapporto che abbiamo con la religione.

Marketing e pubblicità

- "I'm lovin' it" (Mc Donald's)
- "Stappa la Felicità" (Coca Cola)
- "Chi Ama, Baci" (Ferrero)
- "Perché Tu Vali" (L'Oréal Paris)
- "Chi mi ama mi segua" (Jesus Jeans)
- "Crodino. L'analcolico biondo fa impazzire il mondo" (Campari Group)

Altre volte sono più nascoste, suggerite:

- "Impossible Is Nothing" (Adidas) – *Ispirazione*
- "Il cuore ha sempre ragione" (Alfa Romeo) – *Passione, eccitazione*
- "Just Do It" (Nike) - Ambizione
- "Che mondo sarebbe senza Nutella?" (Ferrero) - Rispetto, dubbio, cura
- "Un diamante è per sempre" (Da Beers) – *fedeltà*
- "Vivi Effervescente" (Ferrarelle) – *Entusiasmo*

Slogan che suggeriscono che il tuo prodotto abbia molte funzioni o è molto bello, o magari che la tua assicurazione sanitaria privata si prenderà cura di te, sono anch'essi fondati sull'uso delle emozioni. Diverse categorie di prodotti tendono ad avere messaggi che utilizzano gruppi di emozioni diversi, perché devono essere pertinenti al gruppo al quale mirano. *Paura* e *disgusto* sono spesso utilizzate in pubblicità che invitano a smettere di avere comportamenti auto-distruttivi come fumare o drogarsi, la *gioia* è invece usata per invitarci a comprare qualcosa mentre la *passione* è ciò che ci predispone ad ammirare qualcosa. Il valore aggiunto nel comprendere queste emozioni è la capacità di poter decodificare il messaggio promozionale così da capire come ci sta influenzando. Una volta capito a cosa stia mirando la pubblicità, possiamo estraniarci e scegliere più liberamente, e non in base a una reazione. Se sentiamo il dovere di agire con *urgenza* ricevuta la notizia che *rimangono solo tre posti ad un certo prezzo* o che *altre trenta persone hanno visto questa opzione nelle ultime 24 ore*, rischiamo di non fare la scelta migliore, per noi. Potremmo dire che, stando maggiormente attenti, potremmo *pensare in modo più indipendente* riuscendo a gestire meglio le nostre emozioni. Insegnare questo approccia ai nostri figli è particolarmente importante in quanto, più giovani, potrebbero avere meno difese verso i messaggi pubblicitari.

Consumismo

Intorno al 1965 la parola consumismo assunse il significato *incoraggiare i consumi quale politica economica*[8]. Da allora ognuno di noi è un consumatore e fare acquisti è diventata una forma di intrattenimento. Come possiamo collegare questo alle emozioni? Un aspetto è quello per cui comprare, e ricevere beni materiali in cambio, sono attività strettamente legate alle emozioni. Ad esempio proviamo un senso di *sicurezza* sapendo che abbiamo abbastanza cibo nel freezer o scarpe nell'armadio. Spesso, acquistare è un modo per gestire la *noia* ed è quindi promosso incoraggiando *insoddisfazione* e *eccitazione* (vedi capitolo sopra). Poiché

---

8 "Consumismo," Online Etymology Dictionary, http://www.etymonline.com/index.php?term=consumerism.

Capitolo 8: Le Emozioni in (tutto) ciò che ci circonda

la *noia* è l'emozione che ci dice che *non c'è nulla che abbia un valore, qui, per me* siamo inclini a comprare qualcosa che ci renda diversi, dei consumatori. Alcune volte si fa persino leva su un senso di *lealtà* da parte del cittadino chiedendo di *avere fiducia nell'economia e farla girare*.

Cultura

Gli autori ritengono che la cultura possa essere identificata in ciò che caratterizza il modo di vivere di un gruppo. Che ci si riferisca alla famiglia, all'organizzazione aziendale, villaggio, città, nazione o organizzazione religiosa, i tipi di relazione interpersonali attesi e accettabili, interni ed esterni, nonché il rapporto tra materiale e immateriale, sono definiti dalla cultura. Quindi, una cultura è definita da un insieme di regole scritte e non scritte, in ogni gruppo, che emergono da visioni simili del mondo.

L'emozione primaria associata alla cultura è la *lealtà*. Questa è l'emozione che implica che io mi veda parte di un gruppo e, in caso di necessità, mi predisponga a difenderlo. Altre emozioni che hanno un ruolo nel dominio della cultura sono la *fiducia* e la *tranquillità*. Così come ci sono emozioni che generano la cultura ce ne sono altre il cui scopo è difenderla. La più importante tra queste è la *vergogna*. La storia della *vergogna* è l'essere *consapevole di aver rotto le regole della propria comunità*. Se non sono consapevole di aver oltrepassato il limite non proverò *vergogna*. Si tratta di regole che potrebbero essere più o meno scritte, ma che ci saranno ricordate da quel senso di malessere che tutti abbiamo provato, almeno una volta.

Quando esaminiamo la relazione tra cultura, emozioni e stati d'animo, spesso guardiamo più a ciò che si mostra di fronte a noi, al modo in cui le cose vengono espresse, piuttosto che all'essenza. Diciamo che gli italiani sono molto più espressivi dei canadesi, che gli americani sono rumorosi e gli svedesi introversi. Caratterizziamo anche gruppi di professionisti tendendo a classificare i responsabili della sicurezza del volo come *gente seria*, gli atleti come persone *entusiaste* e capaci di impegnarsi e gli insegnanti come individui *gentili* e *servizievoli*. Posto che queste assunzioni siano tutte utili per gettare le basi per una interazione, dobbiamo ricordare che queste informazioni non ci danno un quadro completo delle emozioni in gioco ma, piuttosto, si tratta delle emozioni che consentono alla persona di rimanere all'interno di quella cultura.

L'esperienza dell'autore è che tutti gli uomini hanno uno spettro di emozioni simile. Ad esempio, assistere ad una *ingiustizia* comporta l'emozione della *rabbia*, e questo è vero per tutti, al di là della specifica cultura. Quello che accade, però, è che la cultura (o le culture) di appartenenza determina il modo in cui è consentito, alla persona, esprimere la sua *rabbia*. Trascorrendo del tempo in un Paese come gli Stati Uniti, ad esempio, potrai notare che cisono emozioni favorite e incoraggiate mentre altre sono viste fuori luogo o, persino, da evitare. *Entusiasmo* e *ambizione* sono emozioni che è facile ritrovare nel modo di essere degli americani. Invece, emozioni come l'*accettazione* (nell'interpretazione presentata in questo libro) o la *tristezza* sono considerate dalla maggioranza come emozioni prive di valore e utilità. A nostro avviso, comunque, l'abbiamo scritto sopra, non è utile distinguere le emozioni in buone e cattive. Tutte andrebbero interpretate come l'energia che ci muove, che ci guida all'azione e che ci aiuta a costruire le storie che riguardano noi stessi e il mondo che ci circonda. Pertanto, non dovremmo giudicare gli americani o gli altri popoli, nel bene e nel male, per quelle che sono le emozioni più evidenti o accettate quanto, piuttosto, dovremmo valutare queste emozioni perché rappresentano un elemento che può aiutarci a comprendere gli americani stessi, nella loro collettività. Non considerare gli americani, così come ogni altro popolo, secondo questa prospettiva porta a una comprensione più superficiale. Ovviamente per noi è chiaro che al di là della cultura ogni individuo

Capitolo 8: Le Emozioni in (tutto) ciò che ci circonda

e sottogruppo, all'interno di una cultura più grande, ha il proprio orientamento emotivo peculiare che, comunque, è influenzato dalla visione collettiva.

Queste osservazioni si possono applicare a ogni tipo di cultura: etnica, nazionale, regionale, organizzativa, linguistica o demografica. Ognuna ha il proprio ventaglio di credenze, valori, regole e standard. Comprendere il valore che la cultura ha sulle emozioni del singolo, d'altro canto, è uno strumento importante per comprendere perché le persone vivano in un certo modo. Se vogliamo comprendere realmente gli altri, dobbiamo indagare a fondo in quest'area.

Sport competitivi

Gli sport sono contesti nei quali l'obiettivo è di determinare chi sia, secondo certe regole, il migliore atleta. Tuttavia, pensare che gli sport implichino solo un coinvolgimento fisico significa tralasciare l'importanza che le emozioni hanno nel mettere in movimento il corpo stesso. Senza *brama*, *passione* e, alcune volte, *arroganza*, non ci sarebbe motivo di impegnarsi. Senza *gioia*, *orgoglio* e, alle volte, *compiacimento* non ci sarebbe piacere nella vittoria. La storia dell'atleta meno quotato che vince contro il campione talentuoso è l'archetipo di una storia tanto antica quanto quella di Davide contro Golia. Queste sono storie costruite su *speranza* e *ammirazione*.

Al di là delle emozioni di chi compete, ci sono quelle dei tifosi, degli allenatori, dei proprietari delle squadre, di chi sponsorizza e dell'intero sistema che fa parte dell'industria sportiva. Che si tratti di tifosi fedeli o stagionali, sarà la *lealtà* a spingerli a seguire la propria squadra. C'è persino chi, tra i tifosi, è contento quando la propria squadra perde, avendo così un motivo per lamentarsi, mosso da *risentimento* o *cinismo*. Invece, chi celebra le vittorie è mosso da *orgoglio*, *soddisfazione* o, alle volte, *vendetta*.

Le Conseguenze delle Emozioni

Negli ultimi decenni abbiamo potuto osservare come gli sport siano diventati più estremi. Questo succede sia grazie allo sviluppo di nuove regole che all'introduzione di nuovi sport. L'espansione che hanno avuto gli sport estremi è stata generata dall'emozione dell'*eccitazione*. L'*eccitazione* cerca sempre di elevare i limiti precedentemente raggiungi. Allo stesso modo, gli eventi sportivi cercano di costruire un livello di eccitazione sempre maggiore mettendo insieme sempre più persone orientate a questa emozione che si autoalimenta. Per quanto ci siano anche altre emozioni, i nostri sport attuali sono ampiamente fondati sull'eccitazione e si guarda sempre a qualcosa di più veloce, alto, lungo, profondo e rischioso.

Arte

Di tutte le attività umane quella che è maggiormente riconosciuta come radicata nelle emozioni è l'arte. Si immagini un concerto musicale e si pensi a ciò che genera emotivamente. Potrebbe trattarsi di *ammirazione* per la virtuosità del direttore d'orchestra o del primo violino, di *ira* se è un gruppo heavy metal o di *delizia* che si prova nell'ascoltare un cantante jazz. Quando non riusciamo a trovare una connessione tra la musica e le nostre emozioni più comuni, in noi potrebbe generarsi *disappunto* (anch'esso un'emozione). Oltre alle emozioni di chi ascolta ci sono le quelle del musicista. Per un artista, in generale, *passione, brama* o *orgoglio* possono essere alcune delle emozioni presenti tanto quanto *rabbia, ira* o *disappunto* che possono esse stesse dare energia creativa. È facile immaginare quali fossero le emozioni provate da Picasso quando ha dipinto la Guernica, per ricordare l'attacco dell'esercito tedesco ad un villaggio, durante la guerra civile spagnola. È molto probabile ritrovare le emozioni che caratterizzano la cultura di una nazione all'interno della produzione artistica e, analogamente, osservare le espressioni d'arte di un gruppo è una chiave di lettura importante per capire qualcosa in più.

Capitolo 8: Le Emozioni in (tutto) ciò che ci circonda

Ho imparato a mostrarmi al meglio, emotivamente

L'apprendimento delle emozioni ha letteralmente cambiato la mia vita, personalmente e professionalmente. Durante un intenso seminario, della durata di una settimana, notai di essere sempre più travolto mentalmente ed emotivamente, perché non riuscivo ad apprendere i concetti. L'ansia si intensificava. Iniziavo a fantasticare su cosa ci fosse di "sbagliato", in me. Perché imparare era così difficile? Come mai incontravo così tante difficoltà? Durante un colloquio con Dan, il mio coach, quasi per caso, accennai a questa mia esperienza e lui mi fece una domanda che cambiò profondamente la mia vita. "Hai mai considerato il fatto che potresti essere una persona introversa?". Nella cultura americana, degli Stati Uniti, quantomeno, questo non è visto come un complimento. Noi siamo la terra degli audaci, degli energici, di chi ottiene risultati e queste non sono caratteristiche che, mediamente, si associano a un introverso. Inoltre, in ogni valutazione fatta sull'argomento, io sono sempre stato inquadrato come una persona estroversa. Avevo, perciò, la "scienza" dalla mia parte.

Dan, con il suo approccio, mi consentì di capire che avevo fortissime tendenze all'introversione, che ero una persona con una spiccata sensibilità e che, non tenendo in considerazione questi aspetti, ero fonte di sofferenza per me stesso. Inizialmente, avevo preso l'abitudine di passeggiare da solo nella natura ma dopo la conversazione con Dan decisi di stare con gli altri, il più possibile. Non una scelta molto saggia perché avevo bisono di tempo per me stesso, prima di tutto. Tempo, per capire esattamente cosa avessi nella mia testa e non per circondarmi di gente, per distrarmi.

> L'enorme regalo che mi fu fatto da Dan non fu quello di sottolineare la mia introversione e spingermi a cancellarla quanto, piuttosto, guardarmi dentro per capire esattamente di cosa avessi bisogno, per prendermi cura di me stesso. Tutto ciò, per migliorarmi emotivamente. Grazie all'aiuto di Dan ora posso interagire in modo concreto ed efficacie, come una persona coinvolta, presente e gioiosa.
>
> -E.C.

Storia

La storia è spesso presentata come una serie di fatti, date e nomi, abbastanza scollegata dalla vita. Ma, la storia, può anche essere vista come una coreografia emotiva che si sviluppa nel tempo. Le recessioni economiche e le depressioni che precedettero le due guerre mondiali possono essere viste come un tempo in cui, in molte nazioni, prevalevano *sconfitta* e *disperazione*. Gli anni Sessanta sono stati anni della *rabbia* e gli anni Ottanta quelli dell'*avidità*, che hanno fatto crescere lo sbilanciamento economico attuale. Le crociate cristiane erano guidate dalle emozioni della *devozione* e della *vendetta* per aver perso Gerusalemme mentre le esplorazioni, erano e sono, alimentate da emozioni come *curiosità, meraviglia, ambizione*.

Gli imperi sono costruiti su emozioni come la *fiducia* (nelle straordinarie capacità che i conquistatori hanno nelgestire il territorio) o, magari, *sfiducia* nel potere precedente, ambizione di avere una ricchezza maggiore o *legittimità* nel voler avere una guida migliore. L'energia della conquista può essere fornita da un'emozione come l'*eccitazione*. Ci si riferisce alla storia umana come *lo svolgersi di un dramma* e noi vorremmo aggiungervi che questo dramma è l'espressione di emozioni.

Capitolo 8: Le Emozioni in (tutto) ciò che ci circonda

Geografia

La relazione tra emozioni, o stati d'animo, e geografia assume molte forme. I paesaggi naturali suscitano emozioni che spaziano dalla *meraviglia* alla *serenità*. Sebbene nel visitare un luogo potremmo definirlo di *infinita bellezza* o *spazioso*, queste stesse espressioni sono base e intreccio delle emozioni che stiamo provando in quel momento. Luoghi specifici suscitano anche stati d'animo specifici. Le isole sono spesso *riservate* il che può derivare da un senso di *pace* e si vuole preservare questa *tranquillità* o *solitudine* in quanto si è fisicamente isolati da altre persone o luoghi, Gli stati d'animo prevalenti in città che si sviluppano vicino al mare sono diversi da quelli che si sviluppano in città vicine a regioni montuose. E, ancora una volta, poiché le emozioni ci mettono in azione, comprendere l'influenza della geografia sugli stati d'animo è un elemento essenziale per comprendere la visione che le persone che ci vivono hanno del mondo.

Distinzioni di genere

Una delle domande che ci viene più chiesta è se crediamo che le donne siano più emotive degli uomini. Laddove la domanda fosse: *le donne possono provare un numero di emozioni superiore a quello degli uomini?* Allora la nostra risposta sarebbe sicuramente: *no*. Posto che non se ne può avere assoluta certezza, basandoci sulle nostre osservazioni, crediamo che entrambi i sessi abbiano uno spettro simile di emozioni possibili. Invece, se la domanda fosse: *le donne sentono le emozioni più intensamente degli uomini?* La risposta sarebbe: *non lo sappiamo*. È stato dimostrato che le donne hanno una maggiore capacità di distinguere le tonalità di colore rispetto agli uomini e che, quando ricevono il giusto allenamento, sono più capaci nello scegliere i colori per la correzione nella fotografia. La maggior parte delle donne ha un'abilità maggiore perciò potremmo essere abbastanza sicuri che questa sia una caratteristica di genere. Pertanto, le donne potrebbero *sentire* le emozioni più degli uomini, in generale, ma più nel concreto il rapporto con le emozioni dipende da quanto abbiamo imparato crescendo e quanta *fiducia* si è data alle proprie emozioni, in questo percorso di crescita. Infine, se la domanda fosse: *le donne sono più espressive degli uomini nell'esprimere le emozioni?* La risposta sarebbe: *questo, in generale, è vero tanto quanto il fatto che questo solitamente è appreso e non innato.*

Infine, la domanida: *quale dei due sessi è più emotivo o meglio connesso con le emozioni?* È, a nostro avviso, accademica. Così come ogni persona con un paio di orecchi può ascoltare, concentrandosi in modo più o meno intenso, e ogni persona con due paia di gambe può imparare a camminare in modo più o meno corretto, lo stesso accade con le emozioni. Tutti noi abbiamo ricevuto in dono le emozioni e il nostro lavoro è quello di imparare di più a riguardo, praticarle e comprenderne i risvolti.

Gli '-ismo'

Nazionalismo, consumismo, evangelismo, socialismo, espansionismo, imperialismo, riduzionismo e materialismo sono solo alcuni degli '-ismo' che descrivono dei credo e sono relativi ad alcune emozioni chiave. Quando crediamo in qualcosa a tal punto che non la interpretiamo più come qualcosa di corretto ma come la verità, in senso assoluto, allora possiamo dire che abbiamo raggiunto il livello dell'-ismo'. L'emozione sottintesa è quella della *rigorosità*. È questa l'emozione che ci consente di essere inequivocabilmente e assolutamente certi in ciò che crediamo. Posta in tal senso, potrebbe sembrare un'emozione negativa ma è vero che questa stessa emozione ci consente di fare cose difficilmente possibili, con altre. Al fine di difendere un'idea in modo incessante dobbiamo essere mossi dall'emozione della *rigorosità*. È un'emozione che diventa una vera e propria ombra, che ci segue sempre, e che ci porta a vedere ogni altro credo come sbagliato, da screditare o distruggere.

Cambiamento climatico

Nella diatriba dei nostri tempi circa il cambiamento climatico guardiamo alla scienza, un prodotto del razionalismo, come a ciò che può salvarci. Questo non è sbagliato, in generale, perché abbiamo la capacità di cambiare alcuni aspetti fondamentali del nostro pianeta e della società grazie alla tecnologia, che è un prodotto della scienza. Spesso, però, dimentichiamo che sono le emozioni a guidare lo sviluppo. Siamo *affranti* e sempre più *disperati* nel cercare di intraprendere azioni che possano fermare o quantomeno rallentare i cambiamenti climatici. Si invoca un uso più parsimonioso delle risorse ma se considerassimo le emozioni alla base ci renderemmo conto che questo non risolve il problema alla sua genesi. Dobbiamo, invece, arrivare ad esplorare il livello più profondo delle emozioni quello che caratterizza l'essere umano, oggi, per poi agire, cambiare. Ad esempio, c'è l'emozione dell'*insoddisfazione* per ciò che abbiamo, che ci spinge ad avere sempre più. Un'altra è quella della *legittimità* per cui ci sentiamo in diritto di prendere, con la speranza di guadagnarci, tutto ciò che ci meritiamo. L'*ambizione*, nel costruire e nel trasformare, è un altro esempio.

Stranamente, in tutte le discussioni circa il cambiamento climatico, ma anche per quanto riguarda altri problemi che affliggono l'umanità a livello mondiale, raramente si parla di emozioni e stati d'animo. Se è vero che il cambiamento climatico è il risultato dell'*attività umana*, come si sente spesso, perché allora non adottare emozioni che ci rendano costruttivamente inattivi? Che ne pensate di *gratitudine*, *meraviglia* o *rispetto*? In questo contesto, *compiacenza* e *contenimento* sarebbero alternative così negative ad *avarizia* e *ambizione*?

Le Conseguenze delle Emozioni

Ma, perché quanto scritto sopra avvenga, è necessario che comprendiamo il dominio delle emozioni in modo diverso da quanto fatto sino ad ora. Abbiamo bisogno di credere che si tratti di un dominio di apprendimento legittimo e che abbiamo l'abilità di scegliere in quale stato d'animo vivere. Abbiamo bisogno di vedere quale sia il potere costruttivo delle emozioni e dell'uso congiunto di ragione ed emozioni. Abbiamo bisogno, inoltre, di ascoltare le storie che le emozioni stanno generando realizzando, quindi, a quali emozioni esse appartengono. In breve, dobbiamo far evolvere la nostra consapevolezza.

Dalla colpa alla soddisfazione

Mi sono sempre sentito in colpa perché non spendevo abbastanza tempo con i miei figli quando ero a lavoro e viceversa. Il mio coach mi ha aiutato a distinguere tra colpa e insoddisfazione. Questo mi ha veramente liberato. Avevo passato anni, paralizzato, credevo che mi sentissi in colpa quando in realtà ero insoddisfatto. Per l'insoddisfazione c'erano molte cose pratiche, possibili. Iniziai a chiedermi: "Che forma ha, la soddisfazione? Cosa potrei fare, in pratica, per poter raggiungerla?" Una volta che ho iniziato ad immaginare la soddisfazione, le nostre conversazioni ci hanno portato al problema, più ampio, di come riflettere questa soddisfazione e diventare più appagato nella mia vita. Sono ancora a metà di questa esplorazione ma mi godo di più il tempo con i miei figli e al lavoro e, penso, che sono sulla buona strada per arrivare a questa tranquillità in tanti altri aspetti della mia vita.

-H.W.

Capitolo 9

CONCLUSIONI

Non c'è un singolo momento che scorra senza che proviamo emozioni. Nulla di ciò che facciamo (o che non facciamo) accade senza l'energia delle emozioni. Così come il nostro cuore batte senza interruzione, essendone o meno consapevoli, così le emozioni fluiscono attraverso di noi. Così come diamo per scontato che il nostro cuore batta, non ci rendiamo conto dell'importanza che hanno le emozioni.

Abbiamo scritto questo libro con l'idea che potrebbe aiutare a diventare consapevoli, prestare attenzione e imparare circa qualcosa che ci fa compagnia costantemente. Le emozioni possono essere viste come uno dei nostri *beni* o strumenti più importanti, che arricchisce ogni momento della nostra vita quando sviluppiamo la comprensione e l'apprezzamento per le stesse. Abbiamo imparato che le emozioni ci parlano in modo utile e non per capriccio, arbitrio o per generare in noi stessi un deliberato malessere. È tempo di guardare nuovamente alle emozioni e accettarle come un regalo che ci stava aspettando cogliendo tutte le piacevoli conseguenze.

Lucy ed io ti auguriamo un fantastico viaggio nella consapevolezza emotiva e nel diventare sempre più istruito o istruita in questo campo. Se sei in parte come noi allora questo viaggio ti riserverà momenti di *meraviglia* ma anche di *terrore*. Potresti iniziare a segnare i tuoi progressi prendendo nota delle emozioni che vivi, familiarizzando con quelle con le quali ti senti poco a tuo agio. Viaggiando in questa *terra delle emozioni*, inizierai a comprendere cose, di te stesso o te stessa, che non hai mai capito prima. Le persone, intorno a te, potrebbero iniziare ad avere *più senso*.

Potrebbe accadere, infine, che tu abbia l'opportunità di condividere quello che hai imparato con gli altri. Quando accade c'è un'ulteriore comprensione, ad un livello più profondo, e ti auguriamo di poterne farne tesoro e di diffondere questi concetti fra più persone. Un giorno, crediamo, si arriverà ad insegnare come interpretare le proprie emozioni analogamente e come si fa con scrittura e lettura. Quello, sarà un mondo nel quale saranno possibili cose non ancora viste e questo è il nostro sogno.

Cosa ho imparato dall'invidia

Molti anni fa, in una sessione di coaching, identificammo che provavo invidia quando riconoscevo per altri opportunità che credevo a me negate. Poiché vedevo l'invidia come "una brutta emozione" m'imponevo di non viverla ed esitavo a mostrarla. Dan mi ha aiutato a decostruire l'invidia così da poter andare oltre l'autocommiserazione. Ho imparato che l'invidia mi dice che "voglio qualcosa che ha l'altra persona". Ho imparato che quel qualcosa può essere presa all'altro oppure si può costruire un piano per conquistarla altrove. L'emozione che provavo non aveva nulla a che fare con l'altro ma riguardava un mio desiderio non appagato. Da lì ho iniziato ad agire, passo dopo passo, per prendere ciò che volevo. Capire cosa l'invidia stesse cercando di dirmi, e come dovesse guidarmi, ha fatto una grande differenza.

-A.S.

Capitolo 9: Conclusioni

Posso misurare l'intensità delle mie emozioni

Penso che il più grande insegnamento, per me, sia stato l'invito a non combattere le emozioni, ma ad abbracciarle, a diventarne consapevole, a riconoscerne la presenza e il dono. Penso di aver vissuto una vita a compartimenti stagni per gran parte del mio tempo arrivando a vivere una disconnessione con le mie emozioni. Ho ignorato le mie emozioni finché non ho raggiunto una condizione di profonda insoddisfazione.

Per molti anni non ho avuto un'interpretazione di fino delle mie emozioni. Per me erano come stagione ma all'interno di una stagioni ci son pur sempre cambi di temperatura. Oggi c'è più consapevolezza della temperatura, oltre che delle stagioni. Alla fine del 2015 c'è stato un inverno rigido, per me. L'ho vissuto, senza combatterlo. Oggi il mio rapporto con le emozioni è come quello con la temperatura. Penso "fammi vedere dove sono" così da rendermi conto delle mie emozioni. Divento curioso.

Penso che questa consapevolezza venga fuori da una insoddisfazione molto profonda perché il modo nel quale stavo vivendo la mia vita non era quello giusto. Quello che mi son portato via, dall'insegnamento, è stata la consapevolezza che non stavo volando alla cieca. Ricevevo informazioni dalle mie emozioni ma avevo bisogno di rallentare per ascoltarle e da lì tracciare le conclusioni sulla base di quanto raccolto. Mi sono sentito profondamente sollevato nel capire che la vita era generosa nel fornire una guida da poter ascoltare e che mi consentiva di diventare un osservatore diverso. Non solo per quello che succedeva attorno a me ma anche dentro di me.

La vita è molto diversa, ora. È stato come la notte e il giorno. Alla fine del 2014 avevo perso un'ingente somma di denaro e per questo mi sentivo molto triste. Ero pieno di vergogna e fu la mia consapevolezza emotiva a suggerirmi di capire come mai mi trovassi in quella situazione. È stata proprio questa consapevolezza a farmi capire che ero più grande delle emozioni che stavo provando. Non ho dovuto ingoiare le mie emozioni o scappare da loro quanto, piuttosto, ho potuto capire che nella vita tutto scorre. Non importa quanto le cose possano andare da schifo, tutto cambia. Non penso di essere niente di speciale. Ho solo consentito a me stesso e alle mie emozioni di essere ciò che siamo.

-K.F.

Capitolo 10

DIZIONARIO DI EMOZIONI E STATI D'ANIMO

Questa sezione è concepita per essere un dizionario da utilizzare nei momenti nei quali vivi un'emozione che ti sembra poco familiare o poco chiara. Abbiamo descritto ogni emozione, e stato d'animo, che siamo stati capaci di intercettare, in ordine alfabetico, per nome, includendo l'etimologia, l'informazione o storia che vuole inviarci, come ci supporta e quali sono le emozioni e stati d'animo ad essa correlati. È una lista che cerchiamo continuamente di intercettare perché, come detto all'inizio del libro, non c'è una lista universale di emozioni e stati d'animo.

Le Conseguenze delle Emozioni

Emozione	Radice	Storia
Accettazione	Dal tardo latino ACCEPTARE "prendere o ricevere intenzionalmente".	"Riconosco la vita per ciò che è anche se sono in disaccordo o non mi piace."
Accoglienza	Da accogliere, dal latino COLLIGERE che significa "raccogliere", presso di sé.	"Mi sento come in famiglia."
Adorazione	Dal latino ADORARE "pregare, invocare, supplicare"	"Secondo me questa persona, o questa entità, è divina."
Affetto	Dal latino AFFECTUS, significa essere toccati dalla passione per qualcosa, "desiderio, amore, benevolenza"	"Voglio mostrare a questa persona che mi piace o che la amo."
Affinità	Dal latino AFFINIS per "confinante, vicino" da FINE "termine". Indica qualcuno a noi vicino ma non consanguineo.	"Sto bene con questa persona e voglio spenderci più tempo."
Affronto	Dal latino FRONS "fronte, volto, faccia".	"Mi stanno assaltando."

Capitolo 10: Dizionario di Emozioni e Stati d'Animo

Predisposizione	Preoccupazione latente	Emozioni associate
Essere calmo e non spendere energie al fine di agire entro la realtà che stiamo vivendo.	Rimanere allineati con ciò che ci accade intorno in uno stato di serenità e pace.	A causa dell'apparente inattività, l'accettazione potrebbe essere confusa con la rassegnazione, che si presenta simile, all'esterno. Tuttavia, queste due emozioni hanno storie diverse.
Sentirsi i benvenuti.	Connettersi facilmente con gli altri e accettarne le intenzioni.	Simile alla dolcezza ma più orientata all'inserire qualcuno (o al sentirsi inseriti) in una dimensione a noi familiare.
Relazionarsi con grande rispetto o venerare.	Onorare qualcosa di divino che si trova nella nostra quotidiana umanità.	Seppur relazionata con l'amore include ammirazione, piuttosto che accettazione. Nell'accettazione, laddove ci sia piacere della compagnia o dell'attività, c'è gioia.
Comportarsi in modo tale da dimostrare di essere affezionato, amare o adorare un'altra persona.	Dimostrare all'esterno amore, piacere o ammirazione.	Simile al piacere ma più profonda nella sua dimostrazione, si mostra quando siamo in compagnia dell'oggetto della nostra attenzione.
Trascorrere il proprio tempo con la persona alla quale ci sentiamo affini.	Essere rilassati e godersi la compagnia.	Gioia, dolcezza, accettazione.
Ritrarsi, ritirarsi.	Allontanarsi in situazioni nelle quali ci sentiamo minacciati.	Simile all'indignazione, questa emozione, solitamente, è la prima a comparire. L'affronto può evolvere in rabbia o nella stessa indignazione.

Le Conseguenze delle Emozioni

Emozione	Radice	Storia
Aggressività	Dal latino AGGRESSUS "assalire".	"Voglio dire o fare qualcosa che faccia male a questa persona."
Agitazione	Da agitare dal latino AGERE "mettere in moto, spingere in avanti" e in senso figurato "turbare, muovere qua e là".	"Qualcosa di vicino è un pericolo."
Agonia	Dal greco AGONIA per "lotta", "una lotta (mentale) per la vittoria" e originariamente "una lotta per la vittoria, nei giochi"	"Questo è insopportabile."
Allegria	Deriva da allegro dal latino ALACER ovvero "disposto, pronto a fare".	"Questo mi fa sentire bene."
Ambizione	Dal latino AMBITIO "anelare, andare attorno" specialmente per sollecitare voti.	"Credo che la vita ci dia delle possibilità e le coglierò."
Ammaliamento	Da AMMALIARE da far malie che in senso figurato significa "istupidire". Diverso da affascinare che significa far malie con gli occhi.	"Non riesco a fermarmi, a razionalizzare."

Capitolo 10: Dizionario di Emozioni e Stati d'Animo

Predisposizione	Preoccupazione latente	Emozioni associate
Parlare o agire per attaccare l'altro.	Rendere inoffensivo l'altro, fisicamente o metaforicamente.	Relativa alla rabbia ma non legata ad una ingiustizia specifica.
Scappare	Comprendere e reagire al pericolo.	Paura, terrore, ansia
Soffrire a causa di un dolore e lottare contro l'inevitabile svolgersi degli eventi.	Lottare malgrado si provi un enorme dolore.	Simile all'angoscia ma più connessa all'aspetto fisico.
Sorridere, ridere.	Ci informa che qualcosa di bello sta accadendo.	Simile alla celebrazione ma meno teatrale.
Confrontarsi con le sfide nella realtà che ci circonda.	Cercare di cogliere le opportunità che ci circondano.	Potrebbe essere confusa con l'impazienza, l'eccitazione o l'entusiasmo.
Agire come se sotto incantesimo.	Poter agire irresponsabilmente.	Simile all'incantamento ma più in relazione a ciò che non è limpido, che non può essere facilmente condiviso.

Le Conseguenze delle Emozioni

Emozione	Radice	Storia
Ammirazione	Dal latino ADMIRARI, meravigliarsi verso qualcosa. Dal Latino ad- "verso, a" e mirari, da mirus, "meraviglioso".	"Se in futuro percorrerò la tua stessa strada, vorrei poter agire come te."
Amore	Dal latino AMARE affine al greco MAO "desiderio" in quanto letteralmente indica l'affetto più dell'inclinazione e della passione.	"Accetto e mi prendo cura dell'altra persona per ciò che è."
Angoscia	Dal latino ANGUSTIA "strettezza, penuria, scarsezza" ed in senso figurato "ristrettezza".	"Mi sento strangolare e 'messo all'angolo' da questa notizia."
Ansia	Dal latino ANXIUS "sollecito, problematico" da ANGERE, ANGUERE "strozzare, spremere" figurativamente "tormentare, causare sconforto".	"Presto dovrò affrontare dei pericoli ma non ne conosco il tipo e ciò che li causerà."
Anticipazione	Dal latino ANTICIPATUS, participio passato di anticipare "prendersene cura in anticipo nel tempo", letteralmente "prenderne possesso prima" da ante "prima" e capere "prendere"	"Guardo oltre."
Antipatia	Dal latino ANTHIPATIA, dal greco antipatheia "opposto ai miei sentimenti, avere sentimenti opposti, in risposta alla sofferenza o sentito mutuamente" da anti- "contro" + la radice di pathos "sentimento"	"Sto provando l'emozione opposta a quella dell'altra persona."

Capitolo 10: Dizionario di Emozioni e Stati d'Animo

Predisposizione	Preoccupazione latente	Emozioni associate
Emulare o copiare.	Identificare modelli da imitare.	Alcune volte confusa con invidia, gelosia o adorazione.
Legittimare gli altri per ciò che sono.	Mantenere una connessione malgrado le possibili circostanze avverse.	Spesso confusa con il piacere di stare con l'altra persona piuttosto che la profonda accettazione dell'altro.
Lottare pur di comprendere	Riconoscere che le nostre convinzioni stanno crollando.	Simile all'agonia ma scaturisce più da un malessere mentale, l'incapacità di comprendere, piuttosto che fisico.
Preoccuparsi	Avvertirci su potenziali pericoli futuri.	Simile alla paura ma, a differenza di quest'ultima, non focalizzata su un pericolo preciso. Alcune volte confusa con il dubbio o con l'anticipazione.
Cercare di anticipare il normale svolgersi degli eventi.	Non perdere le opportunità che ci riserva il futuro oppure allontanarsi da un passato o un presente meno allettanti.	Vivere nella speranza ma con una maggiore consapevolezza che quello che immaginiamo potrebbe succedere. Ha un'energia simile a quella dell'ansia ma si è spinti dal credere che ciò che accadrà sarà positivo, anziché pericoloso.
Non concordare.	Riconoscere le nostre emozioni in relazione a quelle altrui.	Opposta alla simpatia e alcune volte confusa con disgusto o disprezzo.

The Unopened Gift

Emozione	Radice	Storia
Apatia	Dal greco APATHEIA "libertà dalla sofferenza, impassibilità, mancanza di sensazioni" da apathes "senza sensazioni, senza sofferenza o senza aver sofferto" da a- "senza" e pathos "emozione, sensazione, sofferenza".	"Non mi interessa."
Apprensione	Dal latino APPREHENDERE "tenere in sospeso, raccogliere" da ad- "verso" e prehendere "prendere, afferrare".	"Ho capito."
Apprezzamento	"Stimare, dare un valore alto" dal tardo latino APPRETIATUS "dare un prezzo".	"Questa persona, posto o cosa, rendono la mia vita migliore."
Arroganza	Dal latino ARROGANTIA "ipotesi, prepotenza, presunzione".	"Valuto gli altri meno intelligenti o capaci e quindi sono migliore di loro."
Aspirazione	Dal latino ASPIRARE "respirare, sospirare, respirare".	"Voglio crescere, trovare qualcosa di più grande."
Attesa	Da ATTENDERE ovvero "tendere lo spirito" formato dal latino TENSUS che significa propriamente "tendere, stendere".	"So esattamente ciò che sto aspettando."
Attrazione	Dal latino ATTRACTIO "attirare a sé, contrarsi".	"Questa è qualcosa, o qualcuno/qualcuna che voglio attirare a me."

Capitolo 10: Dizionario di Emozioni e Stati d'Animo

Predisposizione	Preoccupazione latente	Emozioni associate
Non assumersi responsabilità o non partecipare.	Non spendere la propria energia, non provare emozioni.	Simile alla mancanza di passione ma include anche la mancanza di speranza.
Comprendere un'idea	Riconoscere quando comprendiamo qualcosa di nuovo.	Spesso usata come sinonimo di ansia ma si distingue, nell'uso meno comune di questa parola, in quanto la cosa compresa può avere effetti più o meno positivi.
"Esprimere approvazione, ringraziare"	Consentire a chi apprezziamo di comprendere quanto siano importanti nella nostra vita, al fine di migliorarla.	Simile alla riconoscenza e alla gratitudine.
Trattare gli altri come meno importanti, usando un comportamento e un linguaggio accondiscendenti.	Definire una nostra presunta superiorità morale rispetto agli altri.	Contrasta con l'umiltà ed è spesso una fonte di sofferenza per gli altri.
Puntare verso nuove possibilità mirando a cose oltre la nostra attuale capacità.	Crescere	Simile all'ispirazione ma più connessa con la nostra crescita personale piuttosto che con il guidare gli altri.
Volere qualcosa e aspettare che accada.	Ci aiuta a capire cosa vorremmo che ci accadesse.	Simile all'ansia ma senza percezione negativa né dubbio sull'oggetto dell'attesa.
Avvicinarsi, mostrare interesse o porre attenzione.	Portarci a più stretto contatto con persone, posti e idee.	Connessa con la curiosità e con emozioni quali, ad esempio, la delizia.

Le Conseguenze delle Emozioni

Emozione	Radice	Storia
Audacia	Dal latino AUDERE "osare" probabilmente della stessa radice di AVERE "desiderare con intensità, aspirare avidamente".	"Lo farò, anche se non sono sicuro o sono spaventato."
Auto-recriminazione	Composta da AUTO che vale per "esso stesso" e RECRIMINAZIONE derivato da RECRIMINARE, composto da RE "addietro" e CRIMINARI "accusare, attribuire un delitto".	"Non avrei dovuto farlo."
Avidità	Dal latino AVIDUS da AVEO "desidero ardentemente".	"Lo voglio."
Beatitudine	Dal latino BEATUS "felice".	"Questo è profondamente soddisfacente."
Bramosia	Da bramare dal latino PER-AMARE nel senso di "amare ardentemente". Per altri da BRAM "spina" per giungere a "pungere, stimolare".	"Niente nella vita è più importante dell'avere questa cosa."
Calma	Dal tardo latino cauma "calore intenso" figurativamente quando tutto è fermo dal greco kauma "calore" riferito al sole.	"Sento di poter star fermo, non c'è energia che mi muove."
Cautela	Dal latino CAVERE "essere in guardia".	"Mi muovo restando al sicuro, procedo con atteinnzione."

Capitolo 10: Dizionario di Emozioni e Stati d'Animo

Predisposizione	Preoccupazione latente	Emozioni associate
Intraprendere un'azione anche se c'è incertezza.	Andare avanti anche se dubbiosi o sotto pressione.	Simile al coraggio ma più propositiva. Simile alla spavalderia ma più orientata a superare il dubbio, piuttosto che la paura.
Punirsi	Punirsi per ciò che credo di aver sbagliato. Rinfacciarsi le proprie responsabilità.	Relativa a colpa, affidabilità e responsabilità ma con una componente attiva che porta all'autopunizione.
Prendere senza alcuna considerazione, o riguardo per gli altri, per i nostri bisogni.	Soddisfare un bisogno, prevaricare	Confusa con la cupidigia ma non necessariamente relativa ad aspetti materiali.
Seguire o rimanere vicino alla fonte di questa sensazione.	Cogliere il buono godendo del tempo trascorso con chi, o cosa, ci appaga totalmente.	Un tipo di gioia che non richiede celebrazioni evidenti all'esterno.
Cercare di ottenere ciò che causa la nostra bramosia.	Indicarci ciò che per noi è più importante nella vita.	Desiderio, erotismo. Opposta a indifferenza e ambivalenza.
Immobilità	Riposare	Serenità, pace
Muoversi a piccoli passi.	Tutelare la nostra persona, in presenza di un possibile pericolo.	Prudenza

Le Conseguenze delle Emozioni

Emozione	Radice	Storia
Celebrazione	Dal latino CELEBRATUS "popolato, frequentato; solenne; famoso" participio perfetto di celebro "celebrare, festeggiare" e anche "divulgare, diffondere, esaltare, glorificare".	"La vita è una cosa buona."
Certezza	Dal latino volgare CERTANUS, dal latino certus "sicuro, fissato, determinato".	"Lo so."
Cinismo	In riferimento alla filosofia antica, dal greco KYNIKOS "un seguace di Antistene", letteralmente "come un cane" da KYNO (genitivo di kynos) "cane". Si ipotizza derivi dal sarcasmo dei filosofi ma più probabilmente da Kynosarge "cane grigio", nome del ginnasio fuori dall'Atene antica (ad uso di coloro che non fossero Ateniesi puri) e dove pensava Antistene, un allievo di Socrate.	"Non credo alle intenzioni apparentemente buone degli altri."
Colpa	Dal latino culpa che deriverebbe dal più antico cello, dal greco KELLO, che significa "spingo" nel senso di "spinta al far male".	"Qualcuno ha fatto qualcosa di sbagliato"
Compassione	Dal latino COMPASSIO da com- "insieme" e pati "patire, soffrire".	"Soffrire con questa persona ha un significato, è importante"

Capitolo 10: Dizionario di Emozioni e Stati d'Animo

Predisposizione	Preoccupazione latente	Emozioni associate
Riconoscere il buono in una persona o in un evento.	Riconoscere, per mezzo delle nostre azioni, ciò che per noi ha un grande valore nella vita.	Come la gioia ma fisicamente attiva, connessa al "saltare di gioia".
Essere convinti e non cambiare idea.	Prendere una posizione.	Simile alla rigorosità ma senza un coinvolgimento morale.
Rigettare tutte le possibilità nelle quali altri pongono speranza.	Sfidare un'eccitazione infondata.	Può essere visto come una rassegnazione attiva.
Attribuire la responsabilità alla persona che stiamo colpevolizzando	Assumerci la responsabilità delle nostre azioni o valutare gli altri da questo punto di vista.	Spesso insieme a rabbia o risentimento.
Condividere il dolore altrui.	Ci consente di essere connessi e di comprendere il dolore dell'altro senza dover vivere la stessa esperienza.	Simile, e spesso non distinta dalla pietà, dall' empatia o dalla simpatia.

Le Conseguenze delle Emozioni

Emozione	Radice	Storia
Compiacenza e auto-compiacimento	Dal latino COMPLACERE "piacere a più persone, piacere molto, essere gradito". Significa anche "fare di buon grado ciò che gli altri vogliono".	"Sono capace di gestire questa attività, di interagire con queste persone."
Compiacimento	Da compiacere dal latino COM-PLACERE "piacere a più persone, piacere molto, essere gradito".	"Ne so più di te."
Condanna	Dal latino CONDEMNARE composto dalla particella CON "con" e DAMNARE "dichiarare colpevole".	"Non ha rispettato le (mie) regole."
Confidenza	Dal latino CONFIDENTIA "credere fermamente" participio presente di confido "confidare, contare, affidarsi".	"Credo che sarà fatto, che succederà."
Confusione	Dal latino CONFUSIO "mescolanza, miscuglio" dal verbo confundere "mescolare, unire".	"Non vedo una linea logica in questo insieme di eventi, di indizi."
Coraggio	Dal provenz. CORATGE, lat. volg. CORATICUM, der. del tardo latino CORATUM, forma popolare di cor cordis 'cuore', sec. XIII	"Agirò anche se ho paura."
Costanza	Dal latino CONSTANS che è participio passato di CONSTARE "stare insieme".	"La soluzione arriverà riflettendoci o continuando a provare."

Capitolo 10: Dizionario di Emozioni e Stati d'Animo

Predisposizione	Preoccupazione latente	Emozioni associate
Sovrastimare le proprie capacità e i propri meriti.	Finalizzare quanto prima un'attività.	Spesso confusa con sufficienza o con arroganza. Può essere accompagnata da brama o avidità.
Accondiscendere	Riconoscere la nostra sensazione di superiorità o riconoscere quando gli altri si sentono superiori.	Simile all'arroganza ma meno evidente. Alcune volte confusa con l'orgoglio.
Punire chi riteniamo colpevole.	Riconoscere i valori della comunità e difenderli quando si ritiene che siano stati traditi.	Può essere confusa con la colpa ma mentre questa porta ad un'assunzione di responsabilità, la condanna porta a incolpare un altro.
Agire senza preoccuparsi.	Ci aiuta a interagire con il mondo, con gli altri e a credere in noi stessi.	Fiducia
Tentare di dare un senso logico a ciò che abbiamo di fronte così da poterlo capire.	Costruire un processo di apprendimento così da incorporare un nuovo concetto o sviluppare nuove idee.	Simile alla curiosità ma includendo il dubbio che ci sia "qualcosa fuori posto". È un'emozione che ha una relazione con lo scompiglio e la costernazione.
Agire sebbene si temano conseguenze negative.	Ci consente di agire anche se proviamo paura.	Può essere precursore dell'audacia.
Considerare la possibilità che il risultato possa cambiare.	Considerare altre possibilità, esaminare altre opzioni.	Simile alla perseveranza ma relativa ad un aspetto riflessivo piuttosto che all'intraprendere un'azione.

Le Conseguenze delle Emozioni

Emozione	Radice	Storia
Costernazione	Dal latino CONSTERNATIO "confusione, sbigottimento" da consternat- "spaventare, sbigottire, sgomentare".	"C'è qualcosa che non torna."
Cruccio	Da crucciare dal latino CORRUCCIARE da CRUX "croce" e figurativamente "pena, tormento".	"Trovo tutto questo abbastanza incomprensibile."
Cupidigia	Dal latino CUPIDITAS "desiderio passionale, fame, ambizione".	"Mi serve e lo avrò."
Cura	Dal latino COERA e COIRA che è parola legata a COR e che significa "cuore" ma anche QUIA COR URAT "perché scalda, stimola il cuore e lo consuma".	"Ha senso dedicarci tempo."
Curiosità	Dal latino CURIOSITATEM "desiderio di conoscenza, di sapere".	"C'è qualcosa di interessante o dalla quale posso trarre beneficio."
Custodia	Dal latino CUSTOS ossia "difendere, stare a guardia di, preservare". Si riferisce a colui al quale è affidato l'incarico di stare a guardia e conservare.	"Questo mi è caro, lo proteggo."
Delizia	Dal latino DELICIAE da DELICIO sino a ELICERE "stimolare, provocare". Si riferisce a cosa che per la sua rarità e delicatezza, o per la sua eleganza, diletta soavemente il nostro animo.	"Questo è meraviglioso e divertente."

Capitolo 10: Dizionario di Emozioni e Stati d'Animo

Predisposizione	Preoccupazione latente	Emozioni associate
Rallentare per capire quale sia il percorso più sicuro.	Fermarci per limitare possibili danni.	Relativa alla prudenza ma al tempo stesso orientata verso la paura o l'ansia.
Cercare di capire.	Generare chiarezza.	Simile, ma meno coinvolgente, della confusione.
Prendere	Colmare un bisogno fisico insaziabile.	Desiderio, brama, passione. La versione meno polarizzata è la lussuria.
Dedicarsi agli altri.	Spendere le nostre energie per supportare gli altri. Mostrarci cosa siamo quando ci relazioniamo alla vita.	Simile alla premura ma, rispetto a quest'ultima, giustifica un impegno minore.
Fare domande.	Ampliare le nostre conoscenze al fine di comprendere maggiormente.	Opposta alla noia.
Prendere, proteggere, nutrire	Evitare che qualcuno possa danneggiare ciò che ci è caro, anche involontariamente.	Simile all'adorazione, ma senza l'aspetto divino, e alla cura ma con la creazione di barriere più marcate, verso l'esterno.
Godere dell'esperienza.	Capire cosa ci provochi piacere.	Relativo a felicità, gioia e allegria.

Le Conseguenze delle Emozioni

Emozione	Radice	Storia
Depressione	Dal latino DEPRESSUS significa "frenare, rintuzzare, umiliare, avvilire".	"La situazione mi ha tolto speranza ed energie."
Desiderio	Dal latino DESIDERIUM ovvero un "movimento della volontà verso cosa ci manca".	"Voglio essere in connessione con questa cosa o questa persona."
Devastazione	Dal latino DEVASTARE composto dalla particella rafforzativa DE e da VASTUS "vasto, deserto" cioè "render vuoto, disabitato".	"Questo evento mi svuota completamente, di ogni energia per agire."
Dignità	Dal latino DIGNITAS "meritevole". Concretamente si riferisce alla qualità, condizione e grado, di una persona che merita il rispetto degli altri.	"Io ho un valore."
Disapprovazione	Da disapprovare, contrario di APPROVARE. Si distingue da riprovare che significa giudicare. Disapprovare significa, invece, porsi in antitesi, contro.	"So cosa è moralmente corretto."
Disappunto	Dal francese DESAPPOINTER che letteralmente significa "rimuovere dall'ufficio, destituire".	"Mi aspettavo che le cose succedessero in modo diverso."
Disgusto	Composto dalla particella DIS nel senso di "cattivo" e GUSTO. Si riferisce a tutti i nostri sensi, non solo al gusto.	"Questa esperienza mi lascia l'amaro in bocca."

Capitolo 10: Dizionario di Emozioni e Stati d'Animo

Predisposizione	Preoccupazione latente	Emozioni associate
Non interagire.	Smettere di spendere, inutilmente, le nostre energie.	Relativa al disappunto ma più forte. Simile allo sconforto e alla indisponenza.
Cercare ciò che vogliamo.	Sapere cosa, quali persone e quale esperienze sono importanti nella nostra vita.	Simile alla brama ma meno impetuoso.
Arrendersi e rimuginare.	Capire cosa nella vita superi la nostra soglia di sopportazione psico-fisica.	Può essere confusa con disperazione e sconforto ed è legata allo svuotamento completo di ogni energia al di là di qualsiasi volontà o percorso logico.
Onorare me stesso.	Proteggere i nostri confini, preservare la nostra identità.	Può essere confusa o sfociare in arroganza o narcisismo.
Giudicare gli altri moralmente, come buoni o cattivi.	Impostare un gruppo di regole morali e comportamentali per la nostra vita e comunità.	In chi prova disapprovazione non c'è spazio per l'accettazione dell'altro o altra.
Cercare di mantenere in vita la nostra storia del "come dovrebbe essere".	Informarci che non c'è coincidenza tra quello che immaginavamo e ciò che sta accadendo.	Simile allo sgomento ma più pronunciato. Rispetto al risentimento manca la componente punitiva.
Rigettare, voltarsi o non continuare.	Non farci coinvolgere in cose che non si allineano con i nostri valori o requisiti minimi.	Simile alla repulsione ma non così forte. Alcune volte confuso con odio o scherno.

Le Conseguenze delle Emozioni

Emozione	Radice	Storia
Disorientamento	Dal francese DESORIENTER, è parola composta da dis- e orientare ovvero "far perdere l'orientamento".	"Sono completamente perso."
Disprezzo	Dal basso latino DISPRETIARE composto da particella DIS- che fa assumere valore negativo e PRETIARE che significa "prezzo", da PRETIUM.	"Non posso ricevere nulla di buono da te e mi ritengo superiore."
Distrazione	Dal latino DISTRACTUS, participio passato di DISTRAHERE "separare, tirare in più direzioni, disunire". In senso figurato significava già in origine "deviazione mentale da ciò su cui dovrebbe concentrarsi".	"Non riesco ad essere concentrato."
Divertimento	Deriva da divertire, dal latino DIVERTERE, o DEVERTERE. "Volgere altrove, in direzione opposta, deviare" al fine di far prendere un'altra direzione, anche in senso figurato.	"Attira la mia attenzione e mi fa rallegrare."
Dolcezza	Deriva da dolce, dal latino "dulcis" dal greco "glukis", mosto. Significa soave e grato al gusto, come zucchero e miele. Figurativamente anche caro, prediletto e di benigna natura.	"Sono sicuro, o sicura, in questa relazione."
Dolore	Dal latino DOLOR per "sentire male, dolersi" ad indicare una sensazione spiacevole, che affligge.	"Mi sento male per ciò che è accaduto."

Capitolo 10: Dizionario di Emozioni e Stati d'Animo

Predisposizione	Preoccupazione latente	Emozioni associate
Cercare un punto di riferimento.	Ci consente di capire quando siamo in un territorio che non riconosciamo.	Simile alla confusione, qui l'apprendimento è molto più difficile data la mancanza di punti di riferimento.
Trattare gli altri in modo condiscendente.	Conoscere secondo quali parametri di riferimento ci relazioniamo con l'esterno.	Relativo alla mancanza di rispetto. Simile allo sprezzo.
Perdere la concentrazione.	Capire cosa sia, per noi, più o meno importante.	Può essere confusa con l'ambivalenza.
Interagire, considerare, riflettere	Portare leggerezza e un senso di allegria, gioco	Può essere confusa con banalità, superficialità. È relativa al gioco.
Ispirare sicurezza negli altri.	Proteggere le persone a cui teniamo creando un luogo, fisico o mentale, sicuro.	Può essere confusa o sfociare in erotismo o sessualità. La dolcezza riguarda l'avvicinare l'altra persona per creare un ambiente sicuro, a differenza di altre emozioni.
Desiderare che non sia successo.	Sapere a cosa teniamo nella vita così da evitare simili eventi in futuro.	Simile alla tristezza ma non necessariamente legato a qualcosa che abbiamo perso individualmente.

Le Conseguenze delle Emozioni

Emozione	Radice	Storia
Dualismo	Deriva da DUALE, da DUE CHE è dal latino DUO "un'unità più un'altra".	"Le mie emozioni sono su posizioni contrapposte."
Dubbio	Dal latino DUBIUM che corrisponde al greco DOIE da DUO "due". In senso figurato "stato dell'animo incerto fra pensieri diversi e contrari, che ondeggia tra due pensieri"	"Non sono sicuro."
Eccitazione	Dal latino EXCITATIO da EXITARE "spingere fuori".	"Questo mi dà energia e voglio continuare."
Effervescenza	Dal latino EFFERVESCENTEM "cominciare a bollire" dove EF deriva da EX "fuori" e FERVESCERE da FERVERE "essere bollente".	"Voglio interagire al massimo, con gli altri, in questa attività che mi dà energia."
Empatia	Dal greco EMPATHEIA che inizialmente significava "passione" e poi fu adottata anche con il significato di "dolore, infermità".	"Sento ciò che sentono gli altri."
Entusiasmo	Dal greco ENTHUSIASMUS da ENTHOUSIAZEIN "essere ispirato, essere acceso, agitato". Ancor prima da ENTHOUS dove EN "in" e THEOS "Dio" perciò "pieno di un Dio, divinamente ispirato".	"La causa per la quale mi sto impegnando è nobile o, persino, divina."
Equità	Da equo dal latino AEQUUS "piano, unito, uguale" in senso figurato "giusto, ragionevole" dal greco EIKOS "simile al vero, al giusto".	"Considerare tutti equamente darà il migliore risultato."

Capitolo 10: Dizionario di Emozioni e Stati d'Animo

Predisposizione	Preoccupazione latente	Emozioni associate
Aspettare	Ci mostra che possiamo avere a cuore concetti opposti.	Simile all'ambivalenza ma con un attaccamento più profondo, ad entrambe le opzioni.
Esitare o andare avanti con prudenza.	Ci avvisa che siamo in un nuovo territorio, aiutandoci a porre attenzione.	Confuso con l'ansia o la paura ma relativo a qualcosa di ben definito e percepito come un'emozione più neutra, aperta a esplorare con relativa tranquillità. Simile ad ambivalenza e dualismo.
Fare di più, mettere in moto noi stessi e ciò che ci circonda.	Capire cosa ci dà energia.	Può essere confusa con gioia, letizia o entusiasmo.
Sprizzare energia ed eccitazione.	Renderci consapevoli della nostra intensa eccitazione.	È oltre l'eccitazione. L'effervescenza, è simile all'euforia ma con una maggiora consapevolezza.
Essere in risonanza con le emozioni altrui.	Ci aiuta a capire quali emozioni stia vivendo l'altro.	Simile alla simpatia ma con una forte relazione con l'altra persona. Spesso confusa con la compassione.
Agire per conto di una causa più grande di me o di chi mi circonda.	Consentirci di prenderci cura di eventi che ci sembrano più grandi di noi.	Spesso confuso con l'eccitazione ma con una maggiore connessione con il divino. È, inoltre, più sostenibile sul lungo termine, rispetto all'eccitazione.
Considerare una situazione in modo calmo e bilanciato.	Ci consente di considerare gli eventi della vita in modo calmo e rispettare tutti equamente.	Ci consente di essere quanto più possibile "oggettivi" pur riconoscendo che siamo tutti osservatori con proprie interpretazioni e quindi emozioni.

Le Conseguenze delle Emozioni

Emozione	Radice	Storia
Erotismo	Da erotico dal greco EROTIKOS da EROS "desiderio appassionato" e anche nome del Dio dell'Amore.	"Desidero diventare una sola cosa con l'altro, o l'altra."
Esaltazione	Deriva da esaltare dal latino EXALTARE composto da EX "fuori" e ALTUS "che si solleva da terra, sublime". Metaforicamente significa "conferire dignità".	"Sono talmente eccitato che non riesco a contenermi."
Esaurimento	Da esaurire dal latino EXHAURIRE da EX "fuori" e HAURIRE "attingere, vuotare" e quindi "consumare, finire".	"Non posso andare avanti."
Estasi	Dal greco EKSTASIS "l'essere fuori di sé". Si riferisce all'esaltazione dello spirito.	"Sono davanti all'incomprensibile."
Esuberanza	Dal latino EXUBERANS, participio di EXUBERARE "sovrabbondare" composto dalla particella EX "fuori di" e UBERARE da UBER "fertile, abbondante".	"Gli sviluppi, nella vita, sono promettenti."
Esultanza	Esultare deriva dal latino EXULTARE "saltare per l'allegria".	"Credo a stento alla mia buona sorte."
Euforia	Dal greco EUPHORIA che è composto da EU "bene" e PHEREIN "sopportare". È un derivato di PHEREIN "sopportare".	"Sto avendo un'esperienza particolarmente divertente."

Capitolo 10: Dizionario di Emozioni e Stati d'Animo

Predisposizione	Preoccupazione latente	Emozioni associate
Fondersi con l'altra persona	Unirci all'altra persona.	Spesso non distinto dalla sessualità.
Affrontare qualcosa con un enorme entusiasmo, andare oltre i propri spazi.	Ci indica cosa ci impone di agire, senza alcun freno.	Simile all'eccitazione, all'effervescenza e all'entusiasmo.
Fermarsi	Capire che abbiamo raggiunto i nostri limiti ed esaurito le nostre energie.	All'apparenza può essere confusa con la rassegnazione o l'accettazione.
Essere assorbiti	Ci consente di percepire l'enormità e l'incomprensibilità dell'universo.	Intensa passione o erotismo. Simile alla meraviglia ma senza l'elemento di paura.
Dedicarmi totalmente alle possibilità che la vita può riservarmi.	Capire quanto possa essere abbondante la vita.	Simile all'entusiasmo ma non associata ad aspetti divini quanto a quelli più materiali.
Gioire, condividere o celebrare.	Ci consente di celebrare la nostra buona sorte o i traguardi raggiunti.	Simile all'eccitazione ma specifica di un colpo di fortuna o all'emozione per un traguardo raggiunto.
Continuare a vivere l'esperienza.	Capire fino a che punto può spingersi qualcosa di divertente.	Può essere confusa con l'estasi, l'eccitazione o l'erotismo.

Le Conseguenze delle Emozioni

Emozione	Radice	Storia
Facilità	Dal latino FACILIS ovvero "che ben si presta ad essere fatto". In senso figurato "pieghevole, trattabile, condiscendente".	"Questa attività occuperà solo una piccola parte delle"
Fascino	Dal latino FASCINUM "malia", ovvero, sotto un influsso malefico che scaturisce da uno sguardo o da parole magiche.	"C'è qualcosa che mi attrae, sebbene non riesca a capire cosa."
Fede	Dal latino FIDES che deriva dal greco FEITHE "persuado, son persuaso, credo" e nelle sacre scritture con il significato di "legare".	"Ci credo anche se non ho evidenze."
Felicità	Dal latino FELIX da FEO "produco". Ha anche il significato "fecondo".	"Sono contento della vita per ciò che è."
Fiducia	Dal latino FIDUCIA da FIDERE per "avere fede". Si usa anche per "credito, stima".	"La persona che ho di fronte è affidabile e fa ciò che promette."
Follia	Folle deriva dal latino FOLLIS "soffietto, pallone pieno d'aria, per giocare".	"Non ha senso pensare."
Fremito	Da FREMITUS indica un "rumore sordo che nasce dalle fauci, per una passione violenta".	"Mi sembra che questa esperienza mi ecciti e ne voglio ancora."

Capitolo 10: Dizionario di Emozioni e Stati d'Animo

Predisposizione	Preoccupazione latente	Emozioni associate
Fare ciò che è necessario, con gioia e leggerezza.	Dirci quali attività possiamo svolgere perché siamo competenti.	Relativa alla gioia e alla delizia ma più connessa all'uso della nostra energia piuttosto che al divertimento.
Cercare di creare una connessione con la persona o l'esperienza.	Vivere esperienze e persone prima di comprendere il motivo del nostro interesse.	Simile all'incantamento o all'ammaliamento ma più spirituale. Meno fisico e intenso del rapimento.
Agire per un credo.	Agire senza il bisogno di evidenze concrete o avendo davanti l'opposto di ciò in cui crediamo.	Come la fiducia ma senza il bisogno di valutare sincerità, competenza e affidabilità.
Godersi il presente.	Capire ciò che per noi è buono, piacevole, nella vita.	Simile alla gioia e alla soddisfazione.
Coordinare azioni.	Consentirci di interagire con il mondo, gli altri e noi stessi.	Simile alla confidenza. Alcune volte non distinta dall'ingenuità. Spesso legata a ciò che è giudizioso nonché ad aspetti morali.
Agire senza considerare le conseguenze.	Agire senza pensare.	Simile alla ingenuità ma più legata a stupidità che ad ignoranza.
Cercare ancora la fonte di quel fremito.	Capire quali siano i confini della realtà che ci portano all'eccitazione.	Eccitazione, delizia

Le Conseguenze delle Emozioni

Emozione	Radice	Storia
Frivolezza	Dal latino FRIVOLUS che ha la stessa radice di FRI-ARE e si riferisce a "discorsi che non reggono, cose di nessun valore".	"Non ha senso considerare le cose seriamente."
Frustrazione	Dal latino FRUSTRA "invano, inutilmente" da cui FRUSTRATIO "delusione, disinganno".	"Sarebbe dovuto già succedere."
Furia	Dal latino FURERE "essere furente" che è una condizione instabile della mente causata da ira o da analoga emozione.	"Attaccare, attaccare come un folle."
Gaiezza	Da gaio derivante dal francese GEAI ad indicare "d'indole e d'umore festoso, allegro, giocondo".	"Sono estremamente felice in questa situazione."
Gelosia	Dal greco ZELOTOS nel senso di "rivale" ma anche ZELOS "emulazione".	"Ho paura di perdere qualcosa che ho."
Generosità	Generoso deriva dal latino GENEROSUS ovvero "che è di buon linguaggio" e in senso figurato "che è di natura nobile".	"Desidero condividere con gli altri la mia buona sorte."
Giocosità	Da giocoso derivante dal latino IOCOSUS "scherzoso".	"Questo è divertente."

Capitolo 10: Dizionario di Emozioni e Stati d'Animo

Predisposizione	Preoccupazione latente	Emozioni associate
Sminuire l'importanza di qualsiasi cosa.	Uscire da una situazione che per altri merita gravità.	Alcune volte confusa con la delizia o il divertimento ma include l'elemento della mancanza di rispetto.
Colpire o arrabbiarsi con la persona o la cosa che riteniamo responsabile.	Capire quando abbiamo raggiunto il limite della nostra sopportazione e dobbiamo cambiare qualcosa.	Spesso non distinta dall'irritazione ma, in realtà, porta un messaggio diverso.
Attaccare con tutte le proprie energie.	Attaccare senza risparmiare energie e senza che possano sorgere dubbi o incertezze.	Simile alla rabbia ma più focalizzata sull'attaccare che sul distruggere.
Rallegrarsi, con molta energia.	Ci consente di celebrare ed apprezzare eventi della vita.	Spesso confusa con l'eccitazione e la gioia verso le quali si distingue per maggiore energia.
Cercare di proteggere ciò che è nostro dagli altri.	Capire quali siano le cose di cui, nella vita, abbiamo paura di perdere.	Spesso non distinta dall'invidia ma mentre quest'ultima si riferisce ad un malessere che scaturisce dal bene altrui, la gelosia deriva dal desiderio di conservare ciò che si pensa di possedere, per il timore di perderla.
Dare	Essere capaci di donare senza aspettare qualcosa in cambio.	Relativa alla gentilezza ma focalizzata sul donare piuttosto che sull'essere inclusivi.
Agire per la gioia di farlo	Divertirsi facendo qualcosa	Delizia, gioia

Le Conseguenze delle Emozioni

Emozione	Radice	Storia
Gioia	Dal latino JOCUS "gioco" riferendosi a tutto ciò che provoca divertimento. Si riferisce anche a uno stato d'animo piacevole o che commuove piacevolmente.	"Sto facendo ciò che mi piace."
Gratitudine	Dal latino GRATUS "grato" a significare la memoria di un beneficio ricevuto.	"La vita è un dono."
Gravità	Dal latino GRAVITAS nel senso della qualità del grave, "peso, tendenza del corpo a cadere".	"Questo è molto serio o solenne."
Gravosità	Dal latino AGGRAVATUS, participio passato di aggravare, "rendere pesante"	"Sento un grosso peso."
Gusto	Dal latino GUSTUS da GUS "trovare buono, essere contento".	"Questa è un'esperienza deliziosa."
Ilarità	Dal latino HILARITAS e dallo stesso ceppo di ILAOS "placido, clemente" ed anche "lieto, gaio, giocondo".	"Questo è davvero divertente."
Imbarazzo	Dallo spagnolo EMBARAZO "cosa che attraversa o che chiude il passo, che ostruisce, impedisce il modo, l'azione".	"Ho fatto qualcosa e non voglio che gli altri lo sappiano."

Capitolo 10: Dizionario di Emozioni e Stati d'Animo

Predisposizione	Preoccupazione latente	Emozioni associate
Assaporare il momento di piacere, continuando a vivere.	Sentirsi bene, provare piacere. Vivere un aspetto piacevole della vita.	Relativa alla felicità e alla soddisfazione.
Donarsi	Vedere gli aspetti della vita come un dono.	Spesso non distinta dalla riconoscenza che invece è caratterizzata dalla presenza di uno scambio.
Agire senza umore di spirito o leggerezza.	Capire cosa per noi sia serio e profondo.	Serietà. Opposta alla delizia.
Muoversi lentamente, cercando sollievo.	Rallentare per prestare attenzione ai cambiamenti nella vita.	Correlata con la tristezza che giunge quando, con questa emozione, si realizza d'aver perso qualcosa.
Vivere l'esperienza e godersela.	Ci consente di assaporare e goderci la vita.	Simile al godimento ma più profondo e viscerale.
Ridere senza controllo.	Interrompere un periodo in cui c'è troppa serietà.	Leggerezza ma, qui, ridendo di quanto possano essere sciocchi alcuni aspetti della vita.
Desiderio di nascondere agli altri ciò che abbiamo fatto.	Ci aiuta a capire come pensiamo di doverci comportare in relazione agli altri.	Ha una relazione con il senso di colpa ma non così intenso. Riguarda più le azioni che l'essere.

Le Conseguenze delle Emozioni

Emozione	Radice	Storia
Immodestia	Dal latino IMMODESTUS dove la particella IM "non" è di privazione della MODESTIA.	"Andrò oltre quanto ci si aspetta da me."
Impazienza	Dal latino IMPATIENTIA composto dalla particella IN "non" e PATIENTIAM da PATI "soffrire". Significa che "soffre, sopporta mal volentieri".	"Non capisco perché non sia ancora successo."
Impegno	Dal latino COMMITTERE "unire, connettere, combinare; mettere insieme" da COM- "insieme" e MITTERE "mettere".	"Questa attività merita tutta la mia attenzione e decido di dedicarmici totalmente."
Inaffidabilità	Particella IN che sta per "non" e FIDUCIA (vedi riga dedicata).	"Posso comportarmi come mi piace, senza conseguenze."
Incanto	Dal latino INCANTARE composto da IN e CANTARE che è intensivo di CANERE "cantare, anche in versi, fare incantesimi".	"Mi sento sotto un incantesimo."
Incertezza	Composto da IN per "non" e CERTO per cui significa "dubbio, confusione, titubanza".	"Non sono sicuro di sapere."
Incredulità	Dal latino INCREDULUS da IN- particella negativa e CREDULO da CREDERE "che crede troppo facilmente".	"Non posso crederci."

Capitolo 10: Dizionario di Emozioni e Stati d'Animo

Predisposizione	Preoccupazione latente	Emozioni associate
Agire fuori dai propri canoni culturali.	Sfidare i canoni di comportamento.	Simile all'imprudenza ma relativa al comportamento piuttosto che all'assumersi rischi.
Cercare modi per superare l'ostacolo che ci blocca.	Renderci consapevoli che potrebbero esserci modi per accelerare le cose.	Simile all'irritabilità ma con una parte razionale più preminente. Spesso confusa con rabbia o risentimento che però concentrano maggiormente l'attenzione su un'ingiustizia percepita.
Agire in linea con le nostre promesse.	Raggiungere obiettivi, nella vita, ai quali teniamo profondamente (vedi premura).	Può essere confuso con la ottemperanza.
Agire come desideriamo anziché come promesso o come gli altri si aspettano.	Agire senza vincoli.	Irresponsabilità
Meravigliarsi	Cogliere che ci sono forze, poteri, non scontati o visibili.	Simile all'ammaliamento ma senza quella nota oscura e, perciò, più sostenibile.
Rimanere nella propria posizione non essendo sicuri di quale sia il miglior percorso da seguire.	Aspettare chiarimenti.	Simile all'ambivalenza ma in quel caso tutti i percorsi hanno per noi lo stesso peso.
Chiedersi come quel qualcosa possa essere possibile.	Sfidare le evidenze e le informazioni in nostro possesso.	Simile allo stupore ma con meno sicurezza nelle nostre capacità di comprensione.

Le Conseguenze delle Emozioni

Emozione	Radice	Storia
Indifferenza	Da IN- particella negativa e DIFFERENTIA da DIFFERENS nel senso di diverso. Si presume che debba esserci un confronto per definire le cose, indifferenza implica il poter, o voler, confondere.	"Non fa alcuna differenza per me."
Indignazione	Indignare e dal latino INDIGNARI composto da IN particella negativa e DIGNARE "stimar degno, dimostrare in modo gentile di apprezzare l'altro".	"Mi rifiuto di essere trattato così perché questo viola le mie regole."
Indipendenza	Derivato da DIPENDENZA, con prefisso IN-.	"Sono solo ma non ho bisogno della compagnia degli altri, mi sento completo."
Indolenza	Da indolente da latino INDOLENS composto da IN per "non" e da DOLERE "sentire dolore" e quindi "che non prova dolore, negligente, pigro".	"Non desidero cambiare passo, agire più in fretta, sono pigro."
Inettitudine	Inetto deriva dal latino INEPTUS composto da IN "non" e APTUS "idoneo".	"Non ho il potere che mi aspettavo di avere."

Capitolo 10: Dizionario di Emozioni e Stati d'Animo

Predisposizione	Preoccupazione latente	Emozioni associate
Seguire la direzione indicata dagli altri, qualunque essa sia.	Arrendersi alla guida altrui o semplicemente non curarsi dell'evolversi di una situazione.	Simile all'ambivalenza o dualismo ma spinta da una mancanza di cura nel supportare qualsiasi posizione. Alcune volte confusa con l'apatia.
Proteggere me stesso e i miei confini culturali e regole comportamentali	Premurarsi di garantire un dato livello di rispetto per se stessi.	Spesso confusa con la rabbia ma la predisposizione qui è di proteggere se stessi piuttosto che di punire l'altro.
Cogliere il positivo nella solitudine.	Imparare che possiamo godere della vita anche senza la compagnia degli altri.	Spesso confusa con la solitudine ma senza quel senso di vuoto che accompagna quest'ultima.
Muoversi lentamente e deliberatamente senza energia.	Non impegnare energia in qualcosa per la quale non crediamo che ne valga la pena.	Pigrizia
Arrendersi e non prendere più decisioni.	Ci consente di capire i nostri limiti.	Simile al disappunto ma non così intenso.

Le Conseguenze delle Emozioni

Emozione	Radice	Storia
Infatuazione	Dal latino INFATUARE composto da prefisso IN per "dentro" e FATUARE ossia "render fatuo, far impazzire".	"Sono completamente preso da questa persona e non mi importa se sembro matto o stupido."
Ingenuità	Dal latino INGENUUS composto da particella IN e da GENO "io genero". Si usava per indicare persone dalle origini certe, rispetto agli schiavi.	"Tutto, nella vita, è buono e io ci credo."
Iniziativa	Dal latino INITIARE si riferisce a persona brillante e fertile di idee che vuole promuovere, anche in forme ardite.	"Accadrà qualcosa di fantastico."
Innocenza	Dal latino INNOCENS composto da particella negativa IN e NOCENS "che nuoce". Quindi, "puro, senza peccato o malizia".	"Non so come sia successo."
Insoddisfazione	Deriva da SODDISFAZIONE con particella IN "non".	"Mi rendo conto che qualcosa mi manca."
Interessamento	Dal latino INTERESSE composto da INTER "fra, in mezzo" e ESSE "essere" da cui "essere fra le cose di qualcuno".	"Questo mi interessa davvero molto."

Capitolo 10: Dizionario di Emozioni e Stati d'Animo

Predisposizione	Preoccupazione latente	Emozioni associate
Cercare l'altra persona senza curarsi delle conseguenze.	Agire per avvicinarsi a ciò che mi attrae senza un senso di gravità o di responsabilità.	Simile alla lussuria ma con meno consapevolezza mentale. Simile alla brama nella ricerca di ciò che si desidera, solitamente qui a livello di relazione personale mentre nella brama è materiale.
Ignorare ciò che ci sembra non piacevole.	Ci aiuta a comprendere che dobbiamo assumerci la responsabilità di apprendere di più del mondo.	Relativo alla negazione, all'innocenza e alla mancanza di accettazione.
Essere coinvolti appieno nell'esplorazione di nuove idee.	Esplorare, senza paura.	Simile all'entusiasmo ma senza una connessione con il divino. Più vicina ad una gioia, viscerale o fisica e quindi connessa con la sensitività.
Negare la responsabilità.	Rimanere intonsi o ignoranti.	Simile alla negazione ma con una reale mancanza di consapevolezza. L'innocenza può essere vista come ingenuità che si riferisce al passato anziché al presente.
Cercare quel qualcosa che manca.	Capire cosa vogliamo, di più, dalla vita.	Alcune volte è vista come un'emozione negativa ma può essere anche interpretata come un'informazione relativa ai nostri desideri o bisogni.
Investigare	Capire cosa ci interessi profondamente.	Simile all'attrazione ma più relativo ad una idea che a una persona. Rispetto alla curiosità, l'interessamento presume l'uso dell'intelletto per risolvere qualcosa di non chiaro.

Le Conseguenze delle Emozioni

Emozione	Radice	Storia
Introversione	Parola formata da INTRO- che nel significato latino significa "dentro" e VERTERE ossia "volgere".	"Non voglio porre l'attenzione su di me."
Invidia	Dal latino INVIDUS composto da IN "in, sopra" e VIDERE "vedere, guardare" perché l'invidioso guarda con occhio bieco, iroso.	"Io merito più di quanto ha l'altro, o l'altra, e se non posso averlo allora anche gli altri non devono."
Ira	Dal latino IRA e, forse, IRE "andare, sollevare, spingere".	"Non ha senso salvare alcunché."
Irascibilità	Dal latino IRASCIBILIS "collerico" formato da IRA "collera" e BILIS che significa sdegno, ira.	"Mi sento provocato o provocata."
Irrequietezza	Dal latino IRREQUIETUS composto da IN per "non" e REQUIETUS da REQUIES "riposo".	"Non posso smettere di muovermi."
Irresponsabilità	Da irresponsabile composto da IN per "non" e RESPONSUS participio passato di RESPONDERE "rispondere, garante di qualcosa".	"Agisco senza alcuna remora verso i miei obblighi."
Irritabilità	Da irritare dal latino IRRITUS che è voce, probabilmente onomatopeica, che indicava il ringhiare del cane.	"Questo mi annoia."

Capitolo 10: Dizionario di Emozioni e Stati d'Animo

Predisposizione	Preoccupazione latente	Emozioni associate
Rimanere in disparte ed essere sicuro che l'attenzione non venga posta su di me.	Rimanere anonimo o nascosto.	Simile alla timidezza ma con un tocco di consapevolezza e di vergogna.
Minare la sicurezza della persona che credo abbia ciò che invece io merito.	Disgusto ma più profondo e più attivo.	Spesso non distinta dalla gelosia ma mentre quest'ultima è provocata dalla paura, l'invidia è, probabilmente, provocata dalla cupidigia.
Distruggere senza remore	Eliminare ciò che riteniamo superfluo.	In relazione alla rabbia ma più associata ad una percezione di qualcosa di sbagliato che a una ingiustizia. Simile al disgusto ma più profonda e più attiva. Simile alla furia ma con una trasporto fisico inferiore.
Gridare o combattere	Anticipare ogni necessità di proteggersi o attaccare	Simile alla rabbia ma senza il motore dell'ingiustizia percepita. Può essere vista come una commistione tra ira e anticipazione.
Muoversi o cercare di farlo, che ci si riesca o meno.	Darci l'energia per esplorare nuove possibili azioni.	Simile all'irritabilità ma senza la connotazione negativa. Opposta a pace, serenità e calma.
Agire secondo ciò che desidero nel presente anziché per le promesse fatte in passato o per le aspettative degli altri.	Mi consente di essere libero e spontaneo ma sapendo che sto oltrepassando i limiti posti da obblighi.	Simile all'inattendibilità ma più cosciente.
Tendere ad allontanarci da ciò che potrebbe essere fonte di irritazione.	Capire i nostri limiti emotivi.	Simile alla pesantezza d'animo ma meno severa. Si tratta di una rabbia ben più controllata e può essere interpretata come una commistione di irritazione e anticipazione.

Le Conseguenze delle Emozioni

Emozione	Radice	Storia
Irritazione	Da irritare dal latino IRRITUS che è voce, probabilmente, onomatopeica che indicava il ringhiare del cane.	"Questo non mi piace affatto."
Irriverenza	Dal latino IRRIVERENTIA composto da IN "non" e REVERENTIA "riverenza, rispetto".	"Non devo comportarmi come se quella che ho di fronte sia l'unica verità."
Ispirazione	Dal latino INSPIRARE composto da particella IN "sopra, dentro" e SPIRARE "soffiare, tirare il fiato" a significare, in senso figurato, "l'instillare un pensiero nell'animo".	"Posso preparare o indurre altri all'azione."
Lascivia	Dal latino LASCIVUS, forma di LASCUS, che ha la radice LAS- che porta a LAS-ATI "bramare" ma anche "giocare".	"Mi sembra che questo comportamento abbia richiami sessuali."
Lealtà	Dal latino LEGALIS "secondo la legge".	"Supporterò e proteggerò gli altri nel mio gruppo."
Legittimità	Da legittimo dal latino LEGITTIMUS da LEX "legge" e TIMUS ad indicare appartenenza. "Ha qualità o condizioni richieste dalla legge, fondato nella legge."	"Io merito di avere questa cosa, il mondo me la deve."
Livore	Dal latino LIVOR da LIVERE "essere di colore giallo-plumbeo".	"Ciò che è stato fatto è estremamente sbagliato."

Capitolo 10: Dizionario di Emozioni e Stati d'Animo

Predisposizione	Preoccupazione latente	Emozioni associate
Evitare di partecipare o di interagire.	Riconoscere quando qualcosa non ci piace.	Relativa al disgusto ma con una componente fisica più forte.
Non prendere seriamente ciò che ho di fronte.	Ci consente di vivere una situazione senza la prospettiva della solennità, gravità o serietà.	Confusa con la mancanza di rispetto ma più relativa all'ignorare qualcosa che per gli altri è sacro.
Influenzare gli altri ad agire in un modo nuovo.	Supportare gli altri nella crescita o nell'esplorazione di nuove esperienza.	Simile all'aspirazione ma focalizzata sull'attivare gli altri.
Vivere comportamenti che lasciano trasparire interessi sessuali.	Verificare se sia possibile creare un legame fisico con l'altra persona.	Relativa all'erotismo ma con una forte componente sessuale per quanto non apertamente manifesta.
Difendere il gruppo del quale faccio parte.	Prendermi cura dell'integrità del gruppo.	Alcune volte confusa con l'impegno ma diversa perché ci fa prendere cura di un gruppo. Il senso di libertà, la libera scelta, distinguono la lealtà dall'ottemperanza.
Prendere ciò che riteniamo di meritare.	Concentrarsi su cosa ci siamo promessi e che non abbiamo ancora ricevuto.	In opposizione alla gratitudine.
Punire con astio e rancore e con tutti i mezzi possibili aguzzando l'ingegno, se necessario.	Essere capaci di aumentare la nostra energia e aguzzare l'ingegno per occuparci di ciò che crediamo essere sbagliato.	Rabbia o ira causate da cura o premura.

Le Conseguenze delle Emozioni

Emozione	Radice	Storia
Loquacità	Dal latino LOQUAX legato al greco LASKEIN "suonare, strepitare, parlare, dire" dalla radice greco-latina LAK "fare rumore".	"Discutere è divertente."
Lussuria	Dal latino LUXUS che significa "esuberanza di vegetazione" ed anche "cose deliziose e superflue".	"Lo voglio."
Magnanimità	Dal latino MAGNANIMUS da MAGNUS- "grande" e ANIMUS "animo".	"Voglio usare le mie risorse a favore degli altri."
Malinconia	Da MELANCONIA con alterazione MALO nel senso di "cattivo".	"Sono triste e non sono incline all'azione perché penso a ciò che è stato."
Malizia	Dal latino MALITIA da MALUS "cattivo" e significa "inclinazione a fare del male".	"Questa situazione è provocante o voglio che lo diventi."
Malumore	Composto da MALO e UMORE.	"È tutto sbagliato e questo è la causa del mio stato d'animo."
Meraviglia	Dal latino MIRABILIA che significa "cose meravigliose" ed è plurale di MIRABILIS che significa "ammirevole".	"Non comprendo questa esperienza ma è stupenda."
Miseria	Dal latino MISERUS affine a MAESTUS "triste" che deriva dal greco MISOS che significa "odio, aborrimento".	"Il mondo è un posto terribile."

Capitolo 10: Dizionario di Emozioni e Stati d'Animo

Predisposizione	Preoccupazione latente	Emozioni associate
Discutere per intrattenere se stessi e gli altri.	Assumere una posizione per il solo piacere di controbattere l'altro.	Alle volte confusa con ottusità o irritabilità ma distinta perché fatta intenzionalmente.
Agire senza pensare alle conseguenze.	Comprendere e vivere fino in fondo qualcosa di fisico.	Simile alla passione ma qui più con la prospettiva di usare l'altro, o l'altra, per proprio appagamento, anziché unirvisi.
Usare le proprie risorse per prendersi cura degli altri.	Migliorare la condizione della comunità della quale ci sentiamo parte.	Simile alla generosità.
Accasciarsi a causa di mancanza di energia.	Capire quando siamo fisicamente sbilanciati perché ricordiamo ciò che è stato.	Tristezza, indifferenza, pigrizia
Provocare intenzionalmente gli altri per nostro divertimento o compiacimento.	Testare i limiti altrui, giocare o provocare per proprio piacere.	Giocosità, tracotanza, ilarità
Rimuginare il pensiero per il quale la vita è una cosa brutta.	Ci aiuta a capire come sarebbe la nostra vita se, effettivamente, tutto fosse "sbagliato"	Miseria, sconsolatezza
Continuare a vivere l'esperienza.	Essere in connessione con gli elementi del mondo che sono più grandi e potenti di noi.	Simile alla soggezione ma senza la nota di paura. Simile alla riverenza ma senza essere intrisa di rispetto.
Soffrire	Ci aiuta a vedere gli aspetti peggiori della vita umana.	Relativo all'agonia, all'angoscia e alla sconsolatezza.

Le Conseguenze delle Emozioni

Emozione	Radice	Storia
Modestia	Dal latino MODESTUS come MODESATUS da MODUS "misura, limite".	"Mi sto comportando in modo corretto."
Mortificazione	Dal tardo latino MORTIFICATIO nel senso di mortificare ossia "ridurre allo stato di morte".	"Sono profondamente imbarazzato e vorrei sprofondare."
Negazione	Dal latino NEGARE che è tratto da NE con AIO che vuol dire "dir di no, dire che una cosa non è vera o che non è".	"Non considero questa possibilità."
Noia	Dall'antico dialetto genovese inojo e prima ancora dall'antico italiano NOJO deriva dall'espressione latina IN ODIO dove l'essere a noia equivarrebbe all'odiare (vedi anche la riga dedicata). C'è chi ritiene che derivi da INEDIA nel senso di "tedio, fastidio".	"Non c'è nulla che abbia valore per me, qui."
Nostalgia	Dal latino NOSTALGIA composto dal greco NOSTOS "ritorno al paese" e ALGIA "tristezza, dolore".	"La vita era meglio prima e mi piacerebbe tornare indietro."
Obbligo	Dal latino OBLIGARE composto da OB "di fronte, verso" e LIGARE "legare".	"Non ho altra scelta che farlo."
Odio	Dal latino ODIUM "spingo, urto, premo, maltratto".	"Il mondo potrebbe essere migliore senza questa persona o questa cosa."
Onore	Dal latino HONOR che ha lo stesso tema di HONESTUS. Rappresenta la riverenza e la lode che si riserva alla virtù e a chi è alto in grado.	"Questo è come la tradizione voglia che sia fatto."

Capitolo 10: Dizionario di Emozioni e Stati d'Animo

Predisposizione	Preoccupazione latente	Emozioni associate
Agire in linea con i nostri costumi e tradizioni.	Dimostrare che siamo parte di un gruppo attraverso le nostre azioni al fine di rafforzarne l'appartenenza.	Simile alla prudenza ma più afferente al comportamento sociale piuttosto che a pericoli concreti.
Nascondersi	Ci aiuta a capire l'importanza della nostra identità personale.	Imbarazzo, vergogna, colpa
Ignorare un'esperienza	Ci consente di andare avanti in momenti nei quali comprendere la realtà ci immobilizzerebbe.	Rimanere ingenui o innocenti, per scelta.
Disinteressarsi	Ci indica ciò che per noi ha un valore e ciò che non lo ha.	Opposta a curiosità e coinvolgimento.
Ricordare e orientare i pensieri ad eventi passati.	Capire che la vita può essere buona e capire che ci possono essere nuove possibilità.	Può essere distinta dal rimorso che è il guardare al passato desiderando d'aver fatto scelte diverse.
Agire forzatamente	Agire non avendo la libertà di scegliere diversamente.	Relativo alla responsabilità, affidabilità, ottemperanza e impegno.
Rimuovere la fonte d'odio, in ogni modo possibile.	Identificare quelle cose o persone con le quali non vogliamo condividere la nostra vita.	Un disgusto profondo
Agire secondo gli standard tradizionali e le aspettative.	Mantenere lo status quo in modo consistente con il passato.	Alcune volte non distinta dal rispetto ma focalizzata sul passato e le tradizioni anziché le qualità di una cosa o di una persona.

Le Conseguenze delle Emozioni

Emozione	Radice	Storia
Orgoglio	Dall'antico francese ORGUEIL "rimarcabile, fastoso" e prima dal greco ORGHILOS "irascibile".	"Ho fatto un buon lavoro e voglio dirlo agli altri."
Orrore	Dal latino HORROR che ha la stessa radice di HORRORE, da HARS "drizzare, irrigidire".	"Non posso immaginare un destino peggiore."
Ossequiosità	Ossequio deriva dal latino OBSEQUIUM "compiacere" e composto anch'esso da OB "di fronte, verso" e SEQUI "seguire".	"I miei pensieri, le mie idee e le mie azioni non sono tanto importanti quanto quelle degli altri."
Ostilità	Dal latino HOSTILIS da HOSTIS "nemico". Ostilità significa anche "azione di guerra, offesa a mano armata".	"Questa esperienza o compagnia non mi piace."
Ostracismo	Dal greco OSTRAKON che significa "coccio, nicchia, conchiglia". Il vaso nel quali i Greci inserivano i voti per bandire, a scopo precauzionale, alcuni dei cittadini, era detto OSTRACO.	"Sono contrario ad ogni possibilità."
Ottemperanza	Dal latino OBTEMPERARE composto da OB "innanzi" e TEMPERARE "osservare nella giusta misura, regolarsi, moderarsi".	"Eseguirò ciò che mi è stato chiesto perché devo, non ho modo di esimermi."
Ottimismo	Dal latino OPTIMUS che è superlativo di "buono".	"So che succedono cose belle e brutte ma penso che a me ne succedano principalmente di belle."

Capitolo 10: Dizionario di Emozioni e Stati d'Animo

Predisposizione	Preoccupazione latente	Emozioni associate
Celebrare i miei risultati.	Condividere con gli altri le cose che pensiamo di aver fatto bene.	Alcune volte non distinto dall'arroganza o dal narcisismo.
Tremare e rimanere immobili.	Essere consapevoli di quanto sia devastante ciò che sta per succedere.	Una paura più intensa e sconvolgente.
Seguire la guida altrui ed essere servizievoli a causa di una mancanza di fiducia in se stessi.	Capire che è necessario prendere una posizione compatibile con le proprie convinzioni, nei confronti degli altri.	Può essere confusa con l'umiltà o il servizio. Simile alla ottemperanza ma con un rispetto inferiore per se stessi, laddove le proprie idee discordino.
Evitare di spendere tempo o attaccare.	Indicare cosa ci piace nella vita e cosa no.	Può essere confusa con la rigidità.
Rispondere aspramente ad ogni interazione.	Ci consente di separarci dagli altri.	Irritabilità ma senza il bisogno di una provocazione.
Agire perché costretti.	Ci consente di agire seguendo delle regole anche se non le condividiamo.	Alcune volte confusa con l'impegno ma diversa in quanto caratterizzata dalla mancanza di libertà.
Agire liberamente in situazioni nuove nelle quali non sappiamo quale sarà il risultato.	Vivere in modo da guardare ad un buon risultato, incappando in ciò che ci sarà lungo la propria strada.	Contrario di pessimismo.

Le Conseguenze delle Emozioni

Emozione	Radice	Storia
Ottusità	Da ottuso dal latino OBTUSUS, OBTUNDERE, per "spuntare, smussare" al contrario di "acuto, appuntito".	"Sono contrario ad ogni possibilità di cambiare la mia opinione su questo argomento."
Pacatezza	Deriva dal latino PACAREA da PAX, "pace".	"Sto bene, indisturbato."
Pace	Dal latino PAX "legare, unire, saldare" ma anche "saldo, fermo".	"Va tutto bene."
Panico	Dal latino PANICUM che potrebbe venire da PANUS "gomitolo".	"Sono certo che mi accadrà qualcosa di terribile."
Paranoia	Dal greco PARANOIA "follia".	"Tutti mi vogliono danneggiare o fare del male."
Passione	Dal latino PASSIO che deriva da PATIRE, "soffrire".	"Ho il desiderio profondo di essere più vicino a te."
Paura	Dal latino PAVOR ovvero "io temo, io sono percosso, abbattuto".	"Qualcosa specifica, nel futuro, mi farà del male."
Pentimento	Da pentire dal latino POENITERE "castigo".	"La vita sarebbe stata migliore se avessi o non avessi fatto questa cosa."

Capitolo 10: Dizionario di Emozioni e Stati d'Animo

Predisposizione	Preoccupazione latente	Emozioni associate
Ignorare qualsiasi interazione che possa potenzialmente farci cambiare idea su un argomento.	Ci consente di separarci dagli altri e di preservare le nostre idee oltre ogni apparente ragionevolezza.	Simile all'ostracismo ma senza la nota di irritabilità e con minore consapevolezza sulla chiusura all'ascolto di altre opinioni.
Essere quieti	Consentirci di essere in pace anche quando non siamo certi che nella nostra vita vada tutto bene.	Simile alla tranquillità ma senza quel senso totale di rilassamento.
Muoversi con tranquillità e leggerezza	Riposare senza preoccupazioni	Uno stato di quiete mentale e fisico più profondo di quello che si vive nella tranquillità e serenità
Nascondersi o cercare di scappare.	Individuare ciò che per noi è un pericolo immediato.	Si tratta di una paura intensa. Alcune volte confuso con l'orrore ma non ci immobilizza.
Avere paura e quindi evitare gli altri.	Smettere di interagire con gli altri specialmente se le intenzioni altrui non mostrano un comportamento potenzialmente pericoloso.	Paura, ansia
Essere quanto più vicino possibile all'altro o all'altra.	Avvicinarsi	Spesso confusa con erotismo e sensualità.
Scappare	Capire esattamente cosa può farci del male.	Relativa ad ansia, preoccupazione, angoscia e terrore.
Autopunirsi per aver fatto o non aver fatto qualcosa in passato.	Riflettere sulle scelte fatte e usarle come guida per il futuro.	Spesso indica una mancanza di audacia con una focalizzazione dell'osservatore al passato. Simile alla nostalgia ma guardando più a cosa si è perso piuttosto che a qualcosa che ci piaceva.

Le Conseguenze delle Emozioni

Emozione	Radice	Storia
Perdono	Dal latino PERDONARE composto dalla particella PER a significare il portare a compimento e DONARE "concedere, condonare".	"Ciò che mi hai fatto, mi ha fatto del male ma non userò questa cosa contro di te in futuro."
Perplessità	Dal latino PERPLEXUS ovvero "intricato, inviluppato" a significare un problema irrisolto e che verte tra assunzioni imbarazzanti e confuse.	"Non sono più così certo delle mie idee."
Perseveranza	Dal latino PERSEVERARE da PER-SEVERUS "molto severo, grave, forte".	"La soluzione arriverà, continuando a provare, a prescindere dalle difficoltà."
Pessimismo	Deriva da pessimo dal latino PESSIMUS "cattivo".	"So che succedono cose belle e brutte ma penso che a me ne succedano principalmente di brutte."
Petulanza	Dal latino PETULANS da PETULARE che significa "andare verso, assalire, minacciare".	"Suonerà ridicolo ma continuerò a dirlo."
Piacere	Dal latino PLACERE da "gradire".	"Questo è bello."
Pietà	Dal latino PIETAS che deriva da PIARE dalla radice PU- "purificare".	"Vedo soffrire ma mi sento superiore perché sono loro stessi causa di tale sofferenza."
Pigrizia	Dal latino PIGRITIA "rilassamento, indebolimento".	"Non desidero agire."

Capitolo 10: Dizionario di Emozioni e Stati d'Animo

Predisposizione	Preoccupazione latente	Emozioni associate
Continuare a coordinare azioni con l'altro, fidarsi, pur sapendo che potrebbe farci nuovamente male.	Dichiarare che il passato è chiuso e che si possono avere nuove interazioni.	Si accompagna all'atto di scusarsi.
Cercare di sbrogliare, di rendere più lineari, i nostri pensieri.	Muoversi attraverso i nostri pensieri al fine di arrivare ad un ordine logico e razionale.	Confusione, sbigottimento,
Continuare ad impegnarsi per il risultato	Andare avanti malgrado gli ostacoli.	Simile all'audacia ma senza che sia presente la paura.
Agire in modo riluttante e senza entusiasmo.	Ci consente di vivere senza aspettative.	Contrario di ottimismo. Simile alla miseria o alla disperazione ma non così profondo.
Ridicolizzarsi o braccare l'altro, o l'altra, in modo dismesso.	Individuare ciò che per noi è ridicolo o alquanto infondato.	Mancanza di rispetto ma più nei confronti di un'idea che di una persona.
Godersi il presente.	Vivere una bella esperienza.	Gioia, dolcezza, contentezza, simpatia.
Guardare a chi sta soffrendo come a una persona inferiore a se stessi.	Riconoscere che, alcune volte, avere abilità o conoscenze superiori a quelle degli altri può essere un modo per aiutarli.	Spesso confusa con la compassione o l'empatia ma includendo la concezione della nostra superiorità rispetto agli altri.
Fare poco o nulla.	Riposare	Può essere confusa con indolenza o indifferenza.

Le Conseguenze delle Emozioni

Emozione	Radice	Storia
Premura	Da premunire dal latino PRAEMUNIRE da PRAE "avanti" e MUNIRE "riparare". Significa "alzare un muro, per proteggere".	"È mio compito dedicare il mio tempo a questo."
Prudenza	Dal latino PRUDENS da PROVIDERE "provvedere".	"Potrebbe esserci un pericolo perciò mi muoverò attentamente."
Rabbia	Dal latino RABIES legato alla radice RABIERE che significa "agire violentemente, infuriare". È un violento trasporto di collera.	"Per me è una ingiustizia; c'è qualcuno o qualcosa da incolpare e che dovrebbe essere punito."
Rammarico	Da particella RE che indica ripetizione e dal tardo latino EMARICARE che sta per "rendere amaro, esasperare, esacerbare".	"Desidero avere ciò che era abbondante in passato."
Rancore	Dal latino RANCOR che significa "rancidità" e figuratamente a significare "odio celato, coperto".	"La vita ha un sapore amaro."
Rapacità	Da rapace dal latino RAPAX, "che vive di rapina".	"Tutto ciò che è dell'altro deve diventare mio."
Rapimento	Dal latino RAPERE, avente come participio passato RAPTUS, che ha il senso di "prendere".	"Non posso separarmene."
Rassegnazione	Da rassegnare da RE "nuovamente" e SIGNARE "suggellare, segnare" nel senso di abbandonare.	"Nulla di ciò che farò farà la differenza."

Capitolo 10: Dizionario di Emozioni e Stati d'Animo

Predisposizione	Preoccupazione latente	Emozioni associate
Dedicarsi agli altri senza risparmiarsi.	Ci consente di dedicare la maggior parte delle nostre energie a ciò a cui teniamo.	Simile alla cura ma che ci coinvolge più profondamente.
Andare avanti e intraprendere azioni con cautela.	Agire con una rapidità o lentezza che ci consenta di adattarci a circostanze mutevoli.	Simile alla cautela. Opposta all'impazienza.
Punire chi o ciò che percepiamo come fonte di ingiustizia	Difendere e creare il nostro senso di giustizia, nel mondo.	Spesso confusa con l'indignazione a causa dei segnali fisici, simili.
Cercare di ricreare i tempi andati.	Mostrare a noi stessi ciò, che nel passato, ci sembrava buono.	Simile alla nostalgia ma includendo un dolore più fisico e l'assenza dell'orientamento all'azione. Come il risentimento ma non così profondo.
Odiare la vita e viverla come se fossimo stati traditi dagli eventi.	Capire cosa sarebbe la vita senza dolcezza.	Amarezza, ostracismo
Prendere senza fermarsi, in modo insaziabile.	Colmare un vuoto o un bisogno insaziabile.	Simile alla legittimità ma non fondato su valori condivisi. Più intensa della brama.
Rimanervi aggrappati.	Riconoscere cosa sia la perdita di libertà	Simile all'incantamento e all'ammaliamento ma più relativo all'aspetto fisico.
Non agire.	Fare in modo da minimizzare le energie spese attraverso le interazioni con gli altri.	Può essere confusa con l'accettazione ma è più vicina alla sfiducia rispetto alla quale è più profonda.

Le Conseguenze delle Emozioni

Emozione	Radice	Storia
Repulsione	Dal latino REPULSIO che significa "atto del respingere" e in senso figurato un generale senso di avversione.	"Questo mi disgusta profondamente."
Resa	Dal latino REDHIBEO nel senso di "rendere, rimettere nelle mani del nemico".	"Mi arrendo."
Resilienza	Dal latino RESILIRE "rimbalzare, saltare verso dietro".	"Posso ritrovare un equilibrio."
Responsabilità	Da RESPONDERE "rispondere" con terminazione in BILEM che indica intenzione.	"Questo è qualcosa che devo fare."
Rettitudine	Deriva da retto dal latino RECTUS da REGGERE nel senso di "stendersi in alto".	"Ciò in cui credo è l'unica cosa giusta."
Ribellione	Da ribelle dal latino REBELLIS da RE "nuovamente" e BELLUM "guerra".	"Sto rompendo le regole e lo so."
Riconoscenza	Riconoscere deriva dal latino RECOGNOSCERE composto da RE "nuovamente" e COGNOSCERE per "conoscere". Significa "richiamare un pensiero".	"Dare qualcosa in cambio di qualcos'altro."
Rifiuto	Dal latino REFUTARE composto dalla particella RE- che significa "dietro" e FUTARE "versare, spandere" e quindi "a gettar contro".	"Non posso credere che questo sia successo a me e non mi piace affatto."

Capitolo 10: Dizionario di Emozioni e Stati d'Animo

Predisposizione	Preoccupazione latente	Emozioni associate
Distogliere l'attenzione.	Conoscere ciò da cui vogliamo allontanarci.	Relativa al disgusto ma più intensa. Relativa all'ostilità ma molto più intensa.
Dare il controllo della situazione a qualcun altro o qualcun'altra.	Smettere di combattere o resistere.	Simile alla rassegnazione ma con volontà. Simile all'accettazione ma più evidente.
Riassestarsi	Ricentrare noi stessi dopo che qualcosa ci ha turbati.	Inizia sempre con l'accettazione di ciò che ci circonda.
Prendere in carico qualcosa o una situazione.	Dichiararsi la guida dell'attività.	Relativo all'affidabilità ma più proattiva.
Bollare come non rilevanti i punti di vista altrui e chiedere obbedienza.	Essere sicuri di ciò in cui crediamo.	Può essere confusa con la confidenza. Tuttavia, la rigidità è più assoluta ed è connessa con l'arroganza.
Violare le regole consciamente.	Rompere le convenzioni sociali.	Relativo alla malizia e alla scontentezza ma più attiva e con una nota di serietà.
Impegnarsi in un mutuo scambio.	Riconoscere ciò che per noi ha un valore.	Confusa con la gratitudine che è relativa al regalare mentre qui c'è uno scambio.
Negare e resistere alle conseguenze di quanto accaduto.	Mostra l'importanza di qualcosa che ci sta succedendo.	Simile al disappunto. Relativo a incredulità ma con una nota fortemente negativa. Simile alla negazione ma con una maggiore consapevolezza.

Le Conseguenze delle Emozioni

Emozione	Radice	Storia
Rigore	Dal latino RIGOR da RIGEO per indicare, in senso figurato, "asprezza, severità".	"Fare sempre la stessa cosa è ciò che darà il miglior risultato."
Rimorso	Da rimostrare composto da particella RI "nuovamente" e MOSTRARE.	"Avrei dovuto agire diversamente."
Rincrescimento	Dal latino IN-GRAVESCERE "divenir grave, divenir ammalato". Deriva anche dal latino INCRESCERE che significa "crescer sopra" nel senso di "averne troppo, pesare".	"Credo d'averti arrecato offesa anche se non era nelle mie intenzioni."
Risentimento	Da risentire composto da RI "nuovamente" e SENTIRE che si riferisce all'esperienza con i sensi, "all'apprendere con i sensi".	"La vita non dovrebbe essere così" oppure "Non avrei dovuto farlo".
Risolutezza	Dal latino RESOLVERE "annullare" ma soprattutto, nel nostro caso, "sciogliere".	"Questo richiede che io agisca."
Rispetto	Dal latino RESPICERE "aver riguardo, considerare" composto da RE "di nuovo" e SPICERE "guardare".	"Questa cosa o persona merita di essere considerata importante."
Riverenza	Dal latino REVERERI composto da RE "nuovamente" e VERERI "avere riguardo".	"Questo merita il mio rispetto e onore."

Capitolo 10: Dizionario di Emozioni e Stati d'Animo

Predisposizione	Preoccupazione latente	Emozioni associate
Scegliere e mantenere una forma d'azione specifica.	Ripetere in modo quanto più possibile uguale quanto fatto in passato per raggiungere risultati simili.	Alcune volte confusa con la persistenza che è il "continuare a provare" mentre il rigore si riferisce al mantenere la stessa forma.
Accusare me stesso per le mie azioni del passato.	Sapere quali azioni del passato siano state non allineate con i nostri valori e il costo che abbiamo dovuto pagare.	Relativo alla colpa ma senza includere l'autopunizione. Vedi pentimento.
"Riconoscere il mio ruolo entro uno scontro."	Aprire alla possibilità di ricostruire fiducia.	Tradizionalmente significa "ammetto il mio errore" ma ontologicamente non significa ammettere una colpa. Fa coppia con il perdono.
Resistere all'intenzione celata di accettare la realtà.	Sapere cosa riteniamo ingiusto.	Opposto all'accettazione, quale emozione. Relativo alla capacità di giudizio nei confronti di se stessi.
Agire	Entrare in azione	Alcune volte confusa con ambizione o entusiasmo. Qui c'è più connessione con le proprie certezze, rispetto all'ambizione, e non è necessariamente connessa a una causa più grande quale l'entusiasmo.
Trattar bene, considerare e ascoltare.	Conoscere quali cose o persone consideriamo legittime o di valore, nella nostra vita.	Simile alla dignità ma focalizzata sul rapporto con le altre persone piuttosto che al fine di preservare i nostri "confini".
Relazionarsi con grande rispetto e persino un pizzico di paura.	Trattare gli altri come persone legittime che meritano rispetto e onore. Inoltre, proteggerci.	Simile alla soggezione ma senza la nota di paura.

Le Conseguenze delle Emozioni

Emozione	Radice	Storia
Sacrificio	Dal latino SACRIFICIUM che per gli Ebrei indicava l'offerta fatta a dio che poteva consistere in vittime o doni. Per i cristiani la morte di Gesù.	"Ciò che faccio per gli altri mi toglie energia."
Sbigottimento	Derivato di sbigottire, dal latino SBAUTTIRE che trae le sue origini nella parola latina pavor, "paura".	"Sono disorientato dalla mia confusione."
Scarsità	Scarso è dal latino SCARPSUS "assottigliato, attenuato, di valore che diminuisce".	"Non ce n'è abbastanza."
Scetticismo	Da scettico dal latino SCEPTICUS ad indicare un "osservatore acuto".	"Dubito che questo sia vero."
Scherno	Dal francese antico SKERNO significa "derisione, beffa".	"Questa persona non merita nulla, nemmeno il mio disprezzo."
Scompiglio	Da scompigliare dal latino SCOMPILARE composto da S- privativo, contrario, e COMPILARE che significa "adunare, comporre".	"I piani che avevo impostato sono falliti, ora è tutto nuovamente in gioco e non riesco a trovarne un senso."
Sconcerto	Deriva da CONCERTARE, con s- sottrattivo. Dove CONCERTER dal francese significa "far concerto, unire e accordare bene l'armonia".	"Non capisco qualcosa che per me dovrebbe essere scontata."

Capitolo 10: Dizionario di Emozioni e Stati d'Animo

Predisposizione	Preoccupazione latente	Emozioni associate
Prendersi cura degli altri ignorando se stessi.	Abbandonare noi stessi per il bene altrui.	Alcune volte confuso con il servizio ma con la differenza che il sacrificio ci toglie energie mentre il servizio no.
Vagare con la mente alla ricerca di chiarezza.	Consente di cercare una soluzione, in modo casuale.	Simile allo sconcerto e all'incomprensione ma senza che la mente abbia un piano d'azione chiaro.
Provare a prenderne di più.	Essere sicuri d'averne abbastanza per il futuro.	Un tipo di paura relativa alla percezione di mancanza di risorse.
Abbandonare o esitare cercando altre informazioni.	Capire che stiamo comprendendo ciò che abbiamo di fronte.	Simile al cinismo ma meno radicato e quindi con una maggiore possibilità di cambiamento. Simile all'incredulità ma con una predisposizione a rigettare piuttosto che al semplice verificare.
Ridicolizzare o sminuire.	Conoscere i nostri standard rispetto agli altri.	Simile al disprezzo ma più attivo.
Cercare chiarezza.	Ci aiuta a comprendere quando abbiamo bisogno di creare una nuova struttura per comprendere il motivo del fallimento dei nostri piani.	Simile alla confusione, può portare alla paura per il futuro, date le sfide inaspettate, ma anche a frustrazione, per i piani falliti, o a curiosità di comprendere cosa abbiamo "sbagliato", in una fase successiva all'accettazione.
Cercare di comprendere e porre ordine.	Renderci consapevoli della nostra confusione o informazione erronea.	Simile alla confusione ma relativa a qualcosa la cui comprensione davamo per scontata, per poi realizzare che così non è.

Le Conseguenze delle Emozioni

Emozione	Radice	Storia
Sconfitta	Dal latino EXCONFICERE ovvero "compiere, finire" e in modo più esteso "consumare, logorare, abbattere".	"Non ho speranza, non vedo possibilità."
Sconforto	Togliere il CONFORTO, cioè l'incoraggiamento e quindi "dissuadere, distogliere" anche in senso riflessivo.	"Ho perso tutto."
Sconsolatezza	Da sconsolare che è il contrario di CONSOLARE e quindi a significare "travagliare, affliggere".	"Questo sta andando male o andrà male."
Sensibilità	Dal latino SENSIBILIS composto da SENSUS "sentire" e BILIS che consente di associare a un'azione.	"Ho fatto qualcosa di sbagliato e ora sto cercando perdono."
Sensitività	Dal tardo latino SENSIBILITAS, derivato di SENSIBILIS "sensibile". Indica la suscettibilità agli stimoli dei sensi.	"Vivo l'esperienza attraverso i miei sensi."
Sensualità/sensuosità	Sensualità deriva da sensuale dal latino SENSUALIS da SENSUS "senso" e indica l'appartenenza ai sensi. Il termine sensuosità deriverebbe anche dalla letteratura inglese essendo tornato d'uso intorno al 17° secolo dopo che Milton l'ha utilizzato.	"Mi piacciono le sensazioni che tutto questo sta producendo."
Sentimentalità	Qui da intendersi come dall'inglese SENTIMENTAL a significare che "riguarda sentimenti in modo malinconico o patetico". Per la prima volta usato da Sterne.	"Questo richiama alla mia mente emozioni di altri tempi."

Capitolo 10: Dizionario di Emozioni e Stati d'Animo

Predisposizione	Preoccupazione latente	Emozioni associate
Arrendersi e abbandonare	Raggiungere il fondo, porre le basi per riformulare la propria esistenza.	Simile allo sconforto ma meno profonda.
Immobilità	Ci consente di capire cosa sia fondamentale per noi.	Simile alla disperazione ma con una maggiore attenzione alle conseguenze future.
Muoversi o agire con cautela.	Essere consapevoli di una situazione difficile.	Simile alla disperazione ma non così travolgente.
Piangere, rattristarsi	Ci consente di fermarci per riconoscere ed assumersi le responsabilità di ciò che abbiamo fatto.	Relativa alla colpa o che segue la colpa. Può anche essere relativa alla vergogna, allo stesso modo.
Essere consapevoli mentre si vive qualcosa.	Essere consapevoli di sensazioni ed esperienze.	Può essere confusa con sensualità, sessualità o sensibilità.
Impegnarsi nell'attività.	Godersi le sensazioni di una esperienza.	Può essere confusa con sensuosità o sessualità.
Tendere al passato.	Essere capaci di riflettere su ciò che è stato in passato.	Simile alla nostalgia ma con una nota di dolcezza anziché tristezza.

Le Conseguenze delle Emozioni

Emozione	Radice	Storia
Serendipità	Dall'inglese SERENDIP, parola comparsa per la prima volta da Walpole. Questa parola indica la scoperta di qualcosa di inaspettato.	"La vita mi dà doni inaspettati."
Serenità	Da sereno dal latino SERENUS che si deve confrontare con il greco SEIR "sole" nel senso di "splendente, che è senza nuvole".	"Va tutto bene."
Serietà	Dal latino SERIUS forma contratta di SEVERUS "severo" ma anche "legato, serrato" a significare "tenere le labbra strette".	"Sento che questa situazione non cambierà."
Servizio	Dal latino SERVIRE "essere servo, servire". Riguardava l'operare per un padrone, in cambio di un compenso pattuito.	"Faccio per gli altri qualcosa che nutre spiritualmente entrambi."
Sessualità	Da sessuale dal latino SEXUALIS da SEXUS "sesso".	"Il sesso è ciò che conta qui."
Sfiducia	A causa della S privativa è contrario di FIDUCIA.	"Non ci sono possibilità in questa situazione."
Sicurezza	Sicuro è dal latino SECURUS composto da SE nel senso di "senza, non" e CURA "sollecitudine".	"Non mi succederà nulla di male."

Capitolo 10: Dizionario di Emozioni e Stati d'Animo

Predisposizione	Preoccupazione latente	Emozioni associate
Vivere senza aspettative ma consapevoli che le cose belle possono accadere.	Non sottovalutare ciò che ci circonda, malgrado le apparenze.	Simile all'ottimismo ma senza la nota di intenzionalità quando nella vita si cerca di cogliere delle opportunità. Ha una relazione con un senso di pace e soddisfazione.
Essere tranquilli.	Riposare senza preoccupazioni	Simile alla pace.
Razionalizzare ciò che ha portato a una situazione di gravità.	Trovare un significato e iniziare un percorso di superamento da una situazione grave.	Simile alla tristezza ma qui è peculiare il fatto che si presenti a fronte di una perdita.
Dare agli altri senza che questo mi tolga energie.	Capire cosa mi piace e mi consente di agire per il bene degli altri	Spesso confusa con il sacrificio ma ontologicamente servire significa fare qualcosa che nutra anche noi, oltre che chi riceve.
Desiderare o avvicinare l'altro, o l'altra, per avere un rapporto sessuale.	Conoscere ciò che ci attrae sessualmente.	Relativa a erotismo e passione. Può essere confusa con sensualità, sensitività o dolcezza.
Arrendersi e non agire.	Riconoscere che nulla di ciò che faremo potrà fare la differenza e arrenderci.	Simile alla rassegnazione ma fondata su una consapevolezza che ci porta a pensare che non abbiamo il potere per cambiare le cose.
Muoversi con leggerezza.	Essere rilassati e agire liberamente.	Simile a pace e serenità ma più focalizzata sull'assenza di potenziali danni fisici.

Le Conseguenze delle Emozioni

Emozione	Radice	Storia
Simpatia	Dal greco SYMPATHEIA composta da SYN- "con" e PATHOS "passione, affetto".	"Le mie emozioni sono simili a quelle degli altri e penso di capire gli altri."
Sincerità	Da sincero dal latino SINCEERUS che è composto da SINE"senza" e CERA "cera" ed è stato, in senso figurato, ad indicare purezza, "come il miele senza cera".	"Credo che ciò che sto dicendo sia vero."
Soddisfazione	Da soddisfare che è "colui che giunge, infine, a ciò che desidera".	"Ne ho a sufficienza."
Soggezione	Dal latino SUBIECTIO che significa "mettere sotto, essere soggetto ad altri, obbedire, provare inferiorità".	"Ciò che ho di fronte è più grande e potente di me e potrei facilmente soccombere."
Solitudine	Dal latino SOLITUDO, derivato da SOLUS che potrebbe aver significato, in passato, "privo di intelletto".	"Sono senza compagnia e quindi incompleto."
Sorpresa	Dal latino SORPRENDERE ad indicare il "cogliere all'improvviso, specialmente un nemico" ma anche "ingannare".	"Non pensavo che potesse succedere."
Sospetto	Dal latino SOSPECTUS da SUSPICERE significare il "guardare dall'alto in basso" e, in senso figurato, "guardare con diffidenza".	"Non sono sicuro o sicura di potermi fidare di questa persona o situazione."

Capitolo 10: Dizionario di Emozioni e Stati d'Animo

Predisposizione	Preoccupazione latente	Emozioni associate
Essere d'accordo con gli altri nelle situazioni che vivono e negli impatti che le stesse hanno.	Ci consente di comprendere gli altri e il mondo da un punto di vista emotivo.	Spesso confusa con empatia e compassione.
Essere trasparenti.	Creare una base per costruire fiducia e coordinare azioni.	Simile all'onestà.
Apprezzare, assaporare e gioirne	Ci consente di capire quando abbiamo ricevuto qualcosa a sufficienza e ci sentiamo pieni o appagati	Può essere confusa con la legittimità che riguarda, invece, ciò che ritengo di meritare piuttosto che la quantità che mi soddisfa.
Interfacciarsi con trepidazione, reverenza e onore.	Comprendere la nostra reale forza nella realtà che ci circonda.	Connessa con l'ispirazione e la meraviglia ma, in più, include la paura.
Cercare la compagnia altrui.	Cercare con urgenza gli altri al fine di completarci.	Può essere confusa con l'indipendenza ma la distingue il fatto che qui c'è un vuoto, percepito, da colmare.
Imbattersi in un cambiamento inaspettato.	Ci aiuta a capire che c'è stato un cambiamento inaspettato al fine di adattare le nostre azioni.	Spesso preceduto da disappunto o resilienza. Si tratta di una incredulità più pacata.
Interrogarsi su ciò che spinge gli altri ad agire e sulle loro storie.	Ci aiuta a rimanere sicuri anche quando apparentemente non c'è nulla che possa rappresentare un pericolo.	Può essere confuso con scetticismo, cinismo o sfiducia.

Le Conseguenze delle Emozioni

Emozione	Radice	Storia
Spavalderia	Dal latino SPAVANDUS a significare " che mette paura".	"Agirò mostrando più coraggio di quello che ho."
Speranza	Dal latino SPES "aspettativa o fiducia di un cambiamento futuro in meglio".	"Il futuro sarà migliore del presente e io voglio viverlo."
Squallore	Astratto di squallido che deriva dal latino SQUALIDUS che deriva dalla radice KAL- che nelle Sacre Scritture indica "nero, tenebre, inquinare".	"Mi sento perseguitato o scacciato."
Stanchezza	Da stancare dal latino STAGNARE per "rimaner fermo, stagnante".	"Non posso andare avanti."
Stima	Da STIMARE dal latino AESTIMARE ossia "giudicare, valutare, apprezzare".	"Questa persona merita di essere trattata con gentilezza."
Stizza	Dall'antico TIZZO che significa "ardore".	"Trovo tutto questo ridicolo e noioso."
Stupore	Dal latino STUPOREM, da STUPOR, che ha la stessa radice di STUPEO, "sono attonito" con terminazione in -orem, propria di sostantivi verbali che indicano uno stato dell'essere.	"Questo va oltre le mie esperienze e non so che crederci."
Sufficienza	Da sufficiente dal latino SUFFICIENTEM che deriva da SUFFICIENS participio di SUFFICERE composto da SUB- "sotto" e FACERE "fare" ovvero "porsi sotto, sostenere".	"Questo è al di sotto del mio stato."

Capitolo 10: Dizionario di Emozioni e Stati d'Animo

Predisposizione	Preoccupazione latente	Emozioni associate
Attaccare o simulare	Ci consente di agire anche se spaventati o non fortemente convinti.	Può essere confusa con coraggio o temerarietà.
Muoversi guardando al futuro	Consentirci di immaginare un futuro possibile per noi più roseo.	Contrasta con la nostalgia che ci lega al passato.
Coprirsi, allontanarsi o esiliare qualcuno	Mostrarci a cosa apparteniamo e cosa non vogliamo	Disperazione, rassegnazione
Rallentare o fermarsi per riposare.	Capire i limiti della nostra energia.	Simile all'esaurimento ma non così grave.
Trattare bene, onorare.	Ci consente di trattare gli altri con gentilezza e di onorarli.	Gentilezza, magnanimità
Declinare una cosa come non importante per noi.	Comprendere ciò che ci interessa e ciò che ci ha stancato.	Simile al disgusto ma derivante dalla troppa familiarità o ripetitività di qualcosa piuttosto che dal fatto che non ci piaccia.
Essere rapiti e immobili.	Ci mostra che comprendiamo solo una parte dell'universo.	Soggezione, meraviglia, incredulità
Agire con accondiscendenza sia nelle parole che nelle azioni.	Vedere come ci valutiamo rispetto agli altri.	Può essere confuso con l'odio ma è più focalizzato sulla persona piuttosto che su un'azione.

Le Conseguenze delle Emozioni

Emozione	Radice	Storia
Tedio	Dal latino TAEDIUM da TAEDERE "avere ripugnanza" e che viene associata anche a "rodimento".	"Questa cosa mi sta annoiando."
Terrore	Dal latino TERROR che ha la stessa radice di TERREO da TERSEO "faccio tremare, impaurisco".	"Potrei perdere tutto e non posso reggerlo."
Testardaggine	Da testardo che deriva a sua volta dal latino TESTA che indica il nome generico di "qualunque vaso in terracotta".	"Non cambierò ciò in cui credo."
Timidezza	Da timido, dal latino TIMIDUS da TEMERE per "temere, avere paura" e anche "che manca di sicurezza".	"Non voglio essere osservato."
Tolleranza	Da tollerare, dal latino TOLERARE che deriva da una radice indo-germanica, TAL-, che significa "portare". Significa "prendere, sopra se stessi, sopportare, sostenere".	"Resterò al fianco, o consentirò a questa persona di starmi affianco, finché non cambierà come piace a me."
Tracotanza	Da TRANS "al di là" e COITARE "pensare" ovvero che spinge il pensiero oltre la giusta misura.	"La mia opinione è divina e indiscutibile. Non posso sbagliarmi."
Tradimento	Dal latino TRADERE "impartire, trasmettere, passare" da TRANS- "verso, attraverso" e dare.	"Questa persona mi ha consegnato al nemico."

Capitolo 10: Dizionario di Emozioni e Stati d'Animo

Predisposizione	Preoccupazione latente	Emozioni associate
Interrompere l'esperienza.	Conoscere cosa non ci piace nella vita.	Simile alla noia ma che provoca un malessere fisico più marcato.
Arrendersi o procedere con grande cautela.	Avvisarci circa cosa ci può distruggere o fare del male.	Forte come la paura ma vago come l'ansia.
Rifiutarsi di cambiare, specialmente in relazione a ciò in cui si crede.	Prendere una posizione riguardo a ciò che crediamo sia giusto.	Simile alla perseveranza ma più relativa al mantenere una posizione piuttosto che all'andare avanti.
Nascondersi	Stare lontani da situazioni nelle quali non ci sentiamo sicuri.	Predisposizione simile alla mortificazione o alla vergogna che in questo caso è causata dall'aver paura di ciò che ci circonda. Questo è legato solitamente al proprio carattere, a uno stato d'animo più perseverante o ad eventi.
Smettere di cercare di cambiare l'altro o l'altra, temporaneamente.	Impostare una nuova base all'interno di una relazione interpersonale.	Può essere un passo verso l'accettazione ma implica anche il giudicare l'altra persona.
Agire con estrema arroganza	Agire oltre i limiti umani e, se l'altro reagisce, riportarci a tali limiti.	Simile ma più forte dell'arroganza può essere limitata quando si vive l'umiliazione. La tracotanza è opposta all'umiltà.
Essere scoraggiati dagli eventi	Riconoscere quando la lealtà è stata tradita.	Simile alla slealtà ma con una grande componente relativa agli aspetti interpersonali.

Le Conseguenze delle Emozioni

Emozione	Radice	Storia
Trionfo	Dal latino TRIUMPHUS dal greco THRIAMBOS per "processione solenne" che a quel tempo era in onore di Bacco.	"Ho vinto/abbiamo vinto."
Tristezza	Da triste che deriva da TRISTIS da TERERE "consumare, rodere".	"Ho perso qualcosa a cui tenevo."
Umiliazione	Da umile dal latino HUMILIS "basso, che sta al suolo, connesso alla terra".	"Questa esperienza mi fa ricordare che ho dei limiti."
Umiltà	Vedi umiliazione	"Sono umano e ho i miei limiti."
Valore	Dal basso latino VALOR che ha la stessa radice di VALERE "essere forte, gagliardo, avere merito, pregio".	"Agirò sebbene ho paura."
Vanità	Dal latino VANITAS che deriva da VANUS per "vano, vuoto".	"Mi sento vuoto o senza valore ma voglio evitare questa consapevolezza."

Capitolo 10: Dizionario di Emozioni e Stati d'Animo

Predisposizione	Preoccupazione latente	Emozioni associate
Celebrare la vittoria pubblicamente.	Riconoscere la vittoria o il raggiungimento di un obiettivo che abbiamo cercato a lungo.	Vicino all'orgoglio. Può essere confuso con il compiacimento o l'arroganza.
Arrendersi e addolorarsi	Capire cosa è importante per noi nella vita.	Spesso confusa con depressione, malinconia e sentimentalità.
Riconsiderare i propri limiti.	Allineare noi stessi alle nostre reali capacità e poteri.	Simile all'umiltà ma contenente anche la vergogna. Differisce dall'umiltà perché piuttosto che nascere da noi stessi è causata dall'esterno.
Agire senza la pretesa d'essere più di quanto non sono ma anche senza sottovalutarmi.	Allineare noi stessi alle nostre reali capacità e poteri.	Opposta alla tracotanza. Rispetto all'umiliazione non include un senso di vergogna e nasce, solitamente, da noi stessi. Ha una relazione con la legittimità.
Agire malgrado la situazione sembri rischiosa per se stessi e per gli altri	Essere capaci di agire pur sapendo che si porrà se stessi a rischio.	Simile al coraggio ma più legata all'audacia.
Cercare di sembrare più bello/a, capace o talentuoso di ciò che sono	Aiutarsi a sembrare migliore di ciò che si è nelle relazioni con gli altri	Relativa ad arroganza, narcisismo.

Le Conseguenze delle Emozioni

Emozione	Radice	Storia
Vendetta	Da vendicare dal latino VINDICARE composto da VENUM per "prezzo" e DICARE per "proferire, offrire". Questa parola è anche legata alla radice VIS che indica "forza, denuncia con violenza".	"Io avrò giustizia."
Vergogna	Deriva dal latino VERECUNDUS composto da VERERI "avere riguardo o riverenza per qualcosa" e CUNDUS. VERERI ha radice VAR "guardare, proteggere".	"Non ho seguito le regole della mia comunità."
Vulnerabilità	Deriva dal latino VULNERARE da VULNUS "ferita"	"Non sono capace di farcela, solo."
Xenofobia	Dal francese XENOPHOBIE composto dalle parole greche XENO "straniero, ospite" e da FOBIA "paura".	"Tutti quelli che non sono come me sono pericolosi."
Zelo	Dal greco ZELOS per "emulazione, desiderio" e figurativamente "profonda devozione".	"Sono estremamente eccitato nel fare questo."

Capitolo 10: Dizionario di Emozioni e Stati d'Animo

Predisposizione	Preoccupazione latente	Emozioni associate
Agire per prendere il controllo degli altri e fare come ho deciso.	Capire ciò che per noi è profondamente inaccettabile.	Relativa al risentimento ma con un'attenzione profonda al farsi giustizia.
Nascondersi per evitare il giudizio e le punizioni della mia comunità.	Riconoscere quali sono le regole della comunità e le conseguenze della loro trasgressione.	Spesso non distinta dalla colpa.
Aspettare l'aiuto di altri.	Ci consente di ricevere quando non siamo capaci di compiere qualcosa.	Simile alla disperazione ma senza quella percezione negativa. Relativa alla rassegnazione ma a causa di una incapacità consapevole.
Escludere ogni persona diversa da me o dal mio gruppo.	Preservare la propria cultura.	Opposta all'amore che è la legittimazione dell'altro.
Gettarsi nella mischia, agire.	Agire con energia.	Delizia, ambizione, entusiasmo.

GLI AUTORI

Lucy Núñez e **Daniel Newby** sono entrambi coach, formatori e facilitatori. Sono sposati e vivono a Barcellona. Lucy ha completato i suoi studi in psicologia, relazioni umane e consulenza organizzativa, dinamiche di gruppo e modelli di coaching. È stata formatrice per altri coach alla Escuela Europea de Coaching e vanta una lunga carriera come consulente in ambito aziendale. Di origini venezuelane, è emigrata in Spagna nel 2001. Dan è un educatore americano, coach, mentore e scrittore, con 25 anni di esperienza come leader in varie aziende. È stato Senior Course Leader, per otto anni, presso la Newfield Network Coaching School in Stati Uniti, Canada ed Europa. Ora lavora indipendentemente. Lucy e Dan sono profondamente interessati nelle meccaniche dell'apprendimento umano e in come lo stesso si applichi a culture, organizzazioni e vita personale includendo, ovviamente, le emozioni.

RISORSE E ALTRE INFORMAZIONI

La nostra vision è che questo libro cresca e si trasformi, nel tempo. Ognuno è invitato a partecipare in questo processo, inviando agli autori domande, idee, esempi o emozioni che si crede possano essere aggiunte.

Lucy Núñez può essere contattata a lucynunez.alg@gmail.com
Dan Newby può essere contattato a dan@schoolofemotions.world

Gli aggiornamenti e i prossimi eventi possono essere trovati sul nostro sito www.schoolofemotions.world.

Il nostro lavoro

Seminari: offriamo seminari durante l'anno per i coach che volessero approfondire la loro conoscenza delle emozioni come strumento per migliorare l'efficacia del loro coaching. Due volte l'anno siamo in New Mexico, negli Stati Uniti, per eventi della durata di cinque giorni l'uno. Il numero massimo di partecipanti è limitato a dodici. Tutti i seminari sono in inglese e spagnolo.

Coaching: possiamo offrire coaching a livello personale e organizzativo. Abbiamo lavorato con excutive e manager a tutti i livelli organizzativi e in diverse culture. Dan insegna in inglese e Lucy in spagnolo. Il coaching si può organizzare in remoto o in presenza.

Formazione a coach: offriamo formazione ai coach interessati a rinnovare la propria certificazione o a migliorare la propria tecnica. Queste sessioni possono essere individuali o di gruppo. Sono generalmente in teleconferenza ma possono essere organizzate anche in presenza fiscia.

Supporto alle organizzazioni aziendali: abbiamo una lunga esperienza come facilitatori per lo sviluppo della leadership. Offriamo programmi progettati ad-hoc per i bisogni del gruppo e dell'organizzazione.

Formazione online: offriamo formazione nelle aree delle emozioni, del coaching e discipline inerenti, sul nostro sito internet. Questi programmi sono on-demand e accessibili online. Possono essere personalizzati in base a bisogni e obiettivi di ognuno.

RINGRAZIAMENTI

Vorremmo ringraziare le centinaia tra studenti, coach, insegnanti, amici, familiari e facilitatori che ci hanno supportato e con i quali abbiamo avuto il piacere di condividere questo viaggio. Ognuno ha contribuito a suo modo per il nostro apprendimento e quindi anche alla stesura di questo libro.

In particolare, ringraziamo Julio Oalla e Rafael Echeveria, che sono stati pionieri nell'interpretare le emozioni secondo la chiave esposta in questo libro. Li ricordiamo perché sono stati, per noi, insegnanti unici: un regalo della vita.

Grazie a Bethany Kelly, della Publishing Partner, per i suoi consigli e grazie a chi ha corretto la prima stesura: Kim Ebinger, Clement Graham, Reiner Lomb, Will Newby, Mirko Kobiela, Curtis Watkins e Nancy Graham. Ognuno di loro ci ha aiutato.

Un ringraziamento particolare va a Douglas Harper, il creatore di www.etymonline.com. Il suo sito internet, che mostra l'origine delle parole inglesi, è stato estremamente importante per la stesura di questo libro e, in generale, per il nostro lavoro.

Ringraziamenti al traduttore

Gli autori desiderano esprimere grande apprezzamento e gratitudine a Sergio Spezzacatena per la sua entusiasmante offerta di tradurre il libro in italiano. Ci sentiamo fortunati per aver potuto cogliere l'opportunità. È questo che ci consente di rendere disponibili i nostri contenuti anche in questa lingua. Un profondo grazie, Sergio. Sentitamente, Dan e Lucy.

GLOSSARIO

accettazione, 54-6, 58, 216
    e amore 58, 139
    vs negazione 98
    con indifferenza, ambivalenza e rassegnazione 143/4
    e politica 194
adorazione, 216
affetto, 216
affronto, 216
agonia, 218
ambizione, 57
    ed entusiasmo 79, 80, 141
    e leadership 192
ammirazione, 57, 220
    e sport 203-4
    e arte 204
amore, 57-8, 112, 220
    e attrazione, 24
    e cupidigia, 70
    ed erotismo, 80
    e desiderio, 139 - 140
    e odio, 99
ansia, 58-9, 124, 220
    con paura e dubbio, 129 – 130
    e impazienza 176-7
anticipazione, 59, 220
Antistene, 64-5, 226
apprendere le emozioni, 1, 23-4
apprendimento cognitivo, 90, 181
arroganza, 60-1, 222
    e orgoglio 131-2
    e sport 203
ascoltare le emozioni, 125, 170

aspirazione, 222
attesa, 222
attrazione, 72, 222
    e amore 24
Bismarck, 194
cattive emozioni, 44, 142, 196
certezza, 226
cinismo, 64-5, 226
    e scetticismo, 113-4
condizioni, 147-8
contraddizioni (esperienze contraddittorie), 46
controllare le emozioni, 3, 19 – 20, 27, 163-4
controllo, 151
cultura, 22, 34, 51-2, 54, 201-5
    e ambizione 57
Cupido, 70
curiosità, 8, 43, 72, 184, 195, 197, 206, 230
definire le emozioni, 53
degrado, 151
delizia, 72, 204, 230, 246, 248, 250
depressione, 33, 76, 81, 122, 150, 232, 285
desiderio, 11, 38, 50, 58, 62-3, 74, 93, 94, 99-101, 103, 120, 128
dichiarazione, 55, 82, 105
difesa, 42, 120, 135
dignità, 17, 58, 74-5, 92, 96, 99, 105, 123, 134, 139, 145, 152, 155, 160, 171, 194, 232, 238, 271
disgusto, 11, 21,57, 75-6, 87, 151, 156-7, 198, 200, 221, 232, 253, 255

distacco, 83, 149
distrazione, 4, 234
divertimento, 77, 234, 241, 243-4, 257
dubbio, 6, 45, 77-8, 102, 109, 118, 124, 129, 130, 160, 171, 175-7, 197, 199, 221, 223, 225, 229
effervescenza, 236, 239
empatia, 67-8, 78, 115-6, 135-6, 169, 227, 236, 265, 238
entusiasmo, 33, 44-5, 56, 65, 79-80, 140-1, 155, 157, 176, 192-4, 202, 206, 208, 236, 242, 244, 256, 270, 276
euforia, 81, 91, 157, 176
fame, 52, 62, 156, 163, 230
fascino, 72, 81, 240
fatica, 64, 103
fede, 82, 198-9, 240
fiducia, 32-3, 40-2, 44, 64-5, 68, 82-3, 116, 118, 140, 141, 167, 177-8, 182, 190-1, 194, 195, 199, 203, 208, 240, 276
frustrazione, 25, 41, 44, 50, 84-5, 106, 137, 179, 187, 242
furia, 85-6, 242
gelosia, 8, 11, 44, 86, 142-3, 242
generosità, 32, 86-7, 242
gioia, 38, 42, 45, 47, 67, 72, 87, 128, 186, 200, 203, 222, 230, 232, 243
giustizia (e ingiustizia), 7, 11, 38, 41, 48, 93-4, 54, 85, 93-4, 105, 107, 111, 133-4, 137,150, 202
godimento, 87
grandezza, 155
gravità, 77,88, 105, 159, 192, 244
guardare dall'alto in basso, 61, 278
ilarità, 244,
imbarazzo, 88-9, 122, 166, 244
impazienza, 89, 153, 176, 246
incertezza, 43, 246
incredulità, 31, 91, 156, 197, 246
indifferenza, 61, 91, 144, 248
indignazione, 74, 92, 105, 134-5, 148, 248
industria automobilistica, 191

infatuazione, 63, 250
ingenuità, 65, 93, 98, 102, 114, 137, 167, 172, 250
ingiustizia (vedi giustizia)
innocenza, 93, 250
insoddisfazione, 116-7, 164, 200, 209-10, 213, 250
intelligenza artificiale, 51
interpretazione delle emozioni, 18, 44
introversione, 120, 205-6, 252
invidia, 44, 71, 93-4, 142-3, 212, 252
ira, 43-4, 85-6, 94, 99, 154, 252
irritabilità, 159, 252
irriverenza, 95, 254
ispirazione, 193, 199, 254
lamentarsi, 203
lascivia, 96, 254
lealtà, 46, 95-6, 191, 193, 201, 203, 254
magnanimità, 86, 256
malessere, 29, 95, 148, 156, 159, 166, 174, 201, 211
malinconia, 256
meraviglia, 33, 43, 97, 117, 141-2, 206-7, 209, 211, 256
meteorologia, 164
miseria, 256
modello ontologico, 15, 50
mortificazione, 258, 283
nostalgia, 43, 98-9, 258, 272, 280, 286
obiettività, 89
onore, 99-100, 258
orgoglio, 10, 47, 81, 88, 100-1, 123, 131-2, 157, 184, 192-3, 203-4, 260
orrore, 101, 260
ossequiosità, 122, 144, 260
ottimismo, 102, 106, 158, 192, 260
pace, 11, 17, 43-4, 55, 63, 69, 102, 118, 150, 157, 207, 262
paranoia 262
passione, 80, 83, 85, 103, 128-9, 153, 156-7, 167, 1952, 199, 200, 203-4, 262
paura, 3, 4, 6-8, 32, 35-6, 40-1, 49, 59, 65, 70, 78, 85-6, 95, 97, 101-4, 112, 119, 120, 122, 124, 129-30, 142-3,

Glossario

151, 153, 158-60, 165, 171, 175-6, 181, 184, 186, 192-4, 200, 262
perdono, 105, 172-4, 264
pessimismo, 106, 158, 264
Picasso, 204
pietà, 67, 87, 116, 135-6, 264
pigrizia, 28, 44, 249, 264
possibilità, 7, 10, 19, 23, 28, 31, 40, 158, 227, 229, 233, 260, 262, 274, 276
predisposizione all'azione, 28, 38, 171
predisposizioni, 39, 171
provare (nel senso di tentare), 42, 55, 59, 76, 105-6, 108, 136
provare (nel senso di sentire), 24, 29, 74, 76, 80, 107, 129, 133, 136-7, 142, 171-2, 175, 179, 207
prudenza, 62, 64, 106-7, 157-9, 178, 183-4, 192-3, 266
quotidianità, 197
ragionamento, 20, 168
rancore, 266
rassegnazione, 42-4, 49, 54-5, 60, 76, 96, 106, 108, 143-4, 150, 152-5, 172, 184, 266
razionalismo, 20-2, 209
resa, 97, 101, 268
resilienza, 268
resistenza, 55-6, 65, 80, 91, 159
ricerca della felicità, 82
rigore, 106, 270
rimorso, 43, 110, 156, 173-4, 270
risentimento, 7, 40, 42-3, 49, 55, 94, 96, 111, 131, 137, 149, 151-4, 156, 172, 179, 184, 203, 270
rispetto, 58, 95, 111, 139, 160, 178, 180, 192-4, 199, 209, 270
Rivoluzione Industriale, 21
sacrificio, 12, 53, 112-3, 115, 131, 176, 272
    ultimo, 113
scetticismo, 8, 9, 65, 113-4, 195-7, 272
Schadenfreude, 36
scienza ed emozioni, 196
sensuale, 274

sensuosità, 114, 274
sentimenti, 59, 220, 274
serenità, 43, 63, 69, 87, 150, 207, 217, 276
servizio, 12, 53, 78, 79, 112-3, 115, 131, 176, 181, 183-4, 192, 194-5, 276
shock, 159
sicurezza, 22, 101, 128, 141, 156, 194, 200, 202, 235, 276
simpatia, 67-8, 79, 115-6, 135-7, 140-1, 169, 278
soddisfazione, 62, 81, 109, 116-7, 128, 150, 162, 192, 203, 210, 278
solitudine, 3, 93, 117-8, 207, 278
    vs. indipendenza, 92, 116, 248
sollievo, 118, 250
sorpresa, 72, 74, 81, 92, 113, 118, 159, 278
sospetto, 19, 21, 77, 118, 278
speranza, 12-3, 17, 19, 30, 43, 45, 52, 71, 76, 80-1, 119, 155, 158, 194, 197, 203, 280
sport estremi, 128, 204
tolleranza, 95, 120-1, 182
tristezza, 33, 37, 41-2, 44, 46, 60, 76, 88, 99, 121-2, 137, 150, 152-6, 160, 165-6, 176, 187, 202, 284
umiltà, 67, 122, 144, 152, 284
valutazione, 68, 75, 82, 151-2, 154, 158, 160, 171, 178
vendetta, 149, 203, 206, 286
vergogna, 66, 110, 122-3, 132-3, 142, 166, 173-6, 192, 201, 214, 286
vulnerabilità, 68, 124, 160, 286